賀野

贺野，1927年生，江苏滨海县人。早年参加革命，历经抗日战争和解放战争宣传斗争。1949年随军南下苏州，在苏沪报刊上发表多幅美术作品。1958年毕业于中央美术学院华东分院（现中国美术学院）油画系，同年创办苏州工艺美术专科学校，并任副校长，后任苏州丝绸工学院工艺美术系主任。自1951年起任苏州市美术家协会理事长、主席四十余年。现为苏州市美术家协会名誉主席，江苏省美术家协会名誉理事。长期从事多方面艺术创作，也兼事美术史论研究。除绘画有专集外，尚有内容广泛的《贺野09集》等著作。荣获中国文联颁发的“从事新中国文艺工作六十周年荣誉证书”和纪念奖章。现出版《贺野全集》，含散文、苏州美术史、再识吴门画派、评论、诗词（插图本）、报刊画、书法、素描、水粉、油画、国画共11卷集。

自题诗

一生风雨过春时，
爝火点点鬓如丝。
十年浩劫几为鬼，
百尺艺海不畏痴。
执笔偏求心中笔，
赋诗独羡泪沾诗。
阎罗簿上暂忘我，
且留人间作画师。

贺野全集

再识吴门画派卷

3

中国·苏州

古吴轩出版社

苏州市文学艺术界联合会资助项目

图书在版编目（CIP）数据

贺野全集. 再识吴门画派卷 / 贺野著 ; 於宜苏整理
. — 苏州 : 古吴轩出版社, 2015.11
ISBN 978-7-5546-0476-2

Ⅰ. ①贺… Ⅱ. ①贺… ②於… Ⅲ. ①中国画—画派—美术评论—苏州市 Ⅳ. ①J ②I217.2

中国版本图书馆CIP数据核字（2015）第164508号

责任编辑：陆月星
装帧设计：唐伟明
　　　　　陆月星
责任校对：仇晨晨
责任照排：韩雅萍

书　　名：贺野全集 · 再识吴门画派卷
著　　者：贺　野
整　　理：於宜苏
出版发行：古吴轩出版社
地址：苏州市十梓街458号　　邮编：215006
Http://www.guwuxuancbs.com　　E-mail:gwxcbs@126.com
电话：0512-65233679　　传真：0512-65220750
出 版 人：钱经纬
印　　刷：苏州日报印刷中心
开　　本：787 × 1092　1 / 16
印　　张：18.25　插页：2
版　　次：2015年11月第1版　第1次印刷
书　　号：ISBN 978-7-5546-0476-2
定　　价：50.00元

如有印装质量问题，请与印刷厂联系。0512-65640827

出书小记

时值乙未，正我中华民族的发展盛世，天安门广场上的七十响礼炮声在耳畔回萦。我，一个经抗日战争、解放战争，在苏州工作近七十年之久的老兵，在自己的“中国梦”，后来又在夫人於宜苏女士全身心的相助下，我的“全集”（计散文、苏州美术史、再识吴门画派、评论、诗词、书法、报刊画、素描、水粉、油画、国画等十一卷）终于在苏州市文联、苏大艺术学院的发起资助、古吴轩出版社的相助下出版了。本来一个画家出画集乃至文集，实属平常事，而我却涉猎如此多门，我想，在国内大约除了遥不可及的黄永玉教授外，还未听有他人这样做。现在拙作出版了，不管水平如何，我总得说说：为什么这样出，又为什么能这样出书。请各位指教。

幼时日本人就来了，家烧了，刺刀架在脖子上，后来只能“跟着八路走”，边学边画，进行宣传斗争。日本投降，蒋军和还乡团又来了，我也只能继续以画为武器，直到后来苏州工作，大体都是如此。这时作品自然十分稚嫩，可那是弹雨横飞时所作，却一幅都未留下来；渡江后在报刊上每天要画好几幅，现在尚能觅得（多亏《苏州日报》领导），虽“草根”气很浓，不忍卒睹，但它毕竟是那时苏州人民生活的记录，也就出了《报刊画卷》。

全国解放，和平时代到了，绘画的社会职责有了变化，我就读于中央美院华东分院油画系，想做一个苏式职业油画家。可毕业后却要我办苏州工艺美术专科学校，也就不得不改弦易辙。这对我却并非易事，作为这个学校的始创者，全校的工作都要我负责，百忙集于一身，何从言画？只求能让我课外画几笔素描，也就谢天谢地了。在传统看来，这只不过是“边角料”，可我后来在丝院任美术系主任期间，竟画了好几百幅；我又把小小的水粉当作油画来画，以释放我对油画之恋。现在的《素描卷》、《水粉卷》，均由此而来的。

时间过得很快，转眼已快离休，看来也只有学国画了，于是硬着头皮在党校学习（前后长达一年）和开会空隙，坚持练字和画国画。市美协面临改革开放，我不得不和画家们一起，先要来认识新时期，涉足理论，可那时又没有多少书看，要写文章，自然论据不足。记得胡适曾主张“大胆的假设，小心地求证”，我连“求证”条件都没有，尽管写出几篇小文，自然难脱“头重脚轻”之弊，可仍然边写边学，也带出了《评论卷》。

我仍胆大妄为，靠着放大镜，启然写成四十万字数百幅插图的《现代美术形成史》，从八个方面来解开世界上现代美术产生之谜。在那时确有意义，可将付印时却撤下来，至为可惜。现在只能在《全集》“悼亡录”中见到它的残页。

离休了，欢送会上找不到我，因我已一头扎到农村画画，实乃渴望能成天画画，猴急了。如鱼得水，我画了不少，加上以前画的，但只是探索的开始。现出的《国画卷》是近年画的。

新旧世纪之交，我却生了场大病，国画、油画都不说了。在夫人於宜苏的支持和参与下，我写了《再识吴门画派》，这就是《全集》的第三卷。又参加文联的《苏州艺术通史》的编写，我写了美术部分，后独立发展成《苏州美术史》（2010年四川美术出版社出版），这成了《全集》中第二卷。

这时，一向没有的画油画的条件有了，遗憾的是我快和姜太公同年，连油画箱都背不动了；但国家一日千里，我不能用绚丽的色彩加以歌颂吗？从2005年开始，共画了一百四十多幅，后就成了《油画卷》。我崇拜的印象派大师雷诺阿七十多岁即绳系画板作画，不论我画是如何渺小，却比他有福气，能不令人称庆吗?

到了2008年,觉得应当停笔思索;又正遇汶川地震、年初雪灾、群魔乱舞,西方待我何其不公,不禁悲愤交集,乃以旧体诗词抒之。现为人们背诵并吟哦的是它,此乃民族文化和灵魂的根。但词过去只填过一阕,诗亦然,我遵循格律,平仄放松,一年写成《〇八苏州词》。这就是《诗词卷(插图本)》。

油画不能画了,国画还继续,字也在练,《苏州杂志》领导提供了写作平台,我竟写起散文来。和以前写的一样,求真求顺从内心发掘,也就差强人意地在《书法卷》之外添了《散文卷》。

至此,不知不觉编出了十一卷本,但决非成于“春风得意”之中,而是不断被批为成名成家,我以苦为乐彳亍前行的结果。我也想过,假如一直画,现在可能好些,可那样,我就失去尽管和大多已少往来但还有割不断的情缘的学生们,这又是我不愿意的。这大约就是无怨无悔罢。

此书能出版,要多谢市文联和苏大艺术学院、古吴轩出版社领导的大力相助,在此谨致衷心的谢意,多谢出版社编辑同志。而如果没有和我白头相守、行文与共的夫人於宜苏全力参与,也是不成的。我虽以“烈士暮年,壮心不已”自勉,但本集只是记录新中国成立前后这一历史名城里的一个普通文艺老兵前进的足迹。我没有得过多少奖,也无显赫的身世和头衔,只是一个老老实实工作和老老实实画画,有着一颗爱国爱党爱生活的赤子之心而已。近年我还被评为优秀共产党员,被中国文联授予“从事新中国文艺工作六十周年荣誉证书”和纪念奖章,都足以见证,是我深以为傲的。

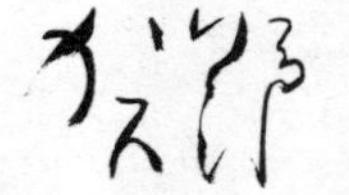

2015年3月8日

关于"吴门画派"的新思考

——在首届中国美术苏州圆桌会议上的发言（摘要）

今天我要"王婆卖瓜，自卖自夸"，将论文[①]改成两个小题目来发言：1.两座古城，2.各有千秋。

第一座古城，是在十三四世纪时的意大利，叫佛罗伦萨。这时它正处在中世纪和新世纪的交界，在改变着世界历史。这个城市在出现了大画家乔托、波提切利之后，接着又出现了达·芬奇、米开朗琪罗、拉斐尔等三位艺术巨匠。这三位可了不起，马克思称达·芬奇为艺术巨人，代表文艺复兴时期的到来。人们极少将他们称作"佛罗伦萨画派"，尽管他们的艺术特点如此鲜明，又前有中世纪，不久后又有威尼斯等画派，不将他们等同齐观，因为佛罗伦萨太突出了。

第二座古城出在远东，叫作苏州，这时正值明代中叶，这里美术也十分繁荣。不迟不早，苏州城内更出现了四位大画家，人们把他们称为"明四家"或"吴门四家"：沈周、文徵明、唐寅、仇英。佛罗伦萨三位大师和他们年龄都差不多。沈周比达·芬奇大25岁，米开朗琪罗比文徵明、唐寅小5岁，拉斐尔更小13岁。仇英约生于1493年，比米开朗琪罗小18岁，比拉斐尔小10岁。苏州这时的画家，按《中国美术家辞典》[②]，竟占全国知名画家总数的37%之多。但和

---

①我的论文《认识这个东方的佛罗伦萨》，载《生态山水与美丽家园——首届中国美术苏州圆桌会议论文集》，（古吴轩出版社2013版）。

②《中国美术家辞典》（上海辞书出版社1987年版）。

文艺复兴摇篮和发祥地的佛罗伦萨相比，是不可同日而语的，各有千秋。

中国和欧洲不仅艺术不同，社会制度也大不相同。我国长期被封建王朝统治，社会制度没有多大变化，绘画也就没有多少变化。只有到了元朝，才是中国绘画发展的重要时期。什么重要时期？简而言之，就是“文人画”兴起。我们决不能按“文人画”的字面去理解，它不是什么“文人画的画”。它是一个特定的概念，实质是指社会的政治和经济基础发生动摇，逼着绘画走向发挥笔墨等自身特色和抒发画家感情的方向，其实是绘画一大进步。因为在这以前，汉和六朝（即我国国画发轫时期）到唐代的画家，绝大多数都是宫廷的官吏，有些甚至是皇帝本人。他们主要画人，画帝王，画官廷人物，画景色。五代战乱，绘画题材才开始变化，山水画出现了。而到了元代，情况才有了根本改变，国家改由少数民族贵族掌权。皇帝不画画，也不喜欢画画，画画的人能做官的很少，画家只能自谋生路。以前早就出现但默默无闻的“文人画”，这时却流行开来。画家们遗世独立，消沉、悲哀，倾向“隐逸”的画风，竹、兰之类题材流行起来，但这样的绘画有一个致命的弱点，即文人孤芳自赏，离群众远了，总不是办法。扭转绘画向正常道路上发展，便是苏州的任务。为什么要是苏州呢？因为它此时不仅是全国重要的经济重镇，文化根底深厚，又是这些画家的云集之地。元代最早的绘画改革大家赵孟頫的童年和少年都在苏州，再以后来出现的“元四家”而言：黄子久是苏州人；倪瓒在东太湖东北岸隐逸，后在苏州城外卜居；王蒙亦在苏州做过小官；吴镇对苏州画家也有极大的影响。因此，苏州学元画者众，已成为这类画的中心。可朱元璋独喜浙江画家风格，才出现了“浙派”，苏州画家为此罹杀身之祸，但他们虽被杀头却志气不移。直到洪武之后，“浙派”衰微，苏州经济已高度发达之时，“吴门画派”方才出现。

苏州这时经济空前繁荣，大汉业已光复，画家大多也不依靠做官，而以卖画作为主要或次要生活来源，作品也就必然受到市场的影响。对他们前面的元之“文人画”也就必然加以改造，因此，“文人画”才变成为雅俗共赏的艺术。我曾写过一本书叫《再说吴门画派》，主要指出“吴门画派”是继承元人或是在继承宋人上做文章，看来是很不够的。它的问题在于，只看到画风的传承，没有看到画家首先是人，一样要吃饭，这就有它的经济基础，经济又牵涉到人的观念。这是马克思的论断，恩格斯称这一论断是人类的“伟大发现”。当时蒙古人统治中国，怎么和汉族的统治者没有区别？元代有画家画院吗？做官的多吗？名画家怎么在卖卜、相面、做道士中讨生活？明代苏州和元代画家地位大不同，大多不做官，但地方官吏还必须上门拜访，画风难道会毫无变化吗？当继承南宋的“浙派”败走麦城，画家现在还按元画孤芳自赏，出路又在何处呢？

我过去说，“吴门画派”的艺术特点是“变宋化元”，不仅是说得不够，重要是谈结果多而探其因少，而且其因也说得“单薄”。“明四家”是否即是“吴门画派”四家，分歧就在于对“吴门画派”认识的分歧。如果认为这一画派确实是变元之“文人画”由孤芳自赏为雅俗共赏，我就不仅认为唐寅、仇英都属于“吴门画派”，而且更认为唐寅还是“吴门画派”杰出的代表。为何如此，拙作《唐伯虎何以成为古代最知名的画家》已说出其中的缘由。古代画家中还有谁的画和诗如此通俗易懂，如此接近群众，又如此把矛头直指封建王朝的呢？正因为如此，中国古代画家中又有谁比他更家喻户晓？这就是我们主张的“吴门画派”艺术特点的有力证明。这里就不详述了。

苏州画家比之与佛罗伦萨之前之后的繁荣程度，也饶有趣味。请参见拙作《认识这个东方的佛罗伦萨》和《苏州美术史》[③]，这里也就不详述了。

贺野

2013年11月

---

③见《贺野10卷集·2卷》。

目录

出书小记……………………………………………………………………贺野

关于“吴门画派”的新思考

——在首届中国美术苏州圆桌会议上的发言（摘要）……………贺野

· 再识吴门画派 ·

写在前面的话 …………………………………………………… 2

第一章 绪言：从正名开始……………………………………… 4

第二章 吴门画派的出现是历史的必然 ……………………… 9

第一节 先要认识中国画两大基本特征 …………………………… 9

第二节 还得从六朝至南宋的绘画说起 …………………………15

第三节 元四家走上董、巨一路 ……………………………………19

第四节 浙派——吴门画派的参照系 ……………………………27

第五节 “三春花草梦苏州” ………………………………………32

第六节　吴门画派及其主要画家的定位 ……………………………41

第三章　吴门画派主要画家简介 ……………………………………48
第一节　吴门画派创始人——沈周 …………………………………48
第二节　吴门画派的主将——文徵明　…………………………………54
第三节　生前侘傺身后盛名的唐寅 …………………………………61
第四节　画中之"王者"仇英　…………………………………………70
第五节　后继有人的吴门画家群 ……………………………………74
第六节　吴门画派主要画家的艺术特点 ……………………………80

第四章　吴门画派艺术特点之一:"变宋化元"　…………………84
第一节　吴门画家首先是学习元人 …………………………………84
第二节　吴门画家学宋人及变异 ……………………………………92
第三节　"变宋化元"的艺术体现 …………………………………98

第五章　吴门画派艺术特点之二:既重视传统又重视写实 …　113
第一节　吴门画派十分重视艺术传统 …………………………　113
第二节　再从存世作品中看"仿古"之位置　……………………　116
第三节　他们同时重视师法大自然 ……………………………　118
第四节　独树一帜的"庭院画"和"写景画"　…………………　124

第六章　吴门画派艺术特点之三:既是文人画而又雅俗共赏　138
第一节　先说文人画之内涵 ……………………………………　138
第二节　用诗、书、画表现"文人之感想"　……………………　139
第三节　吴门画家的诗、书、画结合作品…………………………　142
第四节　他们还要雅俗共赏 ……………………………………　149

第五节 雅俗共赏的作品举例 …………………………………… 151
第六节 明画终于出现了 ………………………………………… 162

第七章 吴门画派的历史地位和影响 …………………………… 167
第一节 全国最大的历时最长的画派 ……………………………… 167
第二节 吴门画派在山水画方面的影响 …………………………… 185
第三节 吴门画派花鸟画及其他的影响 …………………………… 193

第八章 论吴门画派“以画养画”的影响 ……………………… 198
第一节 一条重要的人类历史发展规律 …………………………… 198
第二节 “以画养画”意味着什么 ………………………………… 205
第三节 “以画养画”后的中国画坛 ……………………………… 208
结束语：自豪和教益 ……………………………………………… 213

· 附录 ·

吴门画派 …………………………………………………………… 218
吴门画派幽思录 …………………………………………………… 220
“变宋化元”——沈周的艺术之路 ………………………………… 228
沈周和他的《庐山高》……………………………………………… 241
唐伯虎何以成为古代最知名的画家
——唐寅540周年诞辰 …………………………………………… 257
对于仇英研究之我见解 …………………………………………… 267
《明史》：沈周、文徵明、唐寅列传 ……………………………… 268
沈周、文徵明、唐寅、仇英画目 ………………………………… 271

·再识吴门画派·

写在前面的话

本书名《再识吴门画派》，自然是表示本人有过“一识”或“初识”。那还是十八年前，我尚未及花甲之年，听有人在敝姓后加上“老”字，私心犹感悻悻然。这时国内研究吴门画派正热，外国友人也视为显学，它的出生地苏州，却反而一片岑寂。由于我在市美协兼些职务，不由深感自疚。周围又都是画画的朋友，不愿涉足于此。求人不如求已，于是抱着我不入地狱谁入地狱之决心，毅然放下画笔。当时自觉大有荆轲的慷慨悲歌之雄风，其实根底极浅。我学的是油画，转而长期教素描水粉，学国画也刚刚开始。对西洋美术史尚略知一二，对于中国美术史，只在读书时代听过王伯敏教授的课，早就抛到九霄云外了。

于是我只好现买现卖，但一投身于此，两腿仿佛便被神行太保戴宗缚上神符，不由自主地向前飞奔。但见两边的树木纷纷向后倒去，只是天晚在路旁客店里挑脚底水泡之际，才悟到此业之艰辛和路途之遥远。但这样一跑，倒也跑出几篇文章和一本书来。最近这本册子刚刚出版，从交稿到见书，整整花去了与抗战八年相同的时间，但这已属万幸。可我正如一个已读小学三年级的学生，却让同学们欣赏自己刚入人世时的襁褓照，摄影师还在上面涂上几抹颜色，就别提多么寒碜了。

幸而现在能有“再识”机会，来一番“老夫聊发少年狂”。但人确是“老夫”了，每次上公共汽车，常有好心的人主动让座，我已处之泰然，全无早先的悻悻然之感。但“老夫”的“狂劲”仍在，也有决心对五百年前的苏州先贤，再来好好地端详一番。本来就考虑有年，有话要说，再就手头材料进行咀嚼，觉得过去失之肤浅，于是煮字觅句，似有所领悟，也就放手写起来，七改八涂，自觉尚有可看之处。我妻於宜苏本对古代绘画理论了无接触，可当我健步如飞之际，她也跟着在电脑前举步维艰。十多年来，她为拙稿打过近百万字，现在更加全力以赴，还不时提出修改意见，有时还将我从文字重围中营救出来。正是由于她的支持和鼓励，才得以完成此作。孙女李臻也在暑假中返回南京，为本书寻觅资料。这里要特别感谢陆咸同志，是他带头倡议，努力争取，才有此“再识”良机。也要感谢王晓东，他手头的油画和雕塑创作很忙，还对我伸出援助之手。现在本书即将出版了，虽自诩为“再识”，人或许仍然还在学海边踯躅。但事已至此，只好横下心来，丑媳妇总要揭开她的红盖头了。

书成时已进入羊年，羊，祥也。门外古运河水波不兴，不远处工地正热火朝天。杨柳开始吐绿，春风正在荡漾。盛世佳期时何似？予在苏州。

贺野2003年元旦节　新湘苑

第一章 绪言: 从正名开始

在我国的东南沿海，江南的烟雨深处，有一座历史悠久、文化繁荣、经济发达的美丽城市，这便是苏州。在明代中叶，这里出现了我国古代著名画派——吴门画派。本书就是为认识和研究这一画派而写的。

开宗明义第一章，是要弄清有关概念，也就是从“正名”开始。孔子不是说了吗？“名不正，则言不顺。”（《论语·子路》）。名正了，文章就有一个好的开端。

先要弄清的是：“吴门”、“画派”、“吴门画派”和“吴派”。

“吴”，实际上是苏州（因境内有姑苏山，又名姑苏）的别称。因这里旧属吴地，公元前561年，吴国在这里建阖闾大城。隋开皇九年，即公元589年，才由吴州改称苏州。后经两千五百多年的历史沿革，这座大城的名称换了不少，但大多与“吴”字相连。如“吴国”、“吴县”、“吴州”、“吴都”、“吴郡”等等，苏州作为府治，也多时并存。人们也就很自然地将“吴”、“吴城”、“吴中”、“吴下”、“吴门”等和苏州联系起来。苏州也称过平江府、平江路、隆平府，时间虽很短，“吴”字却一直未变。名称这样多，且同一词冠，在我国城市中实属罕见。可是“吴”毕竟原指春秋吴国所辖之地，疆域十分辽阔。据清闵麟嗣订、王士濂补辑的《周末列国有今郡县考》考证，“吴”的疆域范围包括清代以下府地：“江南之江宁、苏州、松江、常州、镇江、太平、宁国、徽州、池州诸府及广德一州地及江北之扬州府地，分有淮安府地，有浙江之湖州、严州二府地，与楚交有江西之广信、建昌、抚州、临江、吉安、

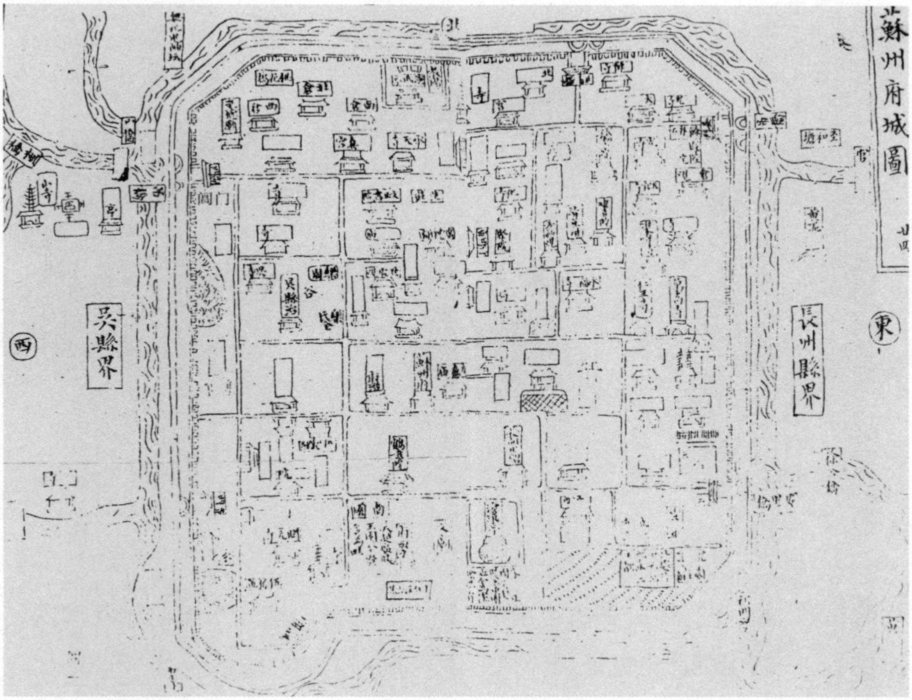

明代苏州城中吴县、长洲县分界图

瑞州、袁州、赣州、南安诸府地。”后来的“吴郡”范围略小，可也包括长江以南全部，及长江以北迤东之南通、海门地区。因而“吴”既可指苏州，也可大于苏州，也就使得前面的别称，用起来却大异其趣。其中“吴”、“吴地”、“吴下”、“吴郡”等，虽专指苏州，但也不能完全无视这些称号的历史含义。至于“吴城”、“姑苏”、“吴门”三称虽即是苏州，但“吴城”范围甚至比苏州还要小，“姑苏”则嫌脂粉气，只有“吴门”似含书香，也就为文人墨客所乐用。

“吴门”，始见于春秋时期，本指吴县城门。此县始置于秦王政二十五年（前222）。汉韩婴《韩诗外传》：“颜回从孔登日观，望吴门焉。”孔老夫子师徒是否真能从千里之外的泰山（日观）望到苏州，这里且不管，但苏州城墙醒目和壮观，在遥远的往昔已为人称道，从而可得到证明。后来，唐张继《阊门即事》“试上吴门看城郭，清明几处有炊烟”，更说明此称已不断为骚人墨客所沿用了。宋平江（苏州）府尹孙觌，即以“吴门道上”为题赋诗。明代也就更多用此别号，自然也早不限于苏州城门。现盘门外尚有始建于宋

吴门桥

代的“吴门桥”，仍横卧在古运河上，和古老的盘门墙和水城门相互辉映，提供了这一古老的历史见证。

现在再说“画派”一词，在1915年版《辞源》、1936年版《辞海》上，均无此条目①。但我国绘画史和人们习惯上也常提及“画派”，例如，常由“黄家富贵，徐熙野逸”之说引申为“黄筌画派”和“徐熙画派”，还有“湖州竹派”等等，但我们只要仔细加以推敲，就会发现它们都是以画家的画法来命名。即如湖州竹派，也是由于宋文同（1018—1079）、苏轼（1037—1101）都善画墨竹，二人先后任湖州太守（文在到任途中病故）的缘故。如果只是这样，这些“画派”和历史上所谓“宗”、“体”、“样”、“法”、“派”、“家数”等也就没有太大区别，则应该叫作“风格”（Style），而不是“画派”（英语School，相当于法语E' cole）。至少和我们这里说的“吴门画派”，情况有所不同。倒是清张庚在《浦山论画》中两句话，使我们感兴趣：“画分南北始于唐代，然未有以地别为派者，至明季方有浙派之目。”

①对于“画派”一词的诠解，美术史家过去往往略而不提。近年来，因“吴门画派研究”热潮而兴起对画派的专门研究。陈传席认为，“画史上凡称画派者，必备最基本的因素：其一是有画派之首和骨干画家；其二是画派的基本风貌有某些共同因素”（《中国山水画史》）。周积寅则认为凡历史上称画派者有几种情况，有以地区为标志，有以某个画家名字为标志，有以艺术表现的特点为标志，有以画家群体的审美观及某些特点为标志的四种（《吴派绘画研究》）等。

张在清雍正十三年（1735）举博学鸿词科，是著名的画家和美术理论家。他一语中的，指出还存在另一类“画派”——它的根本特点就是“以地别为派”五个字，并且说明在明季“浙派”之前还未曾有过这样的画派。“浙派”是什么情况，这里暂时不提。但他所说的这些，无疑是说得对的，而且吴门画派，看来也正是这样“以地别为派”的一类。那么，形成这样的画派需要什么条件呢？张庚没有说明。现在，按照逻辑分析，这些在我国出现的古代画派，似乎应具备以下条件：

第一，一地必须同时具有一定数量的艺术见解和绘画风格都很相近的画家群，其中须有一两位具有开宗立派的影响力的画家；

第二，这里经济应比较或相当发达，这样才能提供专业化的画家（及其家属）的衣食之源，吃饱饭才能干事，是容易明白的事；

第三，画家在这里必须有一定程度的自由创作空间，不然如何创出具有自己面貌的画风，来和其他画风相比较、相颉颃？

第四，还必须有先期存在的在很大范围内占据重要地位的画风，成为对比和参照系，使之与其画风大同小异，或小同大异，或只异不同，使自己新的艺术面目能逐步浮出水面来。因为所谓“派”，本义就是“别流也”（《说文解字》）。彼此都是一样面孔，你中有我，我中有你，也就无所谓什么派了。

如果以上分析大体上可以站得住脚，很显然，这样的画派的确在明季之前是无法出现的。

形成“以地别为派”的条件有如上述，但不可避免的是，这样的画派既然是由具体的地别也就必须由具体的时间和具体的人组成，这样也就和社会一切事物一样，有它自身产生、发展和衰亡的历史（当然，一个画派的消亡和人的躯体消亡是两回事）。它也只能定格于历史某个时段，决不能提前或任意缩短和延长。吴门画派，从而也只能成为一个特定的历史概念，人们也就不能含混地称它为“吴门的画派”、“苏州画派”或“苏州的画派”。因为这些称呼，只有地区的限制，而无时间的制约，五百年前或五百年后甚至还要久远的苏州画家都可用此称号，这样，这个画派也就实际上被取消，再来研究它也就没有任何意义了。今天的苏州画家可以学习这一画派的某种手法，或自称此画派的后代，发扬这一画派精神，或另成立新的画派，但不能自称为吴门画派中人，仿佛它仍然健在，并与天地永存似的。这样混淆古今，对艺术研究和创作都无好处。正像今天松江或扬州画家，我们不能称其为“松江画派”或“扬州画派”中人一样。

再说一下“吴派”。“吴”所表示的地域有如上述。后人有将吴门画派之后出现的松江派（包括云间、华亭、苏松诸派），甚至和清初出现的娄江派（太仓派）、虞山派，都合称为“吴派”。有人甚至将吴门画派定为“前吴派”，松江画派定为“后吴派”。这样称呼也有其道理。因为这几个画派都出自吴地，彼此的风格相近并有一定继承关系，时间相距也不远，合起来便于看到他们的共同点。持这样看法的如江兆申《吴派九十年》、郑午昌《中国画学全史》、王逊《中国美术史》和周积寅《吴派绘画研究》等，持后说的则有李万才《海上画派》等。但从另一角度来看，毕竟这些画派在地点、时间上存在差异，艺术上也各自有别，太笼统了不利于具体的艺术研究。好在一个大的事物有很多方面，从多角度研究也只有好处，并无坏处。不过这已超出本书的讨论范围，也只能就此打住了。

第二章
吴门画派的出现是历史的必然

第一节　先要认识中国画两大基本特征

前面已弄清吴门画派有关名称的一些概念，但是不是就此能够进行画派本身的探讨呢？不能。我们还得循序渐进，先要弄清中国画具有的两大基本特征。

世界上的景物都是客观存在的，人的眼睛反映这些景物并没有多大的不同，但描绘这些景物的绘画包括所使用的工具和手法，各个民族却大不一样，这里就存在着不同的民族习惯问题。记得西方有位评论家说过：地球上每一个民族往往曾经像一个与世隔绝的独立的村落，村民们长期形成一种特殊的、与众不同的生活方式和心理素质，绘画上也就有了不同的画法，他们认为世界上只有这种画法，只有按这样画才叫作画，才值得人们欣赏。西方如此，中国也是如此，而愈是古老文明的民族尤为如此。为了认识我国的传统绘画，我们先以欧洲绘画来做对照。

欧洲绘画的起源可追溯到公元前6世纪的古希腊。当时的毕达哥拉斯学派的学者就认为：

> 音乐是对立因素的和谐的统一，把杂多导致统一，把不协调导致协调。
>
> ——波里克勒特《论法规》

这个学派学者是用数的比例来研究音乐中不同音程的人的。他们认为第八音程是1∶2，第四音程是3∶4，第五音程是2∶3。显然，他们在以数来着意寻求客观世界的运动规律。在艺术方面，苏格拉底（前469—前399）就赞成“艺术就是摹仿自然”，但反对“摹仿”就是“抄袭”。柏拉图（前427—前347）也承认要认识理性世界的最高的美，但须从客观世界上个别事物的美出发。尽管我们没有见到古希腊、古罗马时代遗留下来的摹写自然物体而进行准备的画（类似后来的素描），或是否存在这样的艺术，但从那时留下的栩栩如生的逼真的雕塑，有些已成为今天学画的范本来看，这些古代艺术家必须有过类似素描、解剖、透视这样的训练。经过后来的中世纪，这些艺术中断。而到了文艺复兴时代，则进一步建立了画家必须学会直接观察和描写自然，熟悉写生和有关学科，确立了绘画必须以写生为基础的绘画体系。主要画种则由墙壁上的“湿壁画”（fresco）和“镶嵌画”（mosaie）发展为油画。愈到后来，这种写生要求愈来愈严格。例如，19世纪的俄国画家希施金，他到野外画树时总要带一把斧子，将不合己意的树枝先行砍掉，然后再来作画，决不自己妄添一根树枝。同一世纪的法国画家莫奈，他如在某天上午九时至十时的阳光下画这个景物，第二天一定要待到同样时间、同样阳光下再画。尽管后来有些现代派画家并不重视写生，但以此为基础的西方绘画体系并未改变。

我国古来影响深远的则是“天人合一”的学说。《易·乾卦·文言》：“大人者与天地合其德，与日月合其明，与四时合其序。”孟子则谓“尽其心者知其性也；知其性，则知天矣”（《孟子·尽心上》）。庄子则认为，天与人本来就是合一的，“天地与我并生，而万物与我为一”（《庄子·齐物论》）。《孟子·尽心上》则进一步认为“万物皆备于我”。在绘画上，最早出现的是壁画。王逸《楚辞章句》为《天问》所作的序中提到“楚有先王之庙及公卿祠堂，图画天地山川、神灵，琦玮谲诡，及怪物行事”之语，很显然，这些壁画所画之物大多非人所见，自然也无从写生，而是凭着人的想象而画的。欧洲古代也虽多画宙斯山上诸神故事，但所画的神祇，却都具有人的外貌，甚至比一般人还要雄伟和美。中西艺术是不相同的。我们再看一个为大家所熟悉的故事：

宋文君将画图，众史（画史）皆至，受揖而立，舐笔和墨，在外者半；有一史后至者，儃儃然不趋，因之舍。公使人观之，则解衣盘礴，裸。君曰，可矣，是真图画者也。

——《庄子·外篇·田子方》

这就是说，在当时的宋国，选拔“真图画者”的标准，只看他“儃儃然不趋”、“解衣盘礴，裸”，一副甚至连今天都未达到的所谓颓废派艺术家的程度。这个例子却说明了重大问题，即我国绘画传统美学是建筑在重视人的主观作用的基础上的。并不是说我国绘画完全不顾及客观形象，刘向撰《说苑》中有一段话：

齐有敬君者。齐王起九重台，召敬君图之。敬君久不得归，思其妻，乃画其妻对之。

这就是说，敬君是凭着记忆、想象来画其妻之像的，这可说就是后来我国作画的主要方法，可以说是主客观合一，也不妨说是“天人合一”。上述王逸所述的庙堂壁画也只能使用此法。“真图画者”也只有如此才能显其画才。我国随之出现的南齐谢赫的《古画品录》提出的“六法”，已成为我国绘画理论的经典定义。其中就有“应物象形”、“随类赋彩”两条，这里的“象”、“赋”二字，都含有近似主观决定客观之义。此外还要注意的是，我国传统即重视向古代文化学习，《诗经·周颂·载芟》：“匪今斯今，振古如兹。”孔子更是醉心古代文化。他说：“郁郁乎文哉！吾从周”（《论语·八佾》），“吾非生而知之者，好古，敏而求之者也”（《论语·述而》），“述而不作，信而好古”（《论语·述而》）。这样的言论虽不是对绘画而言，但也对这一领域产生了深远影响。在这样的文化和哲学思想指导下，在先民所创造的岩画、彩陶、青铜器、帛画、壁画、漆绘、木版画和木简画、画像石和画像砖以及民间绘画长期发展的基础上，在汉和两晋时期出现了今天所说的国画。也就是用笔、墨色和水的溶化，在特制的纸（今天称为宣纸）和绢（原多用，今已用得不多）上画成，画好后加以装裱。根据我国房屋结构和欣赏习惯，形成卷轴（分大、小立轴，中堂，屏条，横披，对幅等）、手卷、册页之类。因之严格说来，今天的国画乃是一种卷轴画①。初看起来，这样装裱起来的纸片，似乎比西方牢固结实的油画不易保存，其实它却更为便于长期保存和收藏。我国的绘画，正是在这被规定好的不同的空间之中（这比西方绘画要丰富得多），开出自己艺术之花。

看了东西方艺术之比较，二者有什么重要的不同之处，应使我们特别注意呢？

首先就是我国绘画存在着明显的图式。所谓图式，即是由特定历史条件下长期形成的特定的比较稳定的绘画图像，这里称它为“图式”，确切说来，这是中国古代绘画的图式，是我国古代绘画中的“宗”、“体”、“法”、“派”、“家数”等总的概括。我国绘画不仅分为山水、花鸟、人物诸画种，而且所描绘的图像、笔画也形成特殊的样式。例如画山水就要有特定的构图（章法）、线、皴（画山石的内线）②、矾头（山头的小石），甚至小树画法也有不同“家数”。这是长期形成，并为我们所熟悉和承认的。如果不如此，反而不为人们所承认。这就是我国绘画存在着鲜明的民族特色的所在。这是中国画第一个基本特征。

艺术是现实生活和人们社会生活的反映。欧洲绘画方式是如此，我国的绘画方式也是这样。因为所谓图式，最初也是从生活中汲取的，而后才逐步形成独立的式样。学习掌握这个图式，也就是在间接汲取生活之源，而在一定阶段之后，有创造性的或有成就的艺术家，还需观察、体验，甚至以不同方式对现实进行记忆和写生，以发展和丰富自己的艺术，也使总的图式得

①中国画的装裱有一个发展过程。晋代以前，装背不佳。东晋期间，技艺渐趋成熟。到唐贞观年间重视装裱，宋代亦臻其妙。明清装裱技艺有所改进。日益使画面大小、长短、宽竖形成规格，大抵所裱之件，用纸覆盖背面，挂轴加镶绫、绢或纸的天地头和边框，手卷外有包皮，前有引首，中有隔水，后有拖尾，并有安装轴杆；册页并镶边框，前后有副页，上下加板面。书画一经装裱，益增艺术效果，便于观赏和收藏。

②皴用以表现树石和树皮纹理，是中国山水画主要技法之一，也是组成中国山水画图式的主要组成部分。大部分皴在北宋前的画家笔下已经完成。唐人多用铁线皴，荆浩多用鬼脸皴。董、巨多用披麻皴（也称麻皮皴，有大小之分）。而李成、范宽等人用直擦皴、雨点皴（亦称芝麻皴，稍大亦称豆瓣皴）、马牙皴、马牙钩、卷云皴、解索皴（有直横两种，王蒙一变为细长飘曲之状，名“游丝袅空法”）、牛毛皴、荷叶皴。长斧劈皴又名雨淋墙头皴、大斧劈皴，为南宋画家乐用，还有小斧劈皴、带水斧劈皴，米芾长用拖泥带水皴等。而元人又增添了括铁皴（吴镇多用）、折带皴（倪瓒多用），浙派画家喜用骷髅皴、破网皴等。表现树皮有鳞皴、绳皴、交叉麻皮皴、点擦横皴、横皴等。这些皴法往往是画家的风格和画路的表现。

以丰富和发展。西方一位大科学家说过，他是站在巨人的肩膀上做出事业来的。我国古代无数艺术大师正是这样创造他们的辉煌艺术。因此和欧洲绘画的本源都是殊途同归的。

欧洲的绘画是否也存在他们的图式呢？当然也是有的。我们只要举出常见的西方绘画，例如表现圣母子、公爵和贵族夫人肖像、裸女等等，无形中都有一定规格。甚至画花，只能画采撷下的，鸟也只能画死的，何尝不是一种民族性的绘画图式？今天的形形色色的现代派绘画，不知不觉中也有着大家必须遵守的模式，应该说这就是现代绘画的图式。当然比之中国绘画，很不明显罢了。

中西画家在这方面就走着不同的道路。西方绘画面对现实写生，一定程度上自然就是画家的老师，因此，教授画家作画的老师和临摹前人的作品就显得并不那么重要。中国画则不然，画家们最大的任务是首先必须学习和熟练掌握前人的艺术图式，尤其是临摹前人的作品，具有特殊重要的意义。临摹什么样的图式，往往在很大程度上决定画家终生的艺术走向。因此，我们研究一个画家，认识一个画派，必须紧紧抓住他的师承关系，这是认识这个画家和画派的锁钥。

其次，中国绘画还有另一基本特征。这虽不在于绘画本身，但却至关重要。我国的封建时代特别久，这是众所周知的，但封建王朝对中国绘画的深远影响，这点也许不为大家所知。

封建统治者不仅是艺术风格的最大影响者，也是历代最大的艺术作品占有者。尽管各代都有过不少的收藏家，但最大的收藏家至多不过延续到本人身后的三代到四代而已，这些艺术品最后大部分总要流到宫廷内府。最早的记载是公元403年，那时我国的书画还处在幼年时代，桓玄篡晋安帝司马德宗位，内府所藏书画，悉数被他掠为己有。曾命人作“轻舸，载服玩及书画等物”，有人劝之，他说：“书画、服玩宜恒在左右，且兵凶战危，脱有不意，当使轻而易近。”（《晋书·桓玄列传》）就这样开了后世的君主和权势人物掠夺书画的先例。当然，很多统治者对此了无兴趣，也有很多统治者情有独钟，自己还常是书画里手：最早如魏少帝曹髦（241—260）、晋明帝司马绍（299—325）、梁元帝萧绎（508—554）等人便是。后来如南唐后主李煜（937—978），已是填词大家，在“最是仓皇辞庙日”，还要“教坊犹奏别离歌”（《破阵子》），对书画也很精通。他以书法入画，山水、人物、禽鸟、墨竹，别具一格。而暴虐奢侈的隋炀帝杨广（569—618），他也善诗词，能草书，擅飞白，工丹青，富收藏。在东京筑二台，收藏著名书画。赴扬州看琼花时，尽携二台收藏随行。后船覆没，书画损失殆尽，残留者为宇文化及所得。后来的宋徽宗赵佶（1082—1135），擅长书画更胜一筹。他广收天下书画，极一时之盛。最后，他本人都做了金兵俘虏，其所藏书画自然也就可以想见了。当然这都是极端的例子。吴门画派出现前也就是浙派艺术流行时，即为明宣宗朱瞻基（1398—1435）在位期间。他画得一手好画，也算是明代盛期的一位好皇帝。上述有些君主对推进我国绘画发展所起的作用也不容一笔抹杀。另外，历代皇宫禁苑，也是收罗海内书画的汇集之所，王公大臣，很多也是收藏大户。

不仅如此，封建统治王朝还多以较高的职位和优厚的待遇来广延绘画人才，以天下画人，“尽入吾彀中”。从五代后蜀起，朝廷就建立画院，设待诏、祗候等职。蜀主孟昶还授当时花鸟画家黄筌为翰林院待诏、权院事，赐紫金袋。以后直至元代，除因战乱中止外，朝廷设画院绵延不绝。而且规模往往比五代小朝廷大得多。更早的汉、唐虽无画院之设，但对一些有成就的画家也恩宠有加，如阎立本就官拜右相。唐玄宗召吴道子入宫供奉，并授以“内教博士”、“宁王友”，李思训官拜“左武卫大将军”。在设画院后，各朝都有不少画家入画院而身居要职。由皇室组成了一个艺术的网络，掌握着画家的经济命脉、晋升之阶和艺术荣誉，这样封建王朝也就成了艺术中心，成为主流绘画走向的枢纽。一两千年来，即使有少数画家能标新立异，另辟蹊径，至多也只能使少数行家慧眼有加，终究成不了气候，无法改变以宫廷艺术一直成为主导艺术的主流，政治统治也就成为艺术统治。

欧洲从中世纪以来，艺术多受教廷影响，即使到了文艺复兴以后，教皇对于艺术，仍然有绝对权威。不少杰出的作品，总是教皇订货，以教堂为艺术舞台，以教义为作画的准则。鲁迅曾经说过，文艺复兴的绘画，不过是基督教的宣传品，直到前两世纪的后半叶，有些国家才算彻底摆脱宗教的束缚，而在这以前，尽管出现了好多无与伦比的杰出的艺术作品，但总是带着圣家族的金色的光辉，一直到资本主义进一步发展时情况才有所改变。比之我国艺术两千余年所受的封建影响，不可同日而语了。

在了解我国绘画这两个特点，即浓厚的民族特色（表现为“图式”性强）和受长期封建影响之后，我们就可着手研究吴门画派了。

第二节　还得从六朝至南宋的绘画说起

在了解了中国绘画两大特点之后，我们还得远从六朝至南宋的绘画说起。因为吴门画家主要画的是山水画，而这正是从那时引流发源的。

我们今天称之为所谓国画的，大约在公元3世纪前后，即东汉时代已经出现。到了两晋时代，已出现了大画家顾恺之（约345—406，一作348—409）。相传他主要画人物，也稍杂片山剩水。直到唐代的李思训（651—716，一作648—713）和子李昭道，人称大小李将军，都擅画青绿山水。诗人兼画家王维（701？—761，一作698—759）始作水墨山水，因年代久远，相传他们存世作品大都真伪难辨，他们似处于比较模糊状态，人们也往往从略。而一直到五代后梁的画家荆浩那里，他存世作品才大致真实可靠，人们习惯将他看成是中国山水画的实际奠基者。荆浩初业儒，因避战乱，隐居太行山中之洪谷，有数亩之田，常耕而食之。朝夕在山中观察自然景物，曾“画松千万本，方知其真”，并著有《笔法记》，成为我国山水画的重要经典之作。他的画苍浑庄严、气势雄俊，擅长画北方的崇山峻岭、层峦叠嶂，山石的轮廓线遒劲有力，画山石的“皴”，也多用强劲的“斧劈皴”，开北方山水画之先河。经过他在李思训、王维等人艺术基础上的发展，才逐步形成我们今天所见的我国山水画的经典图式：大幅立轴（俗称“中堂”）

荆浩《匡庐图》

为主要样式，中有高山或巨石凌空竖立，山峦起伏，或有飞瀑在此间直泻而下，或古道蜿蜒而上，虬松或丛树林生。画下端一般有小桥，或茅舍，或村落，中有一二老者静坐或缓行，偶或有少数行人（这并不多见），旁有大石或石块成堆，中有高树耸立，等等。即使是册页或长卷，所画山水大体上也不出这样图式。荆浩的传世作品相传有《匡庐图》，匡庐即庐山，画中高峰巍然矗立，山峦起伏，气势雄伟，山间瀑布、丛树相映成趣。小桥与村舍寒汀，重重山峦中有行旅人物，以墨取韵，刚柔相济，已见其结构和渲染之美，成为体现我国山水画基本格局的最早的图画之一。“知者乐水，仁者乐山”（《论语·雍也》），这是中华民族长期形成的文化体现，也是我国人民热爱自然、人与自然合一的写照，在世界艺术中，独自树立的不朽的艺术理念。

相传当时邺都青莲寺沙门大愚曾向荆浩乞画，先寄诗给他：“六幅故牢建，知群恣笔踪。步求千涧水，止要两株松。树下留磐石，天边纵远峰。近岩幽湿处，惟藉烟云浓。”后荆浩照他要求画了，并答一诗：“恣意纵横扫，峰峦次第成。笔尖寒树瘦，墨淡野云轻。岩石喷泉窄，山根到水平。禅房时一

关仝《秋山晚翠图》

李成《晴峦萧寺图》

展，兼称苦空情。”我们可由此进一步熟悉他的山水画风貌，也了解这样的山水画韵当时已为人们所熟知了。

范宽《溪山行旅图》

继荆浩之后，接着出现了三位杰出的山水画画家——关仝、李成（919—967）和范宽（约967年前—约1027年后），他们三人的作品，进一步丰富了我国山水画的经典图式。关仝，五代初人。初师荆浩，刻意力学，饮食俱废。参学王维笔法，后来有出蓝之誉。人们争求其笔迹。他画的大幅山水往往一笔画成，气势雄伟。山上云气缭绕，大石丛立，小石迭出，山中流水潺潺，村中人来人往，杂以鸡、犬、马、驴等物，相映成趣。他留下了《秋山晚翠图》等。李成，五代宋初人，祖父为苏州刺史，后避乱居山东营丘。好赋诗，琴棋皆精，因“屡笔不第”而纵情饮酒，他好画山林泉石，善于表现气象萧疏、烟林清旷之景，善发挥笔墨性能，以爽利的笔法和微妙的墨色表现山川大地，勾勒不多，有“惜墨如金”之誉。他的《晴峦萧寺图》，上半部高峰重叠，当中楼阁突出，萧寺下及右边三四座小山岗，皆生小树，皴擦很少而骨干自坚，下有亭馆小桥和往来行人，着重骨干描写，当是他的典型画风。范宽，北宋画家，今陕西耀县人。他初学荆浩、李成，后来主要师造化。《图画见闻志》说他“理通神会”，“性嗜酒，好道”，他“居山林间，常危坐终日”，“落魄而不知世故”，如何以终，不得而知。他的山水画雄强浑厚，峻重老苍，深沉健壮，线条劲厉，墨韵扎实，真实体现山峦的浑厚雄奇。现举他的存世作品《溪山行旅图》，可见其作品严谨写实，风格沉郁之貌。关仝、李成、范宽的画风，统治了两宋的山水画坛。《宣和画谱》对李成的评价尤高：

至本朝李成一出，虽师法荆浩而擅出蓝之誉。数子（李思训、卢鸿、王维、张璪等）之法，遂亦扫地无余。如范宽、郭熙、王诜之流，固已各自名家，而皆得其一体，不足以窥其奥也。”

《宣和画谱》一书是宋徽宗宣和二年（1120）所辑，前有宋徽宗的《御制序》，虽不一定是赵佶所写，但总是代表了当权者的观点，应该没有问题的。皇帝都这样吹捧，使李成更加水涨船高。宋郭若虚《图画见闻志》说："画山水唯营邱李成、长安关仝、华原范宽，智妙入神，才高出类，三家鼎峙，百代程标。"这三家确不愧为卓越的艺术大家，他们丰富和发展了荆浩开创的山水画，并提升了山水画地位，奠定了后来影响很长时期的我国古代绘画格局：山水为首，花鸟为次，人物又次之。他们都生于乱世。老师荆浩，原希冀功名之事，因乱世不得已而为隐逸。关仝是僧人，北宋开国后他曾流落开封。李成属意功名，宋初时司农卿聘他为官，在赴官途中狂饮狂歌致死。范宽倒真的无心功名，落魄终身。但他们的画却不意在北宋时为朝廷看中，逐步将这本是"隐逸"画家之作移植成了宫廷艺术，使这"三家鼎峙"成为北宋时期压倒画坛的画风。但我们只要了解上一节所说的政治统治即艺术统治原因，也就可以涣然冰释了。需要补充的是，在北宋后期，还出现了青绿山水画家赵伯骕（1124—1182）字晞远，其弟赵伯驹（？—约1173）字千里。他们是宋太祖七世孙，均画青绿山水，十分雅秀，和唐小李将军所作金碧山水不尽相同。这也为北宋时的山水画补充了新的图式。到了南宋，社会有了大的变化：南宋建都临安，已成偏安一隅。"西北望长安，可怜无数山"，朝廷虽恢复了画院，可画家们再也画不出山峦叠嶂的中原雄伟山水。李唐（约1066—1150）则为一代高手，人称他为南宋院体画创始人。他字晞古，河阳（今河南孟县）人。先在开封皇家画院供职，南渡后流落到临安（今杭州），在南宋画院供职。作品仍受李成、范宽、郭熙（师法李成，与李成并称"李郭"）等影响，主峰劲峭壮丽，古松满谷，山石多采用小斧劈皴、擦、点、染并用，完全显示以上各家影响。但愈到后来，画家作画主观成分愈多，山石、树木，都留给人以大斧劈皴形成的个人激荡情绪。稍后的马远（约1140—约1225）字遥父，号铁山，和夏圭（字禹玉，钱塘人），都学李唐，师李唐后期简率刚劲的风格，画面更显得爽利、清癯，但多一角取景，人称"马一角"、"夏半边"，此三人当为南宋院画的主要代表画家，人们也将他们称作南宋"院体"画家。但追根寻源，这些画家仍无一不以这三家或二李（李思训加李成）的画法为滥觞。后来董其昌（1555—1636）在他的"南北宗"说中称之为"北宗”（以后还将引述）。近人又将它称为“北方山水画派”。这个“画派”的出现，其实也为吴门画派做了准备。

第三节　元四家走上董、巨一路

中国绘画发展到元代，出现了一个大的转折。由荆浩和关仝、李成、范宽所开创的“三家鼎峙”遇到了极大的挑战。所谓“北方山水画派”的艺术，如果远溯至五代之前算起，时间已近千年，呈下坡之势，但重要的乃是社会变动。我国的主要王朝一向由汉民族组成，而元代却一下突然由少数民族统治，自然是天翻地覆的事。在当时汉族士人看来，他们是“夷狄”，“夷狄之有君，不如诸夏之无也”，人们应该垂涕而道的。蒙古贵族也实行民族歧视政策。将人分为四等，蒙古人是最高一等，其次是色目人，即来自天山南北及葱岭以西的人。再次是“汉人”，是指在黄河流域的汉人和女真人等。最下的是“南人”，指的是南宋灭亡后才归附的长江流域及其以南的人，汉人是其中的大多数。蒙古贵族本喜欢音乐，开始对绘画了无兴趣。尽管也礼遇了一些大画家（当以赵孟頫为代表），并入朝为仕，王公们也开始收集书画，朝廷也设立“画局”，其中包括容纳一批“画工”，但与前朝宫廷“画院”不能同日而语。当时还废除了科举考试，读书人地位低下，据说当时就有“八娼九儒十丐”之说。朝廷这样忽略士人，士人也远离了朝廷。以元画家而言，按照《中国美术辞典》中列，收元画家共八十七人，入朝为官的共三十九人，占总数的45%。而所谓为官，有的官位虽高，但终生内心矛盾，大多只是小吏，有的只干了几天，也就挂冠而去。这和以前朝代大不一样。这时的大多数画家，他们以隐逸为乐。或遁迹于山林，或隐逸于市井，或参禅问道。他们寄情于山林幽壑，以涧边茅舍中高士比喻高节；或徘徊于松竹梅兰之侧，以画梅枝横斜、竹叶婆娑来寄托胸中块垒。这时倒也有好处，皇朝对他们失去吸引力，皇朝也听任他们自由发展。他们早就厌烦了前朝充满激荡或过于雕琢的艺术，经过艺术的反思与探求，终于选择并走上与他们气息相近、地域相通，并被一向冷落的董源和巨然的艺术之途。

董源（？—约962）、弟子僧巨然，其实和荆浩都是同时代人，只是略晚于荆浩。董源，字叔达，钟陵（今为江西进贤西北）人。在南唐李璟朝（943—

961）任后苑副使，后苑即北苑，人因称“董北苑”。僧巨然为江宁人，入北宋时至开封，为开宝寺僧。并称为董、巨。他们善画山水、人物、花鸟，山水也善青绿和水墨，但山水尤以水墨山水最为突出。宋米芾（1651—1109）在《画史》中誉之曰：

> 董源平淡天真多，唐无此品……近世神品，格高无与比也。峰峦出没，云雾显晦，不装巧趣，皆生得天真，岚色郁苍，枝干劲挺，咸有生意，溪桥渔浦，洲渚掩映，一片江南也。

米芾是北宋书画大家，向来不乱吹捧人，董源使他心折到如此程度，实是少见。我们再看北宋大科学家沈括（1031—1095）在观赏他们的画后写道：

> （董、巨画）皆宜远观，其用笔草草，近视几不辨物象，远视则景物粲然，幽情远思，如睹异境。
>
> ——（《梦溪笔谈》）

总之，董、巨的画已是另一画风，另一绘画体系。

董源的传世作品有《潇湘图》、《龙袖骄民图》等，后幅已和北方画派作品有所不同，山石一反他们的“斧劈皴”法，而用柔和的“长披麻皴”，山顶多用“矾头”，凹凸分界处以圆笔与少量横笔点苔，起了山峦圆润、水墨烘晕的精彩效果。画的是依山带水之景，是金陵郊外之一片丘陵。山麓人家，树悬巨灯。两艘大船相接，船上人似歌似舞，岸上还有游人，人均极其细小。与“北方山水画派”拉

董源《龙袖骄民图》

开了距离。巨然于董源平淡处更有所发展。他能以笔墨之明润创造整个画面的爽朗之气。传世作品有《溪山兰若图》轴、《雪景图》轴，现以其《秋山问道图》轴为例，画中主峰高耸，其势柔婉，与北方画派作品坚凝雄强自然有别。整个画塞而不迫，散而不乱，密中有疏，松中有紧。皴笔、苔点，错落画面，使之单纯统一。具有平淡天真的典型画风，使人眼目为之一新。

巨然《秋山问道图》

但董、巨的画在漫长时间内不为人们所重视。上引的郭若虚在《图画见闻志》中推崇“三家”之余，仅将董源谨陪末坐，对巨然也是如此。除米芾外，南宋时才有山水画家江参（字贯道，衢县人，居湖州），“笔墨学董源”（邓椿《画继》）。他们身后之寂寞，和荆、关等人后被朝野奉为“鼎峙”，恰成明显的对照。

董其昌在分析古代画家“南北宗”时说：“文人之画，自王右丞始，其后董源、僧巨然……”（《容台别集》），明确提出“董、巨”作品应属“文人画”，他又在《画禅室随笔》中将其和“南宗”等同，近人则将董、巨称为“南方山水画派”开山之祖。

如上所说，只是到了元代，董、巨作品价值才被这代画人发现。他们在董、巨的艺术中得到共鸣、启发和艺术滋养。元代开端画家赵孟頫（1254—1322），首先提出“托古改制”之见和“作画贵有古意”的主张，他所谓“古意”，即指北宋之前和董源一派绘画。他的作品中已出现师法董源的痕迹。和他同时的高克恭（1248—1310），“虽学米氏父子，及远宗吾家北苑……”（董其昌《画禅室随笔》）。而到了被董其昌称为“元四家”那里，黄子久、王蒙、吴镇、倪瓒更继承和发展了董、巨画法，完成了赵孟頫“改制”之举，创造了我国山水画又一高峰，并且纳入了文人画的艺术轨道。

因为这四家是元画的最高代表，又是吴门画派画家的主要师法者，因此，这里将用较多的篇幅来介绍他们的生平和艺术。

黄公望（1269—1354），本姓陆，字子久，号一峰，又号大痴道人。“姑苏琴川（常熟）子游巷居，髫龄（七八岁）时，螟蛉温州黄氏为嗣，因而姓焉。其父九旬时，方立嗣，见子久，乃云：‘黄公望子久矣。’”成年时，元祚已定。因汉人受到限制，无法参加科举，只是先在浙西、后到大都为吏。后受人牵累下狱，出狱后决心隐退，并加入新道教。以卖卜、授徒为主要生计。五十六岁后游苏州西郊天池山，画了不少画，多次乘舟游太湖，卧舟吹铁笛。一直在此盘桓，近八十时隐居杭州筲箕泉。身后仍葬于家乡常熟。

王蒙（？—1385），字叔明，吴兴人。为赵孟頫外孙[①]。号黄鹤山樵。生于富贵家庭，除外祖父外，外祖母管仲姬、舅赵雍、赵奕，表兄弟赵凤、赵麟均是当时著名书画家，其影响可知。中年时曾任元朝小官，后弃官隐居杭州东北黄鹤山，并自号黄鹤山人。至正十八年（1358）前后，到苏州任张士诚辖下长史，至正二十三年（1363），张士诚的中书省经营了一个卧云轩，王蒙还为其作画纪念。后到了洪武年初，王蒙又“知泰安州，面泰山作画，三年始成”（《明画录》）。王蒙当时已画名大著，左丞相胡惟庸邀其到府上看画，不久，胡惟庸事发，王也被涉入狱，后瘐死狱中，此时已是七八十岁的人了。

吴镇（1280—1354），字仲圭，号梅花道人。世居嘉兴魏塘镇，祖父宋朝为官，父业航海，幼读书，研究“天人性命之学”。好诗，书法甚佳，尤其是草书。后一直隐居不仕，不喜与达官贵人接触。他研究理学，精通儒家和道佛学说，在言行中尤其具有佛道精神。他既不为官，又不卖画，只能在嘉兴、杭州等地卖卜为生。《沧螺集》有记：“仲圭为人抗简孤洁，高自标表。……从其取画，虽势力不能夺。惟以佳纸笔投之案格，需其自至，欣然就几。随所欲为，乃可得也。故仲圭于绢素画极少。”他就在这孤抗中辞世，年七十五，遗命置短碣于冢曰“梅花道人之塔”。

倪瓒（1306或1301—1374），原名珽，字元镇。又字玄瑛，号云林、云林

---

①昔有以王蒙为赵孟頫外甥，实误。按赵姐妹中并无嫁王氏者。王蒙父王国器，为赵孟頫之婿。王蒙好友，诗人杨维桢《题王叔明〈渡水僧图〉》云：“叔明乃松雪外孙，国器，松雪婿。”（《铁崖诗集》）倪云林寄王蒙诗云：“允尔英才最，居然外祖风。”（《清闷阁集》）对其情况很为了解，决不会弄错。黄子久也说：“叔明公子，文敏公之外孙也。”（《逊志斋集》）其他例子也很多。

生、云林子。后自书为懒瓒，后人常称为倪迂。先祖历代为官，南宋后，五世祖至梅里之祇陀定居，家富，“资雄于乡”。长兄文光，任学道书院山长。后从全真教作玄文馆。倪瓒读书甚勤，诗文并佳，在二十三岁前优游闲适，经营清闷阁，收藏颇丰。文光死后，为逃避官家索租，鬻家产携家出走，这时已四十八岁，思想愈益空幻，道教不能减其痛苦，又皈依佛教，两年后回家卖掉所有田产，所得全部馈赠亲友，再行携妻浮游。他不问时事，但对张士诚十分友好，张降元被封官太尉，开府平江，他请人代信致候，并赠之以诗。他和著名文人及和尚、道士之流来往不断，常泛舟于苏州、吴江一带太湖边上，在苏州，常住周南老、陈植、陈维寅、陈维允家中，还住过周庄南陆玄素、王仲和家。至正二十三年（1363）到至正二十五年（1365）之间，则住陆庄的蜗牛庐。后夫人病故，又因田赋未缴又系狱，众为祈求得免。后被召，固辞不就，在江阴亲友家逝世。

接着再来介绍他们的代表作品。

黄公望的代表作品，当推《富春山居图》卷，此卷系至正七年（1347）应

黄公望《富春山居图》

好友道士郑无用之请而作。他在画上自题：

> 至正七年，仆归富春山居，无用师偕往，暇日于南楼援笔写成此卷，兴之所至，不觉亹亹布置如许。逐旋填札，阅三四载未得完备，盖因留在山中而云游在外故尔。今特取回行李中。早晚得暇，当为着笔。无用过虑，有巧取豪敚者，俾先识卷末，庶使知真成就之难也。十年青龙在大庚寅歜节前一日，大痴学人书于云间夏氏知止堂。

这图不愧为他晚年杰作。画中山峰起伏，林峦蜿蜒，平岗连绵，江水如镜。山凡数十峰，一峰一状，树也数百株，皆有变化。山皆以干枯笔勾就，远山及洲渚以淡墨抹出，水纹、树干的墨色，丰富多样。从中可看出作者笔下有李成的树法，米芾的苔点，董、巨的皴法和赵孟頫的山水影响，同时又浑然一体，自成一家。董其昌称其："规摹董、巨，天真烂漫，子久得意笔。"后世认为它在画坛上的价值堪与王羲之《兰亭序》相媲美。惜其卷后为清吴洪裕焚毁，经其侄吴静安抢出，现为两段。起首一段现藏浙江省博物院，后一大段藏"台北故宫博物院"。

王蒙《青卞隐居图》

王蒙的代表作品，现举出《青卞隐居图》轴。此图画的是浙江吴兴县西北的卞山，亦称弁山。此山高耸入云，所写自山下深溪，丛林密树，村舍山路，千崖万壑，重山复岭，层层而上，飞泉云雾，杂然其间。景全而繁，应有尽有，这正是王蒙画的特有风貌。画的右上自署："至正廿六年四月黄鹤山人王叔明画青卞隐居图。"他以干湿互用的笔法展开，山石似无明确的轮廓线，加上略乱的披麻皴（他较董、巨用得细而柔，密而松）和他特有的解索皴，每处山峰都有不同皴法，甚至还夹着斧劈皴，山峰用小披麻夹雨点皴，以至出现了无数矾头。他作画多有不同手法，但画面效果极为和谐，仔细看去，他在苦心经营多种技法。总之，他用解索皴、披麻皴和焦墨枯墨的苔点，丰富多变的笔势表现出林岚郁茂、气势苍茫的意境。这种画风确是在元人之前所不曾见的。

吴镇的代表作品，举出《渔父图》轴。他一生画过很多《渔父图》，其中有轴、卷和册页多种样式。这幅则为其中之一。他画山喜用略浓墨勾出轮廓，略淡以披麻状皴之，复加湿墨点染，使之透明而有光亮，最后再以焦或浓墨点苔点，远山常以没骨画出，形成一个明幽清寂的静谧世界。渔父和小舟均以细笔画就，舟中持的酒葫芦还隐约可见，形成了一幅悠闲世外淡墨疏烟的画卷。他另外画的同一画题中渔父或垂钓，或放歌，或闲坐，都十分悠然自得。一般还以草书题上自作的“渔父词”。故宫博物院藏有他画的一幅，画中渔父坐船垂钓。自题：“目断烟波清有无，霜凋枫叶总模糊，千尺浪，四腮鲈，诗词相对酒葫芦。至正二年秋八月，梅花道人戏作渔父图四幅，并题。”还有一幅《渔父图》，共画渔舟十五只，分散于水草之中。笔墨纵横，构思别致，舟中人物仅寥寥数笔，却极其生动。上题词一阕曰：“洞庭湖上晚风生，风角湖心一舟横。兰棹稳，草衣轻，只钓鲈鱼不钓名。”可见其远离嚣尘世界的心境。他还喜画墨竹，提出“墨戏之作，盖士大夫词翰之余，适一时之兴趣”的“适兴说”，对后世影响颇大。

吴镇《渔父图》

倪瓒长期生活于太湖周围，所作山水也多取材于此。他的画多分三段式，大片湖水占据画面大部，近处坡上有疏林杂树，画中最上端为远山一抹。意境空阔萧索，枯笔淡墨，抒发其哀怨和感伤的情怀。画上从不画人，甚至连印章也不用。现举他的《六君子图》轴，此图近处为坡丘树石，中间即大片水面，无色无纹，水天一色，一片空明，上部画出远山。倪瓒自题：

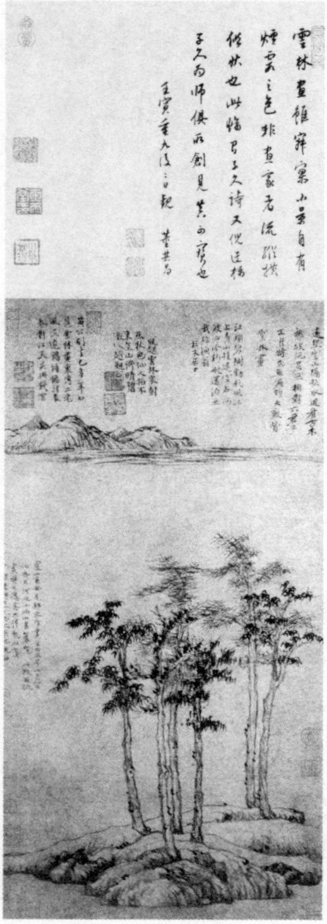

倪瓒《六君子图》

“卢山甫每见辄求作画，至正五年四月八日，泊舟弓河之上，而山甫篝灯出此纸，苦征余画，时已惫甚，只得勉以应之，大痴黄师见之必大笑也。倪瓒。”在画右上角有黄子久题诗：“远望云山隔秋水，近看古木拥坡陁。居然相对六君子，正直特立无偏颇。”此画便因之名《六君子图》。明李日华题曰：“六君子乃松、柏、樟、楠、槐、榆。行列修廷疏密，掩映位置得宜，而皆在平地，且气象萧索，有贤人在下位之象。”认为“正直特立”，或“贤人在下位”，都是画家人格之自况，是主观情怀的抒发。正如他自己所说：“仆之所画者，不过逸笔草草，不求形似，聊以自娱耳”，“仆之竹，聊以写胸中逸气耳”。连后来的乾隆皇帝也为时所尚，谓：“元四大家，独云林格韵尤超，世称逸品。”（《石渠宝笈》卷二）

由此可见，以上四人各自有着不同的艺术语言和特色。黄公望的画意超迈苍秀，疏松苍逸；王蒙的画韵深秀苍茫，繁茂浑厚；吴镇的画风沉郁清俊，朴茂湿润；倪瓒画格简淡冷寂，荒寒清旷。但他们共同的特点，都是远师董、巨，开始使诗、书、画融合，在探索笔墨和艺术境界上有重大开拓，并在山水画法上有重大创造。我们必须看到，绘画变革的关键在于绘画内部的画法革新，而不在于绘画题材的变化。正如毛泽东所说：事物发展的根本原因，不是在事物的外部而是在事物的内部，在于事物内部的矛盾性。（《矛盾论》）我国国画有几千年历史，山水、花鸟甚至包括人物的题材并没有多大改变，而画法上不断革新，从而使人们在已很熟悉的题材中看到各个时代的折光。不仅我国如此，欧洲绘画亦然。中世纪到文艺复兴时期，社会变化何其巨大，但两个时代的绘画基本上都是画圣母、耶稣之类的圣家族有关故事，但人们从不同的画法中却看到两个时代的不同。当然，时代的发展对绘画发展的影响也很大，正如上面举例的中外艺术那样，但它只是绘画发展的外部条件，必须通过内部条件才能起作用，因为内部矛盾运动才是事物发展的根据。因此，元代尽管是一个为时短暂的年代，但在艺术上“托古改制”，并使之走上“文人画”的轨道，因而具有划时代的意义。

但元代艺术也有其致命缺陷，包括赵孟頫和元四家作品在内，可说都处在一个不正常的年代，画家是在扭曲的心态中来作画的。他们的作品，无法掩盖一种清高、孤僻、失望、感伤、哀怨情绪，山水描写中总是掩盖不了一股萧飒和悲凉之气。用清原济的话来说：“倪（瓒）、王（蒙）辈如诵陶潜之句：‘悲佳人之沐浴，从白水以煎枯。’”（《大涤子题画诗跋》）他们追求超凡脱俗，被圈子中的文人引为知己，自然也就筑成了远离人民的高墙。而人民大众在任何时候，都应该是最多的和最大的艺术欣赏者。我国的绘画，正是从民间艺术中发展起来的。在两晋和隋唐时代，当时流行的是寺院壁画。吴道子在长安兴善寺中门画内神时，“长安市肆老幼士庶，竟至观者如堵”。后来绘画虽常被少数人占有，但直接间接还是以大众能否欣赏为依归。元四家在当时的苏、嘉、湖一带播下了不少艺术种子，他们希望这些种子能继续开出他们开辟的艺术之花，可是他们无形中也留给后人一个任务，即能够填补他们先天不足的东西。

第四节　浙派——吴门画派的参照系

明代的出现，展开了中国美术史上画派出现的新时代。

开国皇帝朱元璋，是打着“反元复宋”的旗号建立政权的。对于绘画，他倒很有兴趣，并且还能画上几笔。朱元璋本人很喜欢南宋绘画。为巩固政权，他对那种远离朝廷甘心野逸的孑遗元代画家不感兴趣，对苏州的元画家尤为恼怒。因为张士诚在苏州称王共十一年（元至正十六年至二十七年，1356—1367），很多画人附之。朱元璋开国后，对苏州一带挟嫌报复。对于仍袭元画风的画家，也先行“征召”，然后借口刁难，乃至直接处死。上面已经说过，元时，国家的经济中心已经南移，也促使一大批元画家集中苏州。其中顾安（1289—1365后）、柯九思（1290—1343）、陆广、陈植（1293—1362）、朱德润（1294—1365）、苏大年（1296—1364）、僧觉隐、周砥、宋克

（1327—1387）等著名元画家入明前已辞世，健在的尚有不少从事元画，甚至还有人投奔或依附过张士诚，除范暹、谢晋等人幸免外，下列几位画家在洪武年间，大都难逃厄运：

张羽（1313—1385）　浔阳人。洪武初迁居苏州。善画山水，师法米芾及方从义父子，笔力昌秀。时擢太常丞兼翰林院，同掌文渊阁事。洪武十八年（1385）因事逃岭南，中途召回，抵京投宿，知不免，自投龙江而死。

赵原　一作元，字善长，山东莒城人。寓居苏州。擅画山水，先师董源，近法王蒙，善用枯笔浓墨，风格郁苍雄丽，得窅深穷趣之致。当时在苏州很获时誉。与倪瓒、顾瑛过从甚密。洪武年间征至中书令，绘制往贤著功名者，因应对不合朱元璋法，被杀。

杨基　字孟载，原籍四川乐山，居苏州。曾入张士诚幕僚，善画墨竹，得文同、苏轼之法。徐贲题其画竹诗云："君心饱有渭川思，浑洒风涸意消散。"明初官至山西按察使。后被谗削职，谪为输匠，"卒于工所"。

徐贲（1335—1393）　字幼文，原居常州，后迁苏州城北，号北郭生。擅画山水，师法董、巨，笔墨清润，点染有山涧气息，林石也浓濯可爱。不就张士诚之召，洪武七年（1374）征为河南左布政使，以军队过境，犒劳失时，下狱死。

陈汝言　字惟允，随父移居苏州。擅山水，宗赵孟頫，下笔清润，自谓无一俗笔。与王蒙友善。洪武初为济南经历，坐法死。临难前从容染翰，画毕就刑。

还有山水画家周位：

> 洪武初征入画院，凡宫掖画壁，多出其手。
>
> ——《明画录》

> 太祖一日命画《天下江山图》于便殿，玄顿首曰："臣虽粗知绘事，天下江山非臣所谙。陛下东征西讨，熟知险易，请陛下规模大势，臣从中润色之。"太祖即挥毫左右，挥洒毕，顾玄素成之。玄素从殿下顿首贺曰："陛下江山已定，臣无所措手矣。"太祖笑而颔之。
>
> ——《玉堂漫笔摘钞》

应对得如此滴水不漏的周位，最后还是吃了“笑而颔之”的太祖皇帝一刀。

当时号称“苏州四才子”，高启、杨基、张羽、徐贲，后三人都在洪武年间被诛或自杀，诗人高启（1336—1374）为友人改文，用了“龙盘虎踞”四字，也被朱元璋腰斩，年仅三十九岁。

这时元四家硕果仅存的只有倪瓒和王蒙，均是七八十岁的老人了，他们和苏州都有不少往还，先后含悲去世。元画家遭到流放的，也就不作统计了。

入明后在苏州的一些著名的元画家，经过这些摧残，自然也就一蹶不振。但人总是杀不完的，元画的影响更是无法铲除，剩下的追慕元画的画家，仍然在韬晦中生存，并不断有新人出现，他们长期惨淡经营，其中自然也就包括吴门画派的先行者了。他们冷眼旁观朱元璋延召不少因袭南宋画法的画家入朝（因为杭州曾是南宋首都，入元之后，画南宋画风的大有人在。整个元朝不过八十九年，前朝画风在这里仍然盘根错节，画人世代相传）。明代宫廷虽设画院，可是并无一定隶属，画家也没专门职位，但仍然吸引一批主要是浙江和福建的画家。在明正德年间（1506—1521），他们的艺术居于全国统治地位，因多为浙人，画风又多为一致，后来人们遂名之曰“浙派”，也就是张庚所说的我国第一个“以地别命名”的画派。

浙派的创始人戴进（1388—1462），号静庵，浙江杭州人。少年时曾为锻工，永乐间（1403—1424），其父戴景祥（是画得不错的画家）被征入宫，他也随父前往。当时不过十六七岁。后又随迁都到北京。在宫中二十年左右，画艺大进。一时压倒其他宫廷画家。一日，在仁智殿向皇帝呈画。宣宗见其《秋江独钓图》，画上一钓者身着红袍，一画士进言：画虽好，实属鄙野。帝问其故，画士曰：“大红为朝廷官服，钓鱼人安得有此？”帝然其说，其余画都不看了。于是戴进便“寓京大窘，门前冷落”，不得已流落回乡，最终贫困而死，身后却为人所重。他是一个多面手，山水、人物、花鸟，无所不能，主要是山水，手法很多，师法南宋的院体一派。但和院派画家有所不同，注重功力又不囿于法度，变精细为放逸，在水墨刚劲上增加了清秀多姿的面貌。《明画录》说他“其山水源出郭熙、李唐、马远、夏圭，而妙处多自发之”。戴进还受过吴镇影响，他的作画手法确实多样。清龚贤说他多用“大斧劈皴”，何良俊说他用过铁线描、兰叶描、蚕头鼠尾描摹技法。说的确是

戴进《洞天问道图》

戴进《春山积翠图》

实情。一时追随他的人很多，给当时新王朝带来了新的气氛。他传世作品很多，这里举出他的《洞天问道图》轴，此图描写黄帝登崆峒山向仙人广成子求药的故事。葛洪《抱朴子·登涉》："昔圆丘多大蛇，又生好药，黄帝将登焉。广成子教之佩雄黄，而众蛇皆去。"此图高山连天，古松矗立，山谷险要通向洞天。一高人在山松之间行向仙人居处。山石用斧劈皴，人物作琴弦描，构图严谨，笔法秀劲，在南宋院体画基础上又呈清润之气，属于戴进前期比较精细之作。

再举一幅戴进的中晚年之作《春山积翠图》轴，此画满幅空明，古松在风中弯曲遒劲，令人一下就想及马、夏的大斧劈皴之法。一老者曳杖，一小僮抱琴相随。布局斜向分中、远、近三段，加深了远近感和开阔感，中景以浓墨点出树林。云气全系淡墨晕染而成，人物勾线有力，完全体现了南宋院画"水墨刚劲"这一特点。我们可见他的作品虽近南宋院体画而又不一致，自然更不同于元人绘画。人们尊他为浙派之首。

这一画派的另一主将吴伟（1459—1508），江夏（湖北武汉）人。少孤贫，流落于常熟。他无师自通，曾国公朱仪见之，神乎其技，呼以小仙，他也因此为号。终于以画成名，三次奉诏入京，并赐“画状元”印。宪宗召之，他乘着酒醉，蓬头垢面，曳破皂靴踉跄行，皇帝大笑。另一次召见，跪翻墨汁，信手涂抹，而风云惨惨生屏障间，众人为之动容。终因傲视权贵、不拘礼法被放归。再召之，不幸死于道中。他擅画山水，早期工整细致，中年后笔墨恣意纵横，峰峦叠嶂能笔力扛鼎，又能线条粗简，水墨淋漓，一次皴染而就。在马远、夏圭以及戴进画法中发展，自成一格。他的追随者众多，且他是江夏人，虽是浙派一支，人们又称之为“江夏派”。现举出他的传世作品《灞桥风雪图》，灞桥在陕西长安县东，亦称霸桥，唐人送别行人，多在此折柳相赠，故有“灞桥折柳”之说，又有“诗思在灞桥风雪中驴子背上”之句。此图画出雪后的深山寒谷，一老者骑驴过桥，似在驴背构思诗句。桥头树林凋零，山野悬崖也气势不凡。但一切都显得激情有余，精严不足，这是吴伟山水画定型后的主要特征。后来的浙派画家众多，著名的有张路、李著、汪肇和蒋嵩等人，其中张路，作品秀逸，笔力遒劲。以后一些后继者则画风日趋草率粗放，甚至被批评家们称为“目为邪学”，浙派逐渐走向下坡。这固然和他们很多人依附宫廷有关。画家不仅受太监管辖，也被授以宫廷特务的名称，如吴伟就有“锦衣卫百户”之职等，为人所齿冷。但根本的还是他们的艺术日益草率粗放，并且只奏前朝旧曲，日益为人们所不满。中国画坛已经过元画的洗礼，他们富于笔墨情趣，很多还是诗、书、画结合的新颖的文雅画风，使人们不能忘怀，并留恋不已。明弘治三年（1490），沈周六十四岁时在苏州为友人仿一倪瓒小卷上写道：

吴伟《灞桥风雪图》

迂翁(倪瓒)画为戏,简到存清癯。学者岂易得,纷纷堕繁芜。名家百余祀,所惜继者无。况有仲雅篇,数语弁小图。吴人重清玩,重价争沽诸。崔子强我能,依样求葫芦。……

——《珊瑚网》

这就是说,就在浙派"画状元"吴伟的画仍在宫廷内大红大紫的时候,至少在"吴人"那里,民间早在追求倪云林一类的画了。这些作品不仅卖得"重价",而且很多"学者"在摹他的画。是不是说明倪瓒这一类的画已为当时的欣赏者、收藏家,特别是新出现的富商们所理解呢?其实并非如此简单。孟子曰"饱食、暖衣逸居而无教,则近于禽兽"(《孟子·滕文公上》),这样的古训影响深远。历来中国的富豪往往不重视财富的炫耀,却不忘文化艺术品的装饰,所谓"卖弄风雅",其实这也是一种炫耀。因而促使出现了"吴人重清玩"的局面。人们不惜重金以求倪画,也一定程度上说明当时人们对浙派作品越来越缺乏兴趣,而期待着一种能与当时还是太平时代的繁华都市相适应的艺术出现。

就在这种情况下,吴门画派便悄悄地出世了。

第五节　"三春花草梦苏州"

即将说到吴门画派,但必须要了解它所处的自然环境和人文环境。这就先要说到苏州。只有如此,才能更好地了解吴门画派的成因。这里用清代大诗人龚自珍(定盦)的名句"三春花草梦苏州"作为本节的标题,用此句来形容苏州,是最为恰当的了。

苏州位于我国长江三角洲的东南部,西临太湖,北依长江。城外名山,有如林立,向西延伸,有楞伽、支硎、灵岩、天平、穹窿、邓尉、东西洞庭诸山。"而太湖三万六千顷,七十二峰沉浸其间,则海之奇观矣"(归有光《吴山图记》)。城东部则邻阳澄湖、傀儡湖、金鸡湖、独墅湖、澄湖等大小湖泊,整个城市被湖光山色所拥抱,城内水网纵横,城中也如唐苏州刺史白居易所咏,"绿浪东西南北水,红栏三百九十桥"(《正月三日闲行》)。不愧为外人所称“东方威尼斯”了。

苏州古城始建于吴王阖闾元年（前514），史称吴大城。周四十七里有余，旧城规模迄今未有大的变动。隋开皇九年（589），始名苏州。秦汉以来，历为郡、州、府（军、路）、县治所。唐代已十分繁荣，白居易誉为“人稠过扬府，坊闹半长安”（《齐云楼晚望》）。大历十三年（778）苏州被升为江南唯一的“雄”州（杭州当时为五等“上州”）。南渡后，宋高宗在此“驻驾三日”，原打算在这里建都，终因临江太近不利御金而定都杭州。现存苏州文庙的南宋绍定二年（1229）的《平江图》石刻，市区的建筑格局，大体已和今天相同。马可·波罗在他的游记中说：“苏州城漂亮得惊人。”“这里的商业和工艺十分繁荣兴盛。”当时民间已有“天上天堂，人间苏杭”、“上说天堂，下说苏杭”之谚。元杨朝英[①]《乐府新编·阳春白雪》引元奥敦周卿小令《蟾宫曲》：

春暖花香，岁稔时康，真乃上有天堂，下有苏杭。

长期在这里客居的郑元祐[②]在《侨吴集》中则说：

惟东南富庶为天下最。若吴之赋入，又为东南最。

至元三年（1337）平江路长洲县官元同等言于大府曰：“国家疆理标天地，粮饷之富，吴独擅天下什之五；而长洲一县，又独擅吴赋四分之一。生聚之繁，财用之博，天下县未有壮于长洲者。”

在经济如此繁荣、景物如此秀丽之邦，历来是人文荟萃之地。尤其是中国画家的渊薮所在。早在南北朝我国绘画（指卷轴画）建构的年代，当时全国画家知名者稀若晨星，苏州就出现了张僧繇、陆探微（？—485）、顾野王（519—581）、郑法士、顾景秀、顾宝光、顾骏之、张善果等人。顾恺之家在

①杨朝英，元青城人。所著《朝野新声·太平乐府》，前为小令，后为套数。凡当时士大夫所撰及院本之佳者，皆经选录。

②郑元祐，字明德，遂昌人，徙家钱塘。幼颖悟，于书无所不读。至正间为平江路儒学教授，后疾去，遂流寓平江。

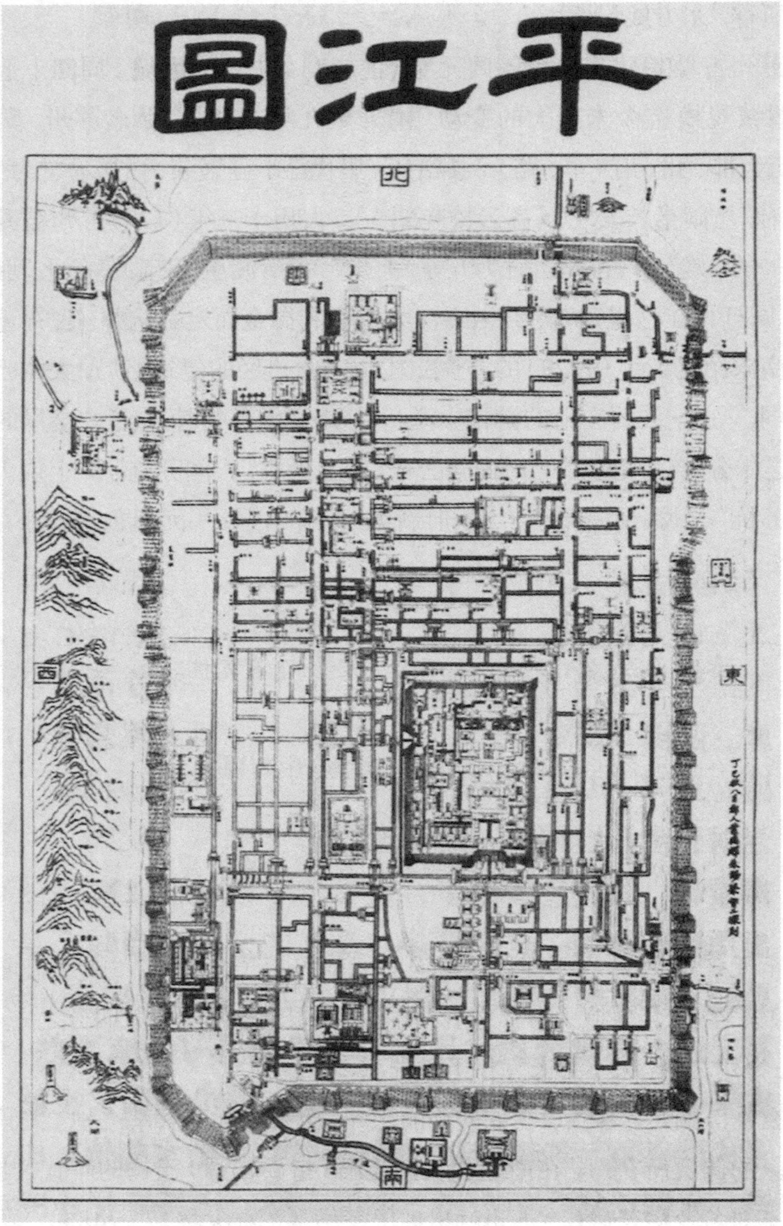

平江图

近邻，他曾在苏州北部治理并战死于此。现在古城北郊仍有建于宋代奉祀他的三处“湖泾庙”（乾隆还在此御书匾额）。提出“外师造化、中得心源”之说，在中国绘画史上奉为嚆矢的张璪、诗人兼画家的顾况（约730—806后）和滕昌佑也都是苏州人。大书法家孙过庭、“草圣”张旭、与吴道子齐名的杨惠之，这里均是他们的故乡。入元之后，经济中心南移，全国画家又都麕集于苏、嘉、湖地区，而又以苏州为最。据《中国美术辞典》所载，该书收入元代画家共八十七人，居住于嘉兴湖州的十二人，占总数的13.8%，居住苏州的为二十三人，占总数的26.4%。正如唐苏州刺史韦应物所咏："吴中盛文史，群彦今汪洋。"①

著名诗句"君到姑苏见，人家尽枕河"（唐杜荀鹤诗），仅次于"姑苏城外寒山寺，夜半钟声到客船"（唐张继《枫桥夜泊》）的知名度。城内外粉墙黛瓦，小桥流水，充满浓郁的江南风情。明吴伟业有十八首《江南好》词，其中写了吴中的山水寺庙、造园叠石、画舫歌船、诗画博古、花木盆栽、架鸟虫鱼、茶坊市肆、管弦歌曲、机丝织锦、刺绣缂丝、髹漆螺钿……单是苏侬软语，亦足声誉江东。苏轼诗云"吴音骄软带儿痴"，可见苏州是一个十分陶冶画家性情之所在，是一个诗画之乡、幽美之地。吴门画派在此出现，实不是偶然的了。

但在明初，苏州却遭了厄运。

当公元1368年明王朝建立时，二十年的战乱，使中华大地满目疮痍。隔江的扬州，朱元璋攻克时，全城仅有十八户居民。苏州则好得多②。这里曾被张士诚长期据地称王③，他和朱元璋狠狠斗过几仗，苏州自然遭到很

①关于苏州情况，1995年1月出版的《苏州市志》是这样表述的：苏州"唐宋以来，经济日益发达，官绅倡导文化，一改六朝之前吴人好剑尚武之俗"（《吴郡志》）。唐肃宗（756—761）时，团练观察使李栖筠在此设立学庐课士。宋景祐二年（1035），范仲淹在苏州首创府学，延聘名家胡瑗主持，苏州办学之风由此日盛。州学、县学相继建立，南宋时出现书院，元代设有社学和义塾……尚文为俗，教育发达，人文荟萃，群星灿烂。文化领域继六朝、盛唐张僧繇、顾野王、张旭、杨惠之一代巨擘，明代出现了吴门画派、吴门书派、昆曲评弹等别树一帜的流派群体。还哺育出众多名标史册的思想家、经学家、史学家、文学家、书画家、藏书家，如张籍、孙过庭、陆龟蒙、范仲淹、朱长文、范成大、黄公望、王鏊、沈周、文徵明、唐寅、仇英、祝允明、王宠、魏良辅、梁辰鱼、归有光、冯梦龙、张溥……唐代前，科学家中有天文专家陆绩、造纸墨专家张永（410—475）；宋之后，则有沈括，水利专家、建筑专家文震亨、计成，光学专家孙云球、机械制造家薄珏……隋唐开科取士以来，自唐至清的近1300年间，科举仕进的，苏州辖区共出文状元45名，占全国的7.6%，其中唐代有7名，宋代有4名，明代为8名，清代为26名（占清代114科状元的22.8%）；明代苏州府有进士437名，清代则有600名。官宦富绅和众多文人寓居苏州……

②洪武元年（1368），重建苏州府城。翌年，降常熟、吴江、昆山、嘉定四州为县，加上吴县、长洲，苏州府领六县。洪武八年（1375），又划进崇明县。十三年（1380），撤销中书省，苏州府直属中央六部。

③张士诚在苏州称王期间，做过一些好事。例如革除元朝苛政，打击蒙汉豪绅，赈济贫民，兴水利，开宏文馆招纳贤士。现北寺塔北后侧尚存张士诚纪功碑。甚至在张婿潘元绍的住处和他的姬妾自尽处都立庙奉祀。今之东大街潘环巷口以北路段原名"驸马堂"，即潘的官邸所在。原有土穀祠，苏人尊潘为壮丽乡之土穀神，为平江各土穀祠之首。潘之段、程、徐、翟、罗、彭、卞七姬妾，在朱元璋破城前自尽。苏人于瘗埋处立"七姬庙"奉祀。

大破坏。但问题还不止于此，后来洪武皇帝登基时，内心迁怒于苏州民众。首先是加重税赋。“大抵苏（州）最重，松（江）、嘉（兴）、湖（州）次之，常（州）、杭（州）又次之”（《明史》）。苏州的田赋，原“十八万者，忽加至二百八十余万”（《吴县志》）。其次是将城中富户及苏、嘉、湖一带的富户，迁到淮海地区开垦，仅洪武三年（1370），一次就迁了四千多户（民间叫作“洪武赶散”）。对文人的摧残也不遗余力，不少前朝孑遗的苏州画家，朝廷先要“征召”，不去就有罪，去了则常招杀身之祸。连苏州当时的地方官吏也不能免。在洪武朝三十一年期间（1368—1398），这里郡守换了三十四人次，其中十五人被降、被诛、被废，如府尹何质、金炯，因谏请“减重税赋”，何坐事去职，金被“赐死”。苏州人民为了纪念他，将其奉祀于准提庵（旧址现在桃花坞大街廖家巷，现为苏州市版画院）[①]。这时连苏州读书人参加科举也受到限制。据元至元二十七年（1290）调查，当时平江路（苏州府）辖吴县、太仓州、常熟、吴江、昆山、嘉定六县，人口共二百四十余万。而到了洪武四年（1371）调查，仍是一府六县，人口已减至一百九十余万。当时长洲人王锜（1433—1499）[②]这样写道：

> 吴中素号繁华，自张氏之据，天兵所临，虽不被屠戮，人民迁徙，实三都、戍远方者相继，至营籍亦隶教坊，邑里潇然，生计鲜薄，过者增感。正统、天顺间稍复其旧，迨成化间则迥若异境，以至于今。观美日增，阎闾辐辏，绰禊林丛，城隅濠股，亭馆布列，略无隙地……游山之舫，载妓之舟，鱼贯于绿波朱阁间。丝竹讴歌，与市声相杂。凡上据锦衣文贝，花果珍羞，奇异之物，岁有所益，凡刻丝累漆之属，其艺久废，今皆绝妙。人性愈巧则特产愈多，至于人才辈出，尤为冠绝。
>
> ——《寓圃杂记》

这段话如为王锜五十岁时所写，距洪武登基时已隔百余年，皇帝已换

①纪念金炯殉难的碑文今仍完好地嵌于庵的壁中。

②王锜（1433—1499），字元禹，长洲人。世业农，自幼好学。一生不仕。他“不为饰词”“不肯唯唯”，喜持己见。家富，收藏书画、钟鼎之属极丰。所作《寓圃杂记》中记录“吴中近年之盛”，目击苏州由衰而胜之概。祝允明为此书作序，1997年中华书局出版“元明史料笔记丛刊”24种，此书即此中之一。

了六位，首都迁往北京也达六十二年。王锜只是一介平民，自然要为太祖皇帝讳，将“迁徒”之类事都加在张士诚头上。但他所说的苏州景色“迥若异境”，却都是目击的。苏州为什么能在短短百年左右即如此涣然改观，他没有说明，实与朱元璋和他后来有些皇帝的养民政策分不开。现列出其中重要之举：

解放“匠户”　元代开国皇帝成吉思汗，每克一城，一般要将壮丁杀掉，将有一技之长的工匠留下，集中起来，世代相传，几无人身自由，称为“匠户”。明皇朝加以部分解放，人数几十万，从而促进城市发展。苏州素以手工业和工艺美术行业著称（如上引的“绛丝累漆之属”），这方面的得益，也就可想而知了。

鼓励农民种桑植棉　规定多少粮田，一定要有一定比例的桑田。这里丝织业本来就很发达，这时再加上棉布行业的出现（我国普遍穿棉衣还是明代的事情），苏州遂成为国内重要的丝织、棉布集散地。又由于不少人去外地开垦，土地面积有所增加。后来农村税赋日重，也就为苏州的丝织和手工业，准备了大量后备军。

提倡“通番”，犹今天所说的发展外贸　苏州这方面得天独厚。古代所谓“六国码头”的太仓浏河就在境内。远自秦代开始，无数商船由此扬帆出海，不少商人发了大财。著名财主沈万山，即其中之一。他住在苏州以东的周庄，通过这里，将浙江的丝绸、陶瓷、手工业品和粮食运往海外。就这样成为“资巨逾万，田产遍于天下”的头号财主。后来连朱元璋也眼红，强令他出资修建半个南京城，最后还是财产充公并发配到云南了事。《初刻拍案惊奇》中的《转运汉巧遇洞庭红》一文，就是说长洲人文若虚贩卖“洞庭红”到海外发财的故事，虽属小说家言，但也说明当时从事海外贸易的人还不少。海外来华的船舶经过浏河港也很多，在吴门画派时代，浏河已是“半浸中华岸，旁通异域船”（周繇诗），出现了“九夷百番，进贡之物，道途相属；万方大船，次第来泊”（陈伸《太仓州志》）的局面。

还有件大事，明代举世震惊的三宝太监郑和的七次下西洋，造船和起锚之地均在浏河。仅第一次出船（1405），共船二十六艘，大的“宝船”长四十丈，宽十八丈，中船也长达三十丈，宽十五丈。每次随船出发的有两万七八千人之多，这在当时世界上是绝无仅有的。这样规模的工程，给苏州经济的“拉动”也自不待言了。

疏浚运河 永乐九年（1411），将横贯南北的大运河加宽加深，不仅保证了大量的南粮北运，还促进了南北物资的交流。苏州后来还成为“钞关”，即当时全国有数的发行钞票（当时名“宝钞”）的机构。

还要特别提一下，巡抚周忱（1381—1453），于宣德五年（1430）亲来调查江南欠税原因，革除积弊，使豪强不敢欠税（他是一个贤吏，和昆曲《十五贯》中描写大相径庭）。他还疏浚吴淞江，设置粮仓防灾，和苏州知府况钟（1383—1443）奏请减免江南重赋。况钟又严惩贪诈的属吏，抑制豪强，使织造采办的宦官和卫所将卒有所收敛。正统八年（1443）冬病逝于苏州任所。苏州人建祠奉祀，其祠今仍在本市西美巷内。

正是由于以上原因，首先促进了苏州丝织业及其他手工业的发展。

洪武元年（1368），朝廷即在玄妙观南，即今“小公园”附近，建了规模很大的织造局，因在元至正年间（1341—1370），平桥南已建织造局，至今此地仍名北局，即由此而来。当时朝廷还派了叫作金玉和如意的两个小太监来管理。他们住地即今之“太监弄”（据《吴门表隐》）。用现在的话来说，这些局都是国有经济，但民间织坊更为普遍。在吴门画派出现前后，苏州的丝织手工业已发展成规模很大的行业。据嘉靖《吴邑志》记载，当时“绫、锦、纻、丝、纱、罗、䌷、绢，皆出郡城机房，产兼两邑（吴县、长洲），而东城为盛。比屋皆工织作，转贸四方，吴之大资也”。“东城”，系指原濂溪坊以北、临顿路以东，齐门、娄门以内地区，“比屋皆工织作”，可见其规模之大。常熟人蒋以化写道：“我吴市民罔籍田业，大户张机为生，小户趁机为活。每晨起，小户百余人嗷嗷相聚玄庙口，听大户呼织。”（《西台表隐》）“玄庙”，即玄妙观。“小户”，即机工、织工或织手。仅此一处，即达“百余人”，而城中这样的地方还有好几处。据万历二十九年（1601），曹时聘在奏疏中透露，当时苏州零散的织工和染工，各有数千人之多。如再加上固定工，这个数字更为庞大。当时玄妙观内还有“机房殿”（俗称祖师殿），也就是丝织行会之所在（后到万历二十九年，织工葛成“不呼而集者万余人”）。其中有不少系“大户”，往往是拥有织机二十余张（台），乃至四十余张（台）的作坊主。他们以“机杼起家致富”（《吴郡志》）。据《纪录汇编》载，有一个叫郑灏的“大户”，其家有织帛工、挽丝佣各数十人。还有一个叫潘壁成的，由“机房织手发家”，到了后人潘守谦的手里，已“富至百万”（见沈德符《万历野获编》）。正如马克思指出的那样，“有些小行会师傅和更多的独立小手工业者，甚至雇佣工人，变成小资本家”（《资本论》第一卷）。说苏州当时已经孕育我国资本主义萌芽，乃是不争的事实。

不仅如此，在明代的苏州，货物交流也很发达。以往“惟蜀锦名天下，今吴中所织海马、云鹤、宝相花、方胜之类，五色炫耀，工巧殊过，犹胜于古”（《姑苏志》）。再如缂丝、刺绣、蓝印花布、戏装道具、金银器皿、雕刻、扇骨、虎丘杂耍乃至手工制品等等，大都是冠以“苏”字而行销全国的名牌货。苏州除为丝绸、棉布加工集散中心之外，也形成全国最大的米市。浙江的纸、安徽的茶，在产地粗加工后集运苏州。闽广外洋的果糖番货，由海道经吴淞江抵于娄、葑门，再转运河、长江去北方、川、鄂。内地的百货和江南的丝绸、手工制品由此海运，甚或远至朝鲜、日本、交趾、南洋等地。各地商贾在此建立会馆，如三山会馆、全晋会馆、东齐会馆、钱江会馆等有数十家之多。客舍市肆，比比皆是，人云：“吴阊至枫桥，列市二十里。”“枫桥之米豆、南濠之鱼盐、药材，东西汇之木簰，云委山积”（《古今图书集成·苏州府部》）。当时的苏州，真是：

翠袖三千楼上下，黄金百万水西东；
五更市贾何曾绝，四远方言总不同。

——唐寅《阊门即事》

这样，也就出现王锜在《寓圃杂记》中所写之“宛若异境”之情景了。

在这种情形下，人们的思想观念出现很大的变化，这里且引《初刻拍案惊奇》中一段故事：

话说国朝成化年间，苏州府长洲县阊门外有一人，姓文名实，字若虚，生来心思灵巧，做着便能，学着便会。琴棋书画，吹弹歌舞，件件粗通。幼年间，曾有人相他有巨万之富。他自持才能，不十分去营求生产，坐吃山空。将祖上遗下千金家事，看着消下来。以后晓得家业有限，看见别人经商图利的，时常获利几倍，便也思量做些生意，却又百做百不着。一日见人说：‘北京扇子好卖’，他便合了一个伙计，置办扇子起来。上等金面精巧的，先将礼物，求了名人诗画，免不得是沈石田、文衡山、祝枝山搨上了几笔，便值上数两银子；中等的自有一乔人，双手学写了这几家字画，也就哄得人过，将假当作真的买了，他自家也兀自做得来的；下等的无金无字画，将就卖几十钱，也有对合利钱，是看得见的。拣个日子装了箱儿，到了北京。

——何满子选注《古代白话短篇小说选集》

这位大官人后来在北京卖扇子蚀了本，最后到海外做生意却发了大财。这个故事自然是小说家言，不足凭信，但小说中所指的地点和历史人物和事，大体上应是有所本的。编著者凌濛初（约1584—1644），乌程人，先是刻书为业，后官上海县丞，擢徐州判。他家乡和苏州是近邻，生于文徵明逝世后二十多年，沈、文二家子孙仍健在，相距不是太远，因此，关于收礼和画扇面等事是可信的。这则故事至少告诉我们以下几点：

第一，在科举时代，读书人的最大抱负该是“金榜题名”，而“心灵手巧”的文若虚却羡慕别人“经商图利”，和儒家历来轻视商贾是一个很大的转变。这和大致同时流行的《白蛇传》中，白素贞不是去爱落难公子，而爱一个药材店的伙计是异曲同工；

第二，这时已有了绘画市场。苏州的画扇可以远销到北京，而且还出现三等货色，有“名家”、“乔人”、“自家”三种人参与。当然这里只是扇子的小买卖，但也可见其市场雏形了；

第三，“名人”也肯为一点礼物在扇面上“搨上几笔”，说明绘画买卖已经很流行了。

吴门画派也就是在这种经济环境中出现的。

这里，再将当时的政治大环境介绍几句：

就政治大环境来说，吴门画派所面临的确是太平时代，但绝不是太平盛世，而是充满忧患、正直与邪恶斗争的时代。他们经历了明代的中期到衰落时期，也可说直至明代的覆亡。沈周出生于明宣德年间，朱瞻基这个皇帝雅好书画，传世还有他的出色的花鸟画（不一定都是他一人完成的）。

但他在沈周九岁时即驾崩了，接着是英宗（先以“正统”，后以“天顺”纪年，）、代宗（景泰）、宪宗（成化）、孝宗（弘治），他的身后则是武宗（正德）、世宗（嘉靖）、穆宗（隆庆）、神宗（万历）、熹宗（天启）等。前后二百年，大致也略等于吴门画派的活动期间，先后共九位皇帝，多数昏庸无能，先后被他们重用的宦官就有王振、曹吉祥、李广、刘瑾、魏忠贤，奸臣江彬、严嵩等，刘瑾就是京剧《法门寺》中的那位“咱家”，严嵩自然是《打严嵩》的主角。至于武宗，则是《游龙戏凤》中的“风流皇帝”。他们十分重用太监，近年来电视剧中出现的慈禧太后宠信安德海、李莲英与之相比，可谓小巫见大巫。他们长期不理国事，一切都由太监代理，皇帝可以成月累年甚至一二十年不上朝，躲在宫中沉溺玩乐，或设坛求仙。他们先后经历过“土木之变”、“夺门之变”等大事，幸而先后有过一两位贤明的皇帝（但都短寿）和几位忠臣独撑局面，甚至还有过一些改革，明皇朝才算一直拖到由崇祯皇帝到煤山上吊了事。好在苏州“天高皇帝远”，经济还算繁荣，局势还算稳定，即使偶有倭寇肆虐，还不至于成为长期的全局性的大虑。这样的国事对读书人和绘画不会没有影响，但艺术事业总会按其规律发展下去。

总之，吴门画派就这样在苏州出现了。

第六节　吴门画派及其主要画家的定位

苏州这时已和首都北京、陪都南京（首都虽已北迁，这里仍有“六部”中央行政组织）同为全国少数最繁华城市。尽管朱元璋的斧钺之声尚未从老人们耳边消失，被凿去字迹的方孝孺的无字碑仍在玄妙观东侧耸立，但士人功名之心已油然而生。成、弘、正、嘉期间，吴门乡贡、进士人数已位于全国前列。浙派艺术已逐步衰败，这里的元画家们早就故去，但是，继承他们画法和处世哲学的后代们仍在这里隐逸生息、韬晦保身，他们只是埋首诗文，钻研书画，声名鹊起，逐步出现了志趣相近、名闻遐迩的画家群。他们推出既不同于浙派，也不同于元人的新颖画风，逐步为人们承认，并有取浙派而代之之势，尽管他们倒也说不上有什么立派的意向。

只是在其中主要画家身后，晚明的董其昌在杜琼画的《南村别墅图》卷

（现藏上海博物院）[1]上的跋道：

沈恒吉学画于杜东原，石田先生之画传于恒吉，东原已接陶南村，此吴门画派之岷源也。

言近旨远，话短意长，这当是最早提出“吴门画派”，大约此称就在这前后叫开了。

董其昌在题跋中，不仅明确提出“吴门画派”这一概念，同时也指明该画派的首创者为“石田先生”，这位在题跋所提及的人中应是年纪最小、辈分最低，却独享“先生”待遇，就是这样的证明。

“石田先生”就是沈周。沈恒吉即其父，曾师从杜东原（即杜琼，1396—1474）。其实他与兄和子，均先后从杜学画。杜在永乐朝编纂修史，因不热心仕进，隐居苏州西郊，因住处其东有原，人称东原先生，以卖画自给。大约也就在这时为沈家延请。杜主要从无锡人王绂（1362—1416）为师。但董这里却强调了“东原已接陶南村”，是指杜琼曾为黄岩人陶南村（名宗仪）从学弟子。陶主要以书学及文学知名，有《南村辍耕录》著称于世，但也善绘画，从元画家盛懋（嘉兴人），并学黄子久、倪瓒、王蒙、吴镇等人笔法，著《写象秘诀》等。他和王蒙的友谊甚笃。王蒙后瘐死狱中，陶有诗哭之：“人物三株树，才华五凤楼。世称唐北苑，我谓汉南洲。大梦麒麟化，惊魂狴犴愁。平生衰老泪，端为故人流。”（《哭王黄鹤》）在那文网森严、动辄株连的时代，陶敢于这样写，可见二人交谊之深了。

董的跋文道出了以沈周为中心的师承关系，形成了这样的公式，即陶宗仪→杜琼→沈贞吉→沈周（吴门画派）。陶宗仪其实并不以画闻名，现在竟和吴门画派有如此之因缘，实出当时人们意外[2]。但董其昌主要是说吴门画派，确有其现实根据。关于这画派以沈周为开创人，杜琼为直接“岷源”，在

①此卷为《中国古代书画图目》二，第一百五十一页影印。收藏原件的上海博物馆鉴定组认为此卷各页画风不一，尚可研究。《过云楼书画记》卷三、《六研斋二笔》卷三皆有著录。

②此卷尚有吴宽、陈继儒跋文。他们均不知陶宗仪是杜琼之师。吴谓“展玩中并知东原之师九成不独以同堂已也”，陈谓“不知杜东原之从先生游也”。杜琼自撰的《赠刘草窗画》长诗、沈周撰《杜东原先生年谱》都没有提及杜师从陶宗仪之事。

上举的《南村别墅图》上还另有李日华的题跋①，他也说“昭代画法，石田作狮子吼”，“曹源一滴，用嘉先生开之也”。可见董的论点为世所承认，绝不是偶然的。再如范允临说：“松江何派，惟吴人自有派耳。”(《输蓼馆集》)薛冈也说：“余谓丹青宗派，姑苏独得其传。”(《天爵楼画余》)不管这二说是何用意，吴门画派的实体已隐然出现。事实上，早在董其昌之前，王穉登、何良俊、王世贞等人，在他们的著作中均有近似吴门有画派出现之论述，但提得最早最明确的莫过于董其昌上述这一条了②。

我们再看当时的人们对沈周艺术的评价，这类评价很多，这里略取数则：

> 先生(沈周)绘事，为当代第一。山水、人物、花卉、禽鱼，悉入神品。……一时名士如唐寅、文璧之流，咸出龙门，往往致于风云之表，信乎国朝画苑，不知谁当并驱也。
>
> ——明王穉登《吴郡丹青志》
>
> 启南(沈周)画于北苑、巨然诸名家，无不撮其胜而奄有之。……真明兴第一手也。
>
> ——明焦竑《澹园续集》
>
> 我朝以画名世者，毋逾启南先生。
>
> ——明顾起元《懒真草堂集》
>
> 我朝善画者甚多……利家(指文人画)当以沈石田为第一。
>
> ——明何良俊《四友斋画论》
>
> 启南远师荆浩，近学董源，而运用之妙真夺天趣。至于临仿古人之

---

①此画上还有标明跋于崇祯己巳(1627)的李日华跋：“昭代画法，石田作狮子吼，而衡山诸公纵横棒喝盛矣。然曹源一滴，用嘉先生开之也。按元之萧散而不失唐宋之缜密，奄有子久、叔明、仲圭三家之长而上窥董、巨。”李和董都是同时代人(李比董小七岁)，看来他们见解是一致的。按李日华的题跋时间看来，董的题跋当也在1629年前后，董时为七十四岁左右。当距文徵明身后七十年，则沈周身后一百二十年了。

②范允临(1558—1641)，字长倩，苏州人，为范仲淹后裔。万历年间进士，官至福建参议，善画工书，与董其昌齐名。他对吴门画派后继画家很有看法，往往连同整个吴门画家加以指摘。王穉登(1535—1612)，字百穀，苏州人，文徵明私淑弟子，与文彭、文嘉过从很密，其女嫁文彭之子元发。他著有《吴郡丹青志》，是研究吴门画派公认的最早史料之一。何良俊(1506—1573)，松江人。喜书画，七十岁前旅居苏州，与文徵明有交往。所著《四友斋画论》(成书约于1560年代)，对吴门画家有所评述。王世贞(1526—1590)，字元美，号凤洲、弇州山人。太仓人。主张“文必秦汉，诗必盛唐”。著有《弇州山人四部稿》、《艺苑卮言》，对吴门画派有所阐述，并有独到见解。

作，千变万化，不露蹊径，信近代之神手也。

——明谢肇淛《五杂组》

看来众口一词，沈周在当时画坛已独擅首席。当时不是浙派艺术风行吗？那么，他在代替浙派艺术中的作用又是什么呢？

国朝名手推戴文进，然气格卑下已甚，其他作者如吴小仙、蒋子诚又不及戴，故名重一时。至沈启南出，而戴画废矣。

——明谢肇淛《五杂组》

沈周的挚友吴宽（1435—1504）[1]则说：

近时画家以及此者惟钱塘戴文进一人。然文进之能止于画耳！若夫吮墨之余，缀以短句，随物赋形，各极其趣，则石田翁当独步于今日也。

稍后，王世贞又说：

钱塘戴文进，生前作画不能买一饱，是小厄；后百年，吴中声价渐不敌相城翁，是大厄。

如上所述，可见董其昌将“石田先生”定位于吴门画派的开山人物，无论从他绘画之成就，还是代替浙派的实际地位来说，都是十分确切的。

但这里需要说明的是，在吴门画派当时，浙派之称尚未出现。吴门画家当然不可能知道这个名称，正像他们不知道自己将来会被叫成“吴门画派”一样。但朝廷出现以戴进为首的一批浙江画家，他们的画风以沿袭南宋院体画为主，这点他们是知道的，并以戴进一派人为自己的参照系。从吴宽这一段话里，就可得到证明。在以后将引用沈周等人很多论述，都很少甚至根

①吴宽，字原博，号匏庵，又号玉延亭主。明代书法家，长洲人，官至礼部尚书。为沈周终生挚友。

本没有提及戴进等人，更可说明这一点。

但吴门画派不可能只由沈周一人所组成，正如本书在第一章中所述，“一地必须同时具有一定数量的艺术见解和绘画风格都很相近的画家”，沈周当时所接触的人士不少，明末清初的钱谦益（1582—1664）在他的《牧斋初学集·沈石田先生诗文集》中叙述沈周的成因时，提及他周围的人士：

> 其产则中吴、文物土风清嘉之地；其居则相城，有水有竹、菰芦虾菜之乡；其所事则宗臣元老，周文襄、王端毅之伦；其师友则伟望硕儒，东原、完庵、钦谟、原博、明古之属；其风流弘长则文人名士，如伯虎、昌国、徵明之徒。有三吴、西浙、新安佳山水，以供其游览；有图书子史、充栋溢杼，以资其诵读；有金石彝鼎、法书名画，以博其见闻；有春花秋月、名香佳茗，以陶写其神情；烟风雨露、莺花鱼鸟，揽结吞吐于毫素笔墨之间，发而为诗歌，绘而为图画。

钱谦益比董其昌小了三十多岁，但他是常熟人，和苏州近在咫尺，和相城更是可望而至，因此能将吴门画派有关诸事娓娓道来，使我们一目了然。其中“周文襄”即周忱，“王端毅”即王鏊，“东原”即杜琼，“完庵”即刘珏，“原博”即吴宽，“明古”即史鉴等人，都是年已老迈或与绘画没有直接关联的人。有关联的则是“伯虎”即唐寅和“徵明”即文徵明了。他们是否吴门画派中人呢?

还是先说董其昌的意见。

董其昌首先肯定吴门画派是属于文人画（即以董、巨为先导的“南方山水画”）范畴，又明确提出，只有“吾朝文、沈，才远及衣钵”[1]，言下之意，吴门画派只有沈周及其学生文徵明二人。董其昌这样说也就一锤定音，一直到今天，人们还受此说影响。其实对于吴门画派的成员，当时的人们并无很明确的看法，人们倒也未向董其昌所定的调子“一边倒”。请看下列数则：

---

①董其昌的原文是：“文人之画，自王右丞始，其后董源、僧巨然、李成、范宽为嫡子。李龙眠、王晋卿、米南宫及虎儿，从董、巨得来，直至元四大家，黄子久、王叔明、倪元镇、吴仲圭，皆得正传。吾朝文、沈，则又追及衣钵。”（《画禅室随笔》）

"自元末以迄国初，画家秀气已略尽，至成、弘、嘉靖年间复钟于吾郡，竟成一大都会矣。"明确将沈周、文徵明、唐寅、周臣、刘珏、仇英都归于"士大夫名家宗匠"之列。

——明顾凝远《国朝画评》

启南先生画法高一代，所为阔帧巨轴，位置稳密，水墨淋漓，天工人巧，蔑以加矣。宜吴阊光阶，登伯虎、衡山山上也。

——明邢峒《来禽馆集》

书至董、赵，画至文、沈、唐、仇，天地精英尽矣，何必唐宋哉！

——《壮陶阁书画录》

成、弘间，吴中翰墨用天下，推名家者，惟文、沈、唐、仇诸公，为掩前绝后。

——清王鉴《染香斋跋画》

携李项子京收藏甲天下，（仇英）馆饩十余年，历代名迹资其浸灌，遂与沈、唐、文称四家。

——清吴升《大观录》

沈、文、唐、仇，为明四家。

——《溪山卧游录》

综合以上意见，大多是将沈、文、唐及现在尚未提及的仇英连在一起的，其中只有个别说他们为"明四家"。这样，问题就集中在唐、仇是否属于吴门画派这一点上。我们再看现代的研究者的认识：

赞成唐、仇不属于吴门画派的，有潘天寿《中国绘画史》、郑昶《中国画学全史》、阎丽川《中国美术史略》、王伯敏《中国绘画史》、温肇桐《明代四大画家》、单国强《明代吴门绘画·明代吴门绘画概论》、周积寅《吴派绘画研究》、陈传席《中国山水画史》等。

赞成唐寅列入吴派，有王逊《中国美术史》，但认为"他的着色山水便称为院体"，而仇英和唐寅同被称为"院体"。

赞成"周臣、唐寅虽与院体派有关，但也应兼属吴门画派中人"，至于仇英，未列那一派，只承认他"不愧是一位杰出而又难得的大家"，"一位崇古慕古者”，见李裕《中国美术史纲》卷下。

将唐、仇列入吴门画派的有江兆申《吴派九十年》、林秀芳《吴门画派》、单国强《中国美术全集·绘画编7·吴门画派概述》等书。

吴门画派之称本是约定俗成，它不是一个组织，也没有后来人们称之为“纲领”、“宣言”之类东西，更不存在什么花名册之类。他们全部著述里始终也无画派之说，也许根本未意识到将来会有这码事。界定是否为吴门画派成员的关键，还在于其人是否具有与此派大体接近或大同小异的艺术风格。对于这样的历史画派，我们当然还要看他是否为此派实际做出贡献。因此，应该宜粗不宜细，宜宽不宜窄。基于这样认识，本文作者思考再三，仍认为沈、文、唐、仇四家应同时为吴门画派四家，吴门画派应与明四家、吴门四家统一起来。之所以如此，因为他们的艺术风格的大范围是一致的，但这只能是在对他们的艺术风格阐明之后才能得出的结论。本书只有先将这四家按吴门画派介绍，容后再行补叙其艺术方面。我深信，读者在接触这方面叙述之后，定会赞同或尚可考虑这样的看法。

第三章
吴门画派主要画家简介

第一节　吴门画派创始人——沈周

沈周像

沈周（1427—1509），字启南，号石田。五十八岁后又号石田翁。明宣宗宣德二年（1427）生于苏州府长洲县的相城镇西宅里村（即现苏州市相城区沈周村）。相城，位于苏州东北五十里，紧靠阳澄湖西岸和震泽荡之间。北距常熟三十里，虞山隐约可见（日后沈周自咏“北窗最爱虞山色，也似香炉生紫烟”）。沈家是这里世代望族，是著名的读书和隐逸之家。曾祖父良琛，号兰坡，精鉴赏书画，与王蒙友善。祖父沈澄（1378—1463），字孟渊，后以字行。晚号觇庵，能诗文，善绘画，永乐间以人才见征，引疾卧归家乡。还有一种说法是，他在洪武间被征入朝，将授以官，见其举止迂缓，目为腐儒，罢之。如果这是真的，看来他意在自保；后来巡抚周忱来抚苏州时，数次向他咨询时政。苏州当时名书家金问被拘，沈送衣食长达十年之久。因此人们都尊重他，敬称为“征士”。他在家乡造了一个花园，叫“西庄”。中有“全庆堂”、“东广”、“秋轩”、“苍梧翠竹之轩”等，看来规模都不大。

沈周父沈恒吉（1409—1477），名恒，号同斋，虚和潇洒，前面已提过。他生三子，沈周为嫡长子。沈周伯父名沈贞吉（1400—约1483），名贞，以字行，号南斋、陶盦、陶然老人，兄弟二人是诗人兼画家，也都师过杜琼，他们的画都宗董源法。每作一诗一画，必累月阅岁才成，并不可以币取，因此作品不多也很珍贵。家庭中自相唱和，下至仆隶，悉谙文墨。而且"自征士（澄）以高节自持，不乐仕进，子孙以为家法"（吴宽《匏翁家藏集》）。沈周就是出身在这样的诗书和高洁之家。沈周出生这年，正是"浙派"首领戴进和明代早期山水画家李在、谢环、石锐、周文靖等人召入宫廷第二年，也是郑和第六次下西洋后六年，正当西方拜占庭艺术的晚期。

沈周自幼聪慧，七岁时从陈宽开始启蒙，陈宽即为洪武间从容就刑的苏州画家陈汝言之孙。陈氏一门风格标致，以学问渊博著称，沈周在他的指导下又承家学，诗文进步很快。接着又拜同里赵同鲁为师。赵字与哲，以诗驰名，为人正直，博览群书，也善画，他不过年长沈周五岁。自群经而下，经史诸子史集、释老和稗官小说，无不总贯淹浃。字则学黄庭坚。十一岁时代父听宣南京，这时父被点任"粮长"已三年[1]。沈周写成百韵诗上书户部侍郎崔恭，崔看后很为惊异，怀疑不是这位少年所作，面试作《凤凰台歌》，沈周援笔立就，词采烂发。崔大加激赏，比之为王勃再生。当时就下文，免其父粮长之役。十五岁时，他的诗文已为人所知。十八岁时与陈慧庄结婚。陈氏祖母和沈周父母甚勤，信好佛经，是一个很贤惠的人。

沈周二十八岁时，知府汪浒要沈周应贤良方正（这是由汉文帝开始诏贤的科目，中者即可授以官职），特来书敦促。沈周深知宦途艰辛，不得已，用筮《易》求教，得之九五，曰"嘉遯贞吉"，是属于不吉之卦，遂辞。他幼年随赵同鲁读书时，已开始临倪云林的作品，直到三十三岁左右，才从杜琼学画，从此埋头水墨丹青。大约在三十五岁时，已有作品问世。现藏瑞士苏黎世莱特堡博物馆，曾为瑞士藏家但诺华滋收藏的一张《为碧天上人作山水图》，

①粮长：明初在直隶、浙、湖、广、赣、闽等地，规定每收粮万石为一区，挑选纳粮多的地主充当粮长，负责征收粮税，押运至京并授以官职。此制在洪武末年已渐松弛。到沈周时只负责征收粮税，不足时还得由粮长补足缺额。此职由官府指定，此时已形同差役的苦差事。

从画风、题诗、书法、印章多方面考证，当是现存沈周最早的一幅画[①]。这时还要提及沈周的一位知友，即是前引朱彝尊文中所提的“完庵”，也即刘珏（1410—1472），他字廷美，完庵是他的号。苏州人。沈周的姐姐是他的儿媳。曾为山西按察司佥事，乞归。他画得一手好山水，法吴镇、王蒙，风格苍润。现介绍他的《夏云秋雨》轴，不妨说，他和杜琼一样，是沈周绘画的开导者和先行者。就在这前后，沈周实际已开始和“浙派”角逐，他的对手，正是“画状元”吴伟（吴出生常熟，也不时来到这里）。自此以后，除了料理田亩和家事，一直埋头作画。在故居一里左右的地方，买了一块地，种了一大片竹子，庭中还开有玉兰花，名曰“有竹居”，日夕在这里与宾客赋诗作画。《明史·列传》载“所居有水竹亭馆之胜，图书鼎彝充牣错列，四方名士过从无虚日，风流文采，照映一时”，想来生活条件是很好的。他接着又谢绝了彭礼的幕请，乃至明宪宗的聘诏，也婉谢了道士方志清的专事玄外之道的建议，将田亩事交给子云鸿处理，专门潜心绘事。他一生很少远出，南不过杭州，西不过南京，但对苏州周围的山水却岁稔经熟；对道观寺庙，外出时也是借宿盘桓。他的老友说他“石翁足迹只吴中”，确是实情。经过与兄弟析产，又“卖画常买田”，加上水灾频仍，家庭开支日紧。作为一名乡村画师，事实上无权无势，自然会有种种烦恼。且看当他六十岁时，门生王纶（理之）为他画了一幅小像。沈周为此题道：

王生见我精神熟，照写今吾瘦于竹。
同年初见六十人，享世浑无半分福。
一味躭农百不便，门前湖水涨低田。
饥来读书不当饭，静里安心惟信天。
风茆雨壁溪堂破，贫贱生成今老大。
隐服还劳郡守遣，诗书或辱尚书和。

①原认定沈周于天顺八年（1464）三十八岁时作的赠吴门隐士孙叔善水墨山水，为现存的沈周最早的有确切年月可考的存世作品。张丑《真迹目录》和陆心源《穰梨馆过眼录》卷十六均有记，（日）铃木敬主编的《中国绘画总合目录》卷二有《幽居图》，其尺寸、题跋均同上二书。此画现藏日本大阪市立美术馆。现认定的沈周最早作品系根据美国堪萨斯大学教授李铸久鉴定提出。

草木当衰不复真，纸间座上两浮尘。

是非非是都休辨，聊记明时无用人。

——《石田诗选》

诗中"隐服还劳郡守遣"一句，沈周确有这样的遭遇。当时苏州太守曹凤上任不久，要征民间画工为府衙装饰墙壁。本地有忌妒沈周的，将他名字写进，沈遂被征。有人劝沈去找有势力的人去说情，沈周说："服劳役，这是义务。去托有势力的人，不更加受辱吗？"最后仍服役不误，且做得比别人还好。后来这位太守到京觐见，屠太宰首先就问他："沈先生无恙吗？"太守不知所云，只得说："无恙。"待到内阁尚书李东阳问他："沈先生有信吗？"太守更慌，只好说："有而未至。"一出内阁，即去拜谒侍郎吴宽。吴才详细告诉他。太守一问左右的人，才知道沈先生就是征来画画的民工。一回苏州，马上乘船到沈周门上，再拜引咎，沈周招待他吃了饭，才回。至于"诗书或辱尚书和"句，所指尚书，首先当指上面讲的吴宽，他们经常往还。吴回苏州时，与沈周终日畅游，互相留宿。诗文酬和不辍。此外，还不时与沈周书信往还的尚书还有王鏊（1450—1524），苏州人，官至户部尚书，文渊阁大学士。也是沈周的挚友，书信往还当不在话下了。

这首长诗是平民艺术家的心情写照。沈周既可以与高官结交，又可沦为苦役；既面对生活的艰辛，百姓的饥寒，国事家事的不顺遂，又伴随作画的辛劳和彻悟，使他一吐胸中之悲哀。由于深受儒家教养、老庄的熏陶，前人之韬晦影响，他深切领悟了"忠恕"二字，采取了一种和平、达观和安贫乐道、与世无争的态度。他后来自称"石田"，自己做了解释："山中有石田，广衍得数亩。坚瘠不可耕，无用实类某。朋从加乐尔，遂为石田叟……"（《石田先生集》）。他的自遣诗"千时尽笑吹竽拙，傲世犹嫌荷条狂"，也同样是一种克己甚严、恬然自安的态度。人们完全可以理解的。

沈周六十二岁时，收文徵明为门生。仍然勤恳作画不辍，后来连市廛都很少去，发展到"居尝戒入城市"，有盛车骑骑过之，则逊谢不纳。但对平民的接触始终不断。甚至传说他好谈鬼怪，凡是有故事说给他听的人，便能换得画来。当时城内阊门外有个叫陆汝器的人，收藏沈周的山水、草木、禽兽、瓜果、蔬菜等不止百十幅，但陆却从不会讲故事，可见这样的传说不真实。但沈周和平民交往始终很密切，他们以各种方式向他讨画的，也不在少数。浙江有个和尚仰慕他的画名，寄一首诗给他：“寄将一幅剡溪藤，江面青山画几层；笔到断崖泉落处，石边添个看云僧。”沈周果然按其诗意画好给他。祝允明（1460—1526）[①]在《记石田先生画》云：“沈先生周，当世之望，乞画者……或一乞累数纸，殊可厌恶，而先生处之泰然。”（《佩文斋书画谱》）他到杭州游玩时，由于索画太多，有时躲进寺庙，仍还有人追踪而来，实无法应付。刘邦彦为此写了一首打油诗：“送纸敲门作画频，僧楼无处避红尘；东旧要了南游债，须化金仙百亿身。”沈周对于艺术，也同样以宽厚处之。王鏊曾说过“先生高致绝人，而和易近物……或作赝作求题以售，亦乐然应之”（同上）。据说一位贫士，为多卖画养母，临了沈周的画，拿去请他题字，他欣然为之润色补加，并题款盖章。其人豁达如此。沈周对于绘画风格，也从不抱门户之见。当时南京有位画家叫史忠（1436—1515），本名徐端本。画山水树石，纵笔挥洒，不拘家数。到沈周家来访不遇。见堂上有素绢，即挥笔濡墨，成山水巨幅，不留姓名而去。沈归见画曰：“吾阅人画多矣！吴中无此笔，非金陵史痴不能也。”遣人四出觅回，遂成莫逆，留三月而别。沈周亦至金陵，亦住卧“痴楼”。沈周赠以五古，有曰：

> 我生迨八旬，落魄如风颠。不知人所毁，亦不求人怜。种竹欲借地，买画常卖田。蓬蓬披白发，咄咄书春天。我颠与翁痴，颠痴相比肩。约为老兄弟，逍遥见彭篯。
>
> ——《石田先生集·赠史痴翁》

沈周处世待人，也一样宽厚，曾以重金购一古书，很为欣赏。一天客至，说这书是他家旧藏，且说出书的某卷某页特征，沈即将书还给他，也始终不说书从何人处买的，也不责怪售书人。他待兄弟也关心备至，在析产时田亩

①明代书法家。字希哲，号枝山，世称“祝京兆”，长洲人。弘治五年（1492）举人，授兴宁令，迁应天府通判。与唐寅、文徵明、徐祯卿并称“吴中四才子”。他能诗文、工书，颇负时誉。他与吴门画家往来很多，长唐寅十岁，尤为终生挚友。但他不像“三笑”故事中只是插科打诨的军师式的人物，恰恰相反，他始终爱护唐寅，不时加以规劝，唐寅故后还写了情真意切的诗文。

不够，他卖足给他；他事“母孝，母欲有所往，辄翼舆刺舟，絜甘旨以从。母年近百年以殁，盖孺慕者终其身”（同上）。他广交贫富，“容纳贵贱”，尤其对贫穷之人更为同情。在他的诗画中有所反映。但如果说沈周只是一味随和置身世外的老好人，也并非如此。八十二岁高龄时，闻南京监察御史蒋钦以抗太监刘瑾，被杖致死。为诗挽之，倍加称赞蒋的正直行为。年轻时，太保三元王公，每到苏州都向沈周求教，日夜不休，沈周要他“指事切而不汛，演言婉而不激，于讽谏直谏，两得其义矣”。王公以为至言。他的好友王鏊因为刘瑾相忤，乞退，上疏三次，始准。正德四年（1509）七月三日回苏，值沈正病，即遣人问之。沈周回诗一首：

勇退归来说宰公，此机超出万人中；
门前车马多如许，那有心情问病翁。

二日后即卒，此为绝笔。虽自感死之将至，但浩然之气，临终不衰。他病前仍作画不辍。正德四年游善卷洞，病中作《小水洞图》，画成即逝。八

沈周墓

月二日卒。享年八十三岁。卒时《小水洞图》仍委置床下。这时子云鸿已逝数年，由次子复和、孙履及婿永龄为其营葬。沈周被葬于离家不远的祖茔，其墓前思贤泾畔鲜花盛开、挺拔的翠柏掩映，被列为江苏省文物保护单位。沈周被后人尊为“吴门四家”、“明四家”及“吴门画派四家”之首。《明史·隐逸》有传（见本书附录），苏州城南沧浪亭“五百名贤祠”中有他的石刻像。

沈周作品，见于各类书籍中之画目、影印的合计存数千幅之多，现存的传世作品有《京江送别图》卷、《仿董巨山水图》轴、《仿倪瓒山水图》轴、《荔柿图》轴、《古木寒泉图》轴、《卧游图》册、《西山雨观图》册、《墨莱辛夷图》卷、《枇杷图》轴、《红杏图》轴（以上藏故宫博物院）；《庐山高》轴、《吴中山水全景图》卷（藏“台北故宫博物院”）；《吴中山水》卷、《西山纪游图》卷、《两江名胜》册（以上藏上海博物馆）；《吴江图》卷、《太湖图》卷（以上《中国名画图》三册影印）；《灵岩山图》卷（《爽籁馆欣赏》影印）、《吴门十二景》册（藏广州美术馆）；《飞来峰图》轴（藏中国文物商店总店）；《东庄图》册（藏南京博物院）等等。

他的弟子除文徵明外，尚有其弟沈豳、沈召，孙艾、陈焕、宗周、陈峰、杜冀龙等人。他还是一位诗人，有好几种诗集行世。他著有《石田集》、《客座新闻》等。现存有《耕石斋石田录》（又名《沈石田先生诗文集》），乃常熟瞿式耜收集并刻行世。瞿是著名的抗清英雄，平生最爱沈周诗画，名其书房为“耕石斋”。钱谦益也辑了《石田先生事略》附于集中。

记载沈周事迹的有《明史·本传》、《明史·艺文志》、《图绘宝鉴续纂》、《无声诗史》、《吴郡丹青志》、《画禅室随笔》、《六研斋笔记》、《艺苑卮言》、《震泽集》、《甫田集》等。

第二节　吴门画派的主将——文徵明

文徵明（1470—1559）是沈周的学生，他比沈周小四十五岁，长寿。他更多地开创和经历了吴门画派的旺盛年代，后人誉他为这一画派的主将。其实，他和老师一样，也许从未料到过会有这样的事情。

文徵明像

文徵明于明成化六年（1470）生于苏州府长洲县[①]德庆桥西曹家巷（即今之苏州城内曹家巷，有说后移居附近的三茅观巷）。初名壁，一作璧，字徵明，以字行，更名徵仲（兄原名徵静，也改字徵伯）。因祖籍衡山，故又号衡山或衡山居士。戴进这时已逝世八年，沈周正处在创作盛期。西方文艺复兴盛期刚刚开始，意大利画家达·芬奇已二十八岁，他比德国画家丢勒早生一年，比意大利画家米开朗琪罗早了五年。《明史》本传中说文徵明是文天祥的后裔，王世贞《文先生传》说他先代文俊卿在元朝做过镇守武昌的都元帅。看来这是一个世代簪缨又兼业儒的世家[②]。

文徵明的曾祖惠，以教书为生，招赘到苏州，才定居于此。惠生洪，以儒学起家，为涞水县教谕。洪生林，即文徵明之父，字宗儒，成化壬辰进士，曾任永嘉、博平知县，后升温州太守。叔父文森，任右佥都御史。文徵明三岁时，曾随全家赴温州任上暂住，当年即回。母祁守端是一位画得很好的诗人和画家，惜于文徵明七岁时即卒，后他即由外祖父家抚养，有时父带在任上。一生基本上都生活在苏州，他前半生的命运并不顺遂。

和一般文化名人不同，文徵明幼时并不聪慧。“外若椎鲁”，八九岁仍不大会说话。父亲独异之，曰：“儿幸晚成，无害也。”十一岁时，方能讲话，也开始读外塾。以后，文林知山东博平县，徵明随之。十六岁时随父还乡，结识了唐寅。次年又随父去滁州，从少卿吕常学诗。他虽然“幼不慧”，这时却

---

①明时苏州城内分为吴县、长洲两县，现承张英霖同志相助，搜寻到台湾出版的洪武年间苏州城内两县划分的地图。大体上以城中护龙街（即今之人民路）为界，街西为吴县，街东为长洲。但据《吴县志》载，西部城外的古运河以北也为长洲县所辖，今之阊门外偏北的山塘、虎丘均在其内。果如此，按文徵明住地应为吴县，但因古代的科考和籍贯等相互交叉，情况复杂，一时又难查明，这里从史书所载。

②文嘉（文徵明次子）《先君行略》中说：“文氏姬姓，裔出西伯。自汉成都守翁始著姓于蜀。后唐庄宗帐前指使轻车都尉讳时者，自成都徙庐陵，传十一世至宣教郎宝，与丞相信国公文祥同所出。宝官衡州教授，子孙因家衡山。元有讳俊卿者，为镇远大将军湖广管军都元帅，佩金虎符，镇武昌，生六子。长定开，从高皇帝平伪汉，赐名添龙，以功授荆州左护卫千户；次定聪，侍高皇帝为散骑舍人，赘浙江都指挥蔡本婿。定聪生惠，自杭来苏，婿于张声远氏，遂为苏之长洲人。”

文徵明故里近貌(苏州市曹家巷)

"颖异挺发"。十九岁时还乡,为长洲县学士。岁试因书法不佳,仅置三等。因之奋之学书,遍练各家书法。二十岁时,从沈周学画,周曰:"此余从来孽障,君何用为之?"后来沈周又在他画上题道"莫把荆关论画法,文章胸次有江山"。给了他很好的提示。二十二岁时,在滁州从少卿李应桢学书。二十三岁时,从沈周好友史鉴(字明古,号西村)受业。同后,娶昆山吴愈三女(人称三小姐)为妻。吴字惟谦,仕至河南布政司右政。文徵明后来又从吴宽学文,吴和文林为同榜进士,对他很为钟爱。这时仍矢志儒家"学而优则仕"之训,二十六岁时赴应天乡试,大约由于和唐寅同喜古文辞的缘故,未中,隔三年,再试,又未中。这时年已三十,父文林殁于温州任上。一生为官清廉,两袖清风,当地的群僚凑了数百金为赙,徵明固辞不受。这些人叹曰:"温州公死廉,未见为公子者而廉者也",为此重修"却金亭"。巡抚俞谏欲赠以金,指着徵明蓝衫说:"敝致此耶?"徵明装着不懂,曰:"遭雨敝耳!"俞谏也就不好再提赠金之事。文徵明自幼即有正直自律的精神,直至他的一生。

然而,他的考场命运始终不济。从二十六岁直至五十三岁,七次未中后,自题"七试无成只自怜",但他再考,共考了十次,十次均名落孙山,给他的打击也就可以想见。最后一次失败后,生了一场大病,连病三月未愈,作《不寝》诗云:"天寒鸡更鸣,灯昏鼠窥案;药炉火已微,群儿睡方鼾。"《病中诗》末草:"一病连三月,侵寻岁不更;人皆传已死,吾亦厌余生。发脱相将尽,耳虚时生鸣;安心是良药,此外复何营?"这时一家数口再加仆佣,既无田租收入,祖先又无积余,又不愿别人资助,全赖卖文、卖画为生。为不少名人写过墓志铭、行状传，为王氏建拙政园、为重修织造局都写了文章和碑文，因诗、文、画俱佳声名远播，但赖此谋生，甘苦备尝，从上诗中已体会其生活艰辛之一二了。最后考场失意后，文徵明已白发渐生，长子文彭，已二十七岁，幼子文嘉，也二十三岁。隔一年，江苏巡抚李充嗣总算将他推荐以岁贡入京。在途中舟行三个月，到京尚未考试，即授官为翰林院待诏。但盘缠已尽，不免暂行借贷。给夫人一信："来时措置些盘费用来方好，盖此间俸禄、皂隶之类，仅可给日逐便费耳。"而朝中形势更险恶。这时正值明世宗登基第二年。皇帝对其父兴献王和先皇（即伯父孝宗）二人谁称"皇考"问题，颇费周章，朝臣也分为两派。各派攻击异己，首辅扬延和一派不合皇帝意见，首辅被撤，其余人被捕入狱，几十人被打死。这时文林在温州所取士张璁迎合帝意，很受宠信。而一大批老贤良臣因不同皇帝意见，先后致仕放逐。徵明同僚、编修王思被杖死，杨慎等戍边。这些人中多与徵明相与往还。这时徵明正跌伤左臂，请注销门籍月余。当时上朝时如"议礼不合"，说话不当，惹得皇帝恼怒，即立即廷杖，往往杖下毙命。徵明幸以病未上朝，乃叹曰："吾束发为文，期有所树立，竟不得一第，今亦何能强颜久居此耶？况无所事事，而日食大官，吾心真不安也。"遂下定决心告退。不准，再上书。他参加修编的《献皇帝实录》如成，当可升官，张璁等人也在拉拢。但他去意已定，终于嘉靖六年（1527），五十八岁时回到苏州。这时缠绕他大半生的功名之念已烟消灰灭，一心一意立志于绘画及文字生涯了。

一到家乡，就在舍东筑玉磬山房，庭中植两株高耸的梧桐，日徘徊啸咏其间。于是四方求请者纷至，开始了他一生艺术辉煌的新时期。也正由此将吴门画派推向全盛期。由于他高寿，这全盛期也就持续了三四十年之久。

文徵明很重友谊，早年就和唐寅、祝允明、蔡羽、都穆、黄云、朱凯、张灵、徐祯卿相交游。尤其是和唐寅，可说是一生的挚友。常因想念他而赋诗，也因规劝他有时竟到失和程度，唐寅胸中苦衷也向他倾诉。文徵明也和学生和晚辈陈淳、陆治，与子和侄伯仁一起赋诗作画，和仇英也合作过。《无声诗史》这样描述他这时生活：

> 先生暇出一游近地佳山水，所至逢迎过后，居间客过从，焚幽煮茗。谈古彝鼎，品水石，道吴中耆旧，使人忘返，如是者三十年。

也和沈周一样，他既受儒家熏陶，又兼受佛老影响。沈周受道家影响较深，徵明则对《易》有独到研究。他也时常与官吏贤逸往还。沈周长住乡镇，和农民接触较多；文徵明则长居市廛和市民之中。和沈周一样，既是画家，又是诗人、书家，并且都是文章里手。也和沈周一样待人宽容，以中和淳厚之道行事。有人伪造了他的画，他也不生气。据明冯时可《文待诏徵明小传》：

> 有伪公（徵明）书画以博利者，或告公，公曰："彼之才艺本出于吾上，惜乎世不能知，而老夫徒以先饭占虚名也。"其后伪者不复惮公，反操以求公题款，公即随手与之，略无难色。

他遇到书生、故人子弟，为姻党而窘者，强其作画，竟日不倦。还有一个笑话：

> 朱朗字子朗，文徵仲入室弟子。徵仲应酬之作，间出子朗手。金陵一人，客寓苏州，遣童子送礼于朗，求作徵仲赝本，童子误送徵仲宅中，致主人求画之意。徵仲笑而受之曰："我画真衡山，聊当假子朗，可乎？"一时传为笑话谈。

如果以为文徵明竟是这样到处"捣糨糊"，那就错了。用现在的话来说，在对待原则问题上，他决不含糊从事。张璁要拉拢他，他决意还乡。宁王濠派人持重金来礼聘唐寅和他去南昌，他原璧奉还，决不应聘。当时很多朋友不以为然，但他早就断定宁王不能"久安藩服"，后果如其言。每遇郡国守相连车骑，富商贾人珍宝填溢于里门外，也不能博一纸。而他最注意藩王府邸，对于得势的中贵人也决不肯与之来往。藩王之一周王曾以古鼎古镜、徽王也以金宝瓶及其他珍货价值数百镒向他送礼，送来的人说："藩王无所求于先生，请看一看信就可以了。"徵明说："王有赏赐，看信后再推辞，是不恭敬的。"竟然连信都不看。外国人路过苏州（特别是日本使者，当时倭寇肆虐，一度曾打至枫桥铁铃关），只是望里门而拜，以不得见文徵明为恨。据说炙手可热的严嵩，始终未得到文徵明书画，后来抄家时也果然没有发现他的任何手迹。但贫交者往往持徵明画以获厚利，片楮只字，至有待而举火者。他尤好救人之急，或有所入，往往随手散去，有感而泣者。

文徵明晚年勤恳书画三十余年。这时浙派吴伟乃至张路、李著、蒋嵩等也已前后逝去，文徵明已名满海内，自然是画坛师首、文苑班头了。四方人士过苏州者，莫不过从，也有走枉道来的。名士如彭年、周天球，文行并有显闻，皆出其门下。艺文布满海内，家传人诵。而文徵明劳谦自收，从来没有置身过有过之地。寿九十，他在元旦写了诗：

劳生九十漫随缘，老病支离幸自全；
百岁几人登耄耋，一身五世见曾玄。
只将去日占来日，谁谓增年是减年；
次第梅花春满日，可容愁到酒樽前。

二月初，邑人诗人张凤翼将赴嘉兴，文徵明将书题宋高宗与岳飞手敕墨本《满江红》词与之。凤翼尚未还，徵明已于二十日在为史严杰母书墓志铭，刚完，即掷笔而逝。时为嘉靖三十八年（1559），享年九十。葬于今苏州相

文徵明墓

文徵明手植藤

城区陆慕镇西。和沈墓一样，都在阳澄湖西岸。新中国成立后为之修缮，墓前有石兽肃立的甬道，四周还有象征纸、墨、笔、砚的土墩，墓前小河环绕，松柏成荫，被列为江苏省文物保护单位。

文徵明传世文集有《甫田集》三十六卷，十五卷是诗（计七百四十一首），其余都是文章，除了记、叙、题跋外，多为别人作的祭文、行状、小传和墓志铭，可见文徵明一生谋生之艰辛。他为明一大书法家，写过《四体千字文》，流传很广。行书和小楷更为其所长，深得王羲之父子的清劲秀美风格，现存明代的《停云馆帖》、《真赏斋法帖》，为文徵明和其父、其子三代所书，《醉翁亭记》是他八十二岁所书。

文徵明列入《明史·文苑》传（见本书附录），里人私谥为贞献先生。他被认为是明四家、吴门四家之一。继沈周后，他被认为是吴门画派的领袖。在他逝世的那年，上海已建造豫园及内园，葡萄牙侵占澳门已有七年，西方米开朗琪罗正在修改他的教堂壁画《末日的审判》，提香也正在努力创作呢。

文徵明撰写的对联今天在拙政园中仍然可见，苏州城南沧浪亭“五百名贤祠”中有他的石刻像，他手植的紫藤（旁有清端方的勒碑），还在青翠欲滴，仲春时节人们还可闻到它的幽香呢！

文徵明传世作品见于书籍记载的近千幅，存世作品应不少于三百六十九幅。著名的有《湘君湘夫人图》轴、《洛原草堂图》卷、《猗兰宝图》卷、《仿米氏云山图》卷、《临溪幽赏》卷、《兰亭修禊图》卷、《东市图》卷、《沧谿图》卷、《山水图》册、《惠山茶会图》卷、《曲港归舟图》卷、《绿荫清话图》轴、《兰竹图》卷（以上藏故宫博物院）；《绝壑鸣琴图》轴（藏美国克里夫兰美术馆）；《真赏斋图》（藏中国历史博物馆）；《古木苍烟图》（藏南京博物院)；《石湖清胜图》轴(藏上海博物馆)；《九月江深图》轴(藏苏州博物馆)；《浒溪草堂图》(藏辽宁省博物馆)等。

文徵明的门生众多，尤可奇者乃是他的后世书画传人连绵不绝：他的长子文彭，字三桥，擅画，尤工篆刻，后世称为流派印章开山“鼻祖”。次子文嘉、侄文台、从子文伯仁均以画知名，孙文元善，文从昌、文从忠、文从龙，(均为文伯仁孙)，文承光，为从昌长子，文从昌、从忠为其弟。从昌长子文承光，也均善画。文徵明曾孙文震亨，明亡绝食死，其子文果，曾为僧，也工诗画。入清之后，尚有文元善长子文从简，其弟文世光，其女文俶及后来文垍、文定、文掞、文点、文赤、文永丰、文二训、文皋等等，均善书画，也在书画志或地方志上留下姓名。一门书画家之多，延续年代之久，在我国书画家中，恐怕也仅此一家了。

文徵明事迹见《明史·本传》、《无声诗史》、《图绘宝鉴续纂》、《文氏族谱》、《吴郡丹青志》、《四友斋丛说》等。

第三节　生前侘傺身后盛名的唐寅

唐寅(1470—1523)，生于明成化六年(1470)二月初四日。与文徵明同年，文生于这年十二月初六，长唐寅十个月零两天。唐生于苏州府吴县阊门内皋桥南堍吴趋里(即今之苏州市内吴趋坊)，因生于虎年(庚寅)而得名，初字伯虎，后字子畏。书画闲章中还有逃禅外史、梦墨亭主和桃花庵主等。晚年号六如居士，这是由于他屡受打击，归好佛氏，取佛经偈语中谓人生如幻、梦、泡、影，如露亦如电的缘故。父广德，母丘氏，父初业儒，后来大约就在皋桥南开个店铺，卖些酒食之类，家道殷实。祖居山西晋昌，出了一些大官，后迁居苏州。唐寅日后题款常有“晋昌唐寅”字样，即由此而来。

唐寅像

唐寅十三岁时，在家闭门读书，甚至到了

唐寅故里

不识门外街陌的地步，这时结交了祝允明（因生六指，又号枝指生），这时他二十一岁，工诗善书。是唐寅一生的挚友。十六岁时，又和文徵明、张灵交游。张灵，字梦晋，吴县人。家也住吴趋坊，与唐寅为邻，年岁相仿。家贫，为府生员，善画人物山水，间作竹石花鸟，笔调雅秀，现举出他的《招仙图》卷，可见他对唐寅的影响。工诗，好交游，常使酒作狂。又都善画，与唐寅意气相投。两人曾赤立泮水中，以手激水相斗作水战。两人也常同游虎丘，与贾人相谑。但这只是唐寅的一个方面，另一方面则是他好读书。祝允明后来说“其学务穷研造化，玄蕴象数，寻究律历，求扬马玄虚，邵氏声音之理而赞订之，旁及风乌五遁太乙，出入天人之间”（《唐子畏墓志铭》）。里人阎秀卿说：“（唐寅）有俊才，博习多识，善属文，骈骊尤绝。”（《吴郡二科志》）他早年即喜藏书，不仅收藏甚丰，在疏校上也下过功夫。文徵明这样描述他藏书情况：“君家在皋桥，喧阗井市区。何以掩市声，充楼古今书。左陈四五册，右倾二三壶。”（《饮子畏小楼诗》）

唐寅开始时学画拜周臣为师。周字舜卿，号东村，苏州人。能诗，擅画山水，上溯南宋诸家，取法李唐、刘松年，峰峦峻嶒，石体坚凝，笔法严整，格局稳健。论者认为他的画可与戴进齐驱，但缺少淡远之趣。他的画对唐寅影响很大，但唐寅最终也不囿师法。周臣作品受南宋画家影响，但也受吴门

 张灵《招仙图》卷

周臣《春泉小隐图》卷

画派影响，现举出他的《春泉小隐图》卷，可见其言之不虚。唐寅十七岁时，即能作画应酬。里人吴一鹏在唐寅为周母祝寿时画的《贞寿图》上题道：“岁丙午正月，子畏年止十七，而山石树枝如篆籀，人物衣褶铁丝，少诣若是，岂非天授！”吴一鹏，字南夫，号白楼，系弘治进士。初为礼部左侍郎，累进尚书。为张璁等人所忌，乞归。有《吴文端集》行世。此人应是既有文才而行为端正之人。此图也有文徵明的题跋。清末时苏州过云楼①曾藏此画。

唐寅十八岁时，即与城中文化耆宿往还。这年，沈周为王鏊画《壑舟图》。这时他年届六十，已是当时苏州文化耆宿，唐寅和祝枝山、罗玘、白钺、徐瑞、刘机等均在此图上题跋。除唐、祝二人外，余均为成化年间进士，罗玘还任编修，著有《圭峰文集》。刘机为庶吉士。可见他们对唐寅这位尚未弱冠的青年的器重。同年，唐寅又作《岩居高士图》，文徵明为之题二首，其一为：

皋桥西畔唐居士，浪迹图成尺楮间；
莫讶晴窗频展看，分明笔下见荆关。

唐寅十九岁时，与同邑徐庭瑞次女结婚。之后，与祝枝山、文徵明倡为古文辞。接着为人撰墓志铭。接着其父德广、母邱氏、妻徐氏均于弘治七年（1494）一年中相继去世，生活重担就落在了唐寅肩上。

①过云楼，为清顾文彬（1811—1889）藏书画之所。顾字子山，一字艮盦，元和（苏州）人。官至浙江宁绍台道。精鉴赏，家藏甚富，筑过云楼为藏书之所。并著《过云楼书画记》十卷。书前有光绪八年自叙。共收录自藏书画二百四十六件。其孙顾麟士（1865—1930），字鹤逸，号西津渔父，擅山水，补录家藏书画一百一十四件，继作《过云楼续书画记》，体例同前。过云楼的旧址近年来政府已进行了修缮。原藏书画都由其后人通过各种渠道转由国家有关单位保管。其后人中仍有不少人对苏州文化事业做出贡献。如顾麟士子顾公柔长期在前苏州美专任教，顾公硕对新中国成立后苏州工艺美术事业做出成绩，孙顾笃璜对昆曲的保护和发掘也有不可磨灭的贡献。

唐寅二十九岁时应御史考，鄞县人方志恰以监察史身份督学，他厌恶古文辞，而唐寅却好此道。不知怎的被他得知，使得唐寅几乎下第，幸而知府曹凤大力荐举，才得隶名末。不想到参加乡试，唐寅却名列第一。此即为解元，因而他刻了“南京解元”印，人们也就这样称他。这年岁末赴京会试，与江阴考生徐经（徐霞客之祖）同船而行。唐寅由于在乡试中才能出众，主考官梁储很为欣赏，将他试卷拿给这次会试主考程敏政看，并说：“仆在南都，得可与来者，唐寅为最。”程说：“吾固闻之，寅江南奇士也。”这事本已传遍京城，唐解元的名字不胫而走。在两场考试后，有人举报徐经与主考官有私，成为“科场案”，恰巧唐寅因请人写文去找过程敏政，有人也将唐寅名字列入，他也连带下狱。后来他给文徵明书信中写道：

> 至于天子震赫，召捕诏狱。身贯三木，卒吏如虎，举头抢地，夷泗横集。而后昆山如焚，玉石皆毁。……海内遂以寅为不齿之士，握拳张胆，若赴仇敌，知与不知，毕指而唾，辱亦甚矣。

不仅如此，当事实已澄清，又因衙门办事马虎，将他放到浙江为吏。吏，只是抄写的差役，唐坚决拒绝，有人加以规劝，他笑曰，“士也可杀，不能再辱”，始终未去。吴宽曾为此写了“说请帖”[①]。回家后，竟是一副惨状：

> 兹所经由，惨毒万状。眉目改观，愧色满面。衣焦不可伸，履缺不可纳；僮仆据案，夫妻反目。旧有狞狗，当门而噬。反视室中，甑瓯破缺，衣履之外，靡有长物。西风鸣枯，萧然羁客，嗟嗟咄咄，计无所出。
>
> ——唐寅《与文徵明书》

---

①唐寅冤狱时，先后为之延誉者有梁储、吴宽、倪岳等。吴并写《乞情帖》：“自使旆到吴中，不得一书，闻敕书已先到，亦未审何时赴浙中，极是悬悬！兹有今岁科场事，累及乡友唐寅，渠只是到程处为座梁洗马求文送行，往来几次，有妒其名盛者，遂加毁谤。言官闻之，更不访察，连名疏内，后法司鞫问，亦知其情，参语已轻；且送礼部收查发落，部中又不分别，却乃援引远例，俱发充吏。此事士大夫皆闻知其枉，非特乡里而已。渠虽尝奏数次，事成已无及矣。今便道告知浙省屠老大人，惜其遭此定作通吏名目者，如渠到彼，切望与贵寮长杨、韩二方及诸僚友一说。念一京闱解元，平日清雅好学，别无过恶，流落穷途，非仗在上者垂眄，情实难堪。俟好音到曰，或有出头之时，谅亦不忘厚恩也。兀中具此，不暇他及，惟冀心照不备。眷末吴宽再拜，八月十九日。

桃花庵故址

接着，将继室逐出家门，自云："有妒妇，斥去之。"接着生了一场大病，日益颓废，放浪形骸。隔年出游闽、浙、赣、湘等省，登祝融、匡庐、天台、武夷诸峰，成为吴门诸家中出游最多的一人。回家后，再欲出游，又病，更加郁郁不得志。乃至浪迹于花街柳巷之中，想在烟花场中寻找自己。他确付出一片真情，自然为他人所诟病。就在这时期，以卖文卖画为生，和朋辈饮酒赋诗，留下了他后半生的主要作品。

唐寅这时方才三十三岁，在皋桥北桃花坞谋筑桃花庵别业。和朋友在此中酬答吟咏，相传距此不远的荷花池，为其读书处。他在桃花庵中有著名的《桃花歌》[①]。还写了《把酒对月歌》：

我愧虽无李白才，料应月不嫌我丑；
我也不登天子船，我也不上长安眠；
姑苏城外一茅屋，万树桃花月满天。

唐寅四十四岁时，南昌宁王派使持白金来聘。宸濠于这年八月建阳春书院，听了术士李自然妄称，说他当为天子，这时正礼贤下士之际，特来苏礼聘。唐寅、谢时臣、章文等同往。抵南昌后，宁王开始很为礼遇，住在别馆。大约住了半年，唐寅看看苗头不对，遂佯作癫狂，宸濠曰："孰谓唐生贤，直一狂人耳。"遂遣之归。自南昌归来，自云："江西行，乘兴而往，败兴而

①桃花庵歌："桃花坞里桃花庵，桃花庵里桃花仙；桃花仙人种桃树，又摘桃花换酒钱。酒醒只在花前坐，酒醉还来花下眠；半醒半醉日复日，花落花开年复年。但原老死花酒间，不愿鞠躬车马前；车尘马足贵者趣，酒盏花枝贫者缘。若将富贵比贫者，一在平地一在天；若将贫贱比车马，他得驱驰我得闲。别人笑我忒疯癫，我笑他人看不穿；不是五陵豪杰墓，无花无酒锄作田。"

归。”百念皆灰，一心追求宁静，皈依我佛。隔了几年，南昌宁王果然反叛，王守仁等率部将其讨平，唐寅幸未遭牵连，避免了一场大祸。但日益颓废，生活也日益拮据。在寄友人画上题诗八首，是他当时贫困生活的写照：

阴雨浃旬，厨烟不继，涤砚吮笔，萧条若僧。因题句八首，奉寄孙思和：

十朝风雨若昏迷，八口妻孥并告饥；
信是老天真戏我，无人来买扇头诗。

青衫白发老痴顽，笔砚生涯苦食艰；
湖山水田人不要，谁来买我画中山。

荒村风雨杂鸣鸡，𬊤釜朝厨愧老妻；
谋写一枝新竹卖，市中笋价贱如泥。

书画诗文总不工，偶然生计寓其中；
肯嫌斗粟囊钱少，也济先生一日穷。

儒生作计太痴呆，业在毛锥与砚台；
问字昔人皆载酒，写诗也望买鱼来。

抱膝腾腾一卷书，衣无重褚食无鱼；
旁人笑我谋生拙，拙在谋生乐有余。

白板门扉红槿篱，比邻鹅鸭对妻儿；
天然兴趣难摹写，三日无烟不觉饥。

领解皇都第一名，猖披归卧旧茆蘅；
立锥莫笑无余地，万里江山笔下生。

——汪珂玉《珊瑚网》

按此诗所叙，唐寅已陷于几乎经常断炊之境。他的内心更为悲苦。先受不白之冤，又投奔后来反叛的藩王，无颜见人，既欲从佛教中解脱，又想在孤独中寻求安慰。自称“江南第一风流才子”，并治印留在画上。还印有“龙虎榜中数第一，烟花队里醉千场”，结果只能“举杯断愁愁更愁”。他晚年和朋友间很少往来，妻子离异，兄弟分炊，家住邻街小楼，惟求画者携酒造访，聚则酣畅竟日。这样的过度凄凉和曾经纵情声色，自然戕害了自己生命。于嘉靖二年（1523）十月二日，他写了绝笔诗：

生在阳间有散场，死归地府也何妨；
阳间地府俱相似，只当漂流在异乡。

——《唐伯虎全集》

诗成气绝，结束了这位旷世的风流才子凄苦欲绝的一生，享年五十四岁，为吴门几位画家中寿命最短的一人。

唐寅诗文成就很高，有《六如居士集》、《唐伯虎全集》等。后生奉为明四家和吴门四家之一，也有人称之为吴门画派四家之一。《明史·文苑》有传（见本书附录）。苏州沧浪亭“五百名贤祠”中有他的石刻像。在现在的苏州城西南、苏福路北侧有唐寅墓，为新中国成立后重建，列为省文物保护单位。陵园一角，画魂永驻，成为苏州旅游景点之一，春秋假日，人们纷纷去凭吊在这里长眠的艺术家。

唐寅存世作品很多，仅《唐寅画集》（上海人民美术出版社版）就收集了他的绘画作品三十六幅，扇面四帧。其中有《山路松声图》轴、《抱琴归去图》轴、《落霞孤鹜图》轴、《看卷听风图》轴、《石间上清吟图》轴、《李端端落籍

唐寅墓

图》轴、《东方朔图》轴、《陶穀赠诗图》轴、《骑驴归思图》轴、《秋风纨扇图》轴、《枯槎鸲鹆图》轴（藏上海博物馆）；《簪花仕女图》（藏南京博物院）；《沛台实景图》、《风木图》卷、《王鳌出山图》、《桐山图》卷、《毅庵图》卷、《幽山燕坐图》轴、《桐阴清梦图》轴、《王蜀宫妓图》轴、《墨梅图》轴（藏故宫博物院）等。

唐寅事迹除《明史》外，还有《唐子畏先生墓志》、《图绘宝鉴续纂》、《吴郡丹青志》、《艺苑卮言》、《无声诗史》等。

在介绍唐寅身世之后，不得不将他身后广为流传的艳事说上几句。看来似乎只有关唐寅，其实是涉及吴门画派的大事。

在唐寅身后不久，嘉兴收藏家、书画家项元汴（1525—1590），字子京，号墨林。写了一本《蕉窗杂谈》，其中说唐寅为追求官家一婢女秋香到吴兴卖身的故事，纯属子虚乌有。项元汴生于唐寅殁后两年，写此书时一般应为三十岁后，距唐去世不过三十余年，嘉兴离苏州不远，文徵明此时或许尚未辞世，文彭、文嘉更还健在；不知此公何以为此？接着又出现了一个叫尹守衡的，他在万历年间任新昌县知县，著有《史窃》一书，其中也有唐寅为佣配秋香故事。他与唐相去也不过五六十年。以上还都是笔记。冯梦龙（1574—1646），更以"唐解元一笑因缘"小说问世。他是苏州人，离唐寅时代也不过四五十年。到了后来，《四杰传》、《三笑因缘》、《九美图》等书陆续问世，街头坊间的评弹更早为此故事增艳附丽，由"一笑"扩为"三笑"，逐步达到家喻户晓地步。还出现了后来的华太师、大呆二戆等人。我们只要弄清这几个人，一切就会大白于天下了。华太师确是有的，他名叫华察（1497—1574），字子潜，号鸿山，无锡人。嘉靖进士，选庶吉士、兵部郎中、翰林修撰，后至侍读学士和掌南院事。确实可以称为"太师"，可惜他小了唐寅二十六岁，在他成为进士那年，唐寅已过世三年。至于华察之子也是有的，他名叔阳，字起龙，也是少年科第，隆庆二年（1568）进士，官礼部主事，有书行世，并不是什么戆呆之辈。至于周文宾，是杭州说书之人硬加上去的，至于秋香，则完全是张冠李戴了[①]。那么这些艳闻的根据究竟是什么呢？

①祝枝山有《秋香便面》一诗提及秋香，徐已发注曰："秋香，成化间南京旧院妓也。"另《无声诗史》还说此秋香姓林名奴儿，还学过画。绝非"华太师"家婢也。

当时苏州确有两人扮作佣人追求婢女的实事。一是当时苏州有叫陈元超的，他是位贵公子，“外父吏部，正柄国尊显”。他正是做这样“出名教外”的事，后来他所追的婢女的主人知道他的身份，“大骇……亟治百金装，并婢赠之”（见王行甫《耳谈》）。二是江阴有叫吉道人的，也是官宦子弟，也这样追求婢女，后来其主人（也是宦官之家）也“具数百金装，送秋香归之”（见姚旅《露书》）。此文作者也说：“予畏为人固放诞，实未尝如此。”可是这些贵公子却是无名之辈，这些艳事如实地放在他们头上，也实在天下太平，使人了无兴趣；而唐寅却是闻名遐迩的风流才子，他如和此事联系起来，岂不更为动人视听？

看来问题正是如此，编故事的人才这样煞有介事，听者才这样津津有味。但这里还有几种说法。第一，祝枝山挽诗中有云：“高才剩买红尘妒，身后犹闻乐祸人。”意思是说有人嫉妒，有意诽谤。当然不能排除此事，但嫉妒者恐怕也没有这样能使众人听从之力。第二，《明史》在《唐寅·文苑传》结尾说：“寅诗文，初尚才情，晚年颓然自放，谓后人知我不在此，论者伤之。”又说，“吴中自枝山辈以放诞不羁为世所指目，而文才轻艳，传说者增益而附丽之，往往出名教外。”很显然，前段话的意思是出于对唐寅身世的同情。可是唐寅在故事中似乎并未被怜悯，而是为人们钦佩和欣赏的风流人物；后一种说法则是因为唐寅等辈“放诞不羁”、“文才轻艳”，其实明代文人放荡的很多，唐、祝二人从未这样做过。说得最完备的当属现代人何满子，他在《古代白话短篇小说集》的评解中，分析唐寅与秋香故事所以受人欢迎原因时说：

> 第一，小说的主角（指唐寅）是一个名闻遐迩的杰出艺术家，人民是爱重这样一个为祖国创造了优秀精神财富的人物的，因此，也乐意知道他的生活、他的轶事乃至捕风捉影的传说。第二，这小说所叙述的行为是打破常规的。以他的声望他可以通过正当的途径，向一个乡宦去聘娶这位婢女，可是他却采取了卖身为奴、亲身去寻求的出人意料的方法，而且达到了目的。第三，这位大艺术家所追求的，不是一位千金小姐，却是一个身份卑微的婢女。虽然，学士家的婢女不见得比民间的贫家女儿条件差，一个有身份地位的人降尊纡贵去追求一个奴仆队伍中的女人，无论

如何是打破了封建等级的“玩世”行为。这行为使在森严的等级制度下处于下层人民扬眉吐气。

这篇评解最后引用了一种旧版石印的《三笑因缘》唱本四句歌词：

多少闺客千金女，不及秋香小丫头；
卖身投靠只为俚，毕竟才子最风流。

这段评论的核心是因为唐寅是位大艺术家，他的艺术作品为人民所欢迎，他本人又玩世不恭，岸然对待人生，身世却又如此悲凉，人们便阴差阳错地把一些艳事附在他的身上，创造了一个理想、完美、幽默的艺术形象。于是唐寅便在人们的希冀中永生了。

苏州故作家周瘦鹃写道：

古来画家谁有名？数来数去唐伯虎。

说的确是事实。可是如果只说唐寅因艳事而传，也只是表面现象，说他因绘画而传，才是事物的本质。而唐寅的绘画又是和吴门画派紧紧相连的，因此说，这就不仅仅只关唐寅的事了。

第四节　画中之“王者”仇英

仇英（约1498—约1552），字实父，号十洲。原籍太仓，后移居苏州。因为他是少见的非读书人出身的画家，其生卒年月乃至年岁均无文字相传，加上他本人在画上的题款很短，以致这些成为美术史上一个悬案。据今人徐邦达考证，仇英约生于弘治十五年（1502）或十六年（1503），曹复瑰编的《文徵明画系年解说篇》所载，他约生于明弘治八年（1495），比徐说提早了七八年。这些也就和清人勅编的《秘殿珠林》所记有了矛盾。这书记载当时大内藏有少见的有系年的仇英的一幅画，画上有祝允明题跋，写明时间为正德二年（1507）。这样，按上面考证，仇英这时才四至五岁，自然是不可能的

仇英像

事[①]。仇英主要活动大致在1521—1565年间，却是不会错的。

关于仇英的生平，《清河书画舫》和《无声诗史》都说他“其出身微，尝执事丹青”。《虞初新志》说他“其初为漆工，兼为人彩绘栋宇，后徙而业画，工人物楼阁”。后来当时职业画家周臣发现他很有才能，也就教他学画。唐寅也许这时和他有所交往。据《式古堂书画考》记载，正德四年（1509），这年正好沈周逝世，仇英此时不过十六岁左右，即与唐寅合作画《桃渚玩鹤图》卷，唐画布景，仇英画桃渚玩鹤背影。可见仇英早就显出绘画才能。后来文徵明也对他十分器重。《大观录》说他“初学画，即见器于文太史，父子为之延誉”。《秘殿珠林》也说“十洲少即见赏于衡翁”。当文四十八岁时，在画《二湘图》之前，曾叫仇英先画。因文徵明在看了赵孟頫画《湘君湘夫人》一画后，认为画得“调极高古”，也很想画出这样味道。可是发现仇英虽画得“极精工”，仍不合己意。邑人王穉登在文徵明后来画好的画上跋云：“少尝侍文太史，谈及此图云，‘使仇实夫设色，两易纸皆不满意，乃自设之以赠王履吉’。”这是很正常的事，因为仇英当时年纪很轻，作画尚无多少经验，但也可见文徵明对他的器重。

唐寅和仇英两人关系一直很好。仇画过一幅《白描仕女》立轴，画“牡丹一丛，瘦石一笋，古装仕女，独立花下，姗有仙骨”。唐题诗云：“偶随蜂蝶驻花阴，长日深闺不见春；病酒玉杯贪睡去，沉香亭中断无人。”他和祝允明关系也很好，祝常在他画上题字。曾冒着眼疾为他题画。值得注意的是在嘉靖二十六年（1547），嘉兴项元汴请仇英到他家去复制和临摹古代名画。项是明代私家收藏的巨擘，他收藏书画之所名“天籁阁”，所藏书画精品，都盖上特有的印章，往往成为后人辨别书画真伪的重要标记。据说仇英在他家

①仇英的生卒年尚有两家各不相同之说。胡艺推定他生于成化十八年（1482），卒于嘉靖三十五年（1556），享年七十五岁；周道振认为生于弘治十三年（1500），卒于嘉靖三十一年（1552），享年五十三岁。按彭年为仇英《职贡图》所作的题识印证，徐氏认定仇之生年大体可信，但卒年与其他物证不符。现推断仇可能生于弘治十一年（1498），卒于嘉靖三十一年，享年五十五岁。

里至少临摹了十余年之久。项的孙子项声表说:

> 仇十洲先生画，实赵吴兴后一人。馆饩余先大父墨林公帏幕中者三四十年，所览宋元名画千有余矣。
>
> ——《大观录》

文中所说三四十年，可能是十三四年之误。仇英的寿命绝没有如此之长。但“所览宋元名画千有余”，确使仇英如鱼得水。接着一位叫陈官的长洲人，对仇也极其佩服，也请仇英为其作画。“馆之山亭，屡易寒暑，不相促迫”（《大观录》）。仇英的临摹能力很强，董其昌称赞说：“实父临照，如狮子捉象，用其全力，无不肖似。”当时苏州一些赝品每假款仇英，可见其影响之大。他的《临萧照高宗中兴瑞应图》卷，藏故宫博物院，实为我国古代画苑中一件不朽之作。

仇英不仅对文徵明、唐寅、周臣等人始终怀尊敬和深厚友谊，他们常常合作画画。仇英还和同辈文嘉、王穀祥很要好。如嘉靖二十二年（1543），上述几人一齐来访仇，仇以刚画成的《钟馗图》相示，王穀祥赞赏不已，仇即以此图赠之，陆治乘兴为之补景。画完后他们带着画去见已经七十六岁的文徵明，文遂为仇书草窗诗（见《壮陶阁书画录》）。也就在这一年，仇英为昆山人周于舜画赵孟頫以手写般若经与上人换茶图，还请文徵明书《心经》与画合卷（现藏英国克里夫兰博物馆）。嘉靖三十年（1551）七夕，仇英为周天球补祝允明、王宠、文徵明、陆师道、蔡羽、彭年六家小楷，各为一图。可见仇英和吴门画家之间交往始终不衰。

仇英逝世估计为嘉靖三十一年（1552）秋冬之际。根据彭年于此年为仇英所题：“右《职贡图》，十洲仇君实父画，实父名英，吴人也。少师东村周君，画得其法，尤善临摹。东村既殁，独步江南者二十年，而今不可复得之。”（《大观录》）彭年，长洲人，字孔嘉，为文徵明挚友，以词翰名。与仇英同时且有往还的文嘉题仇英画有句云：“盛年遂凋谢。”董其昌则说“仇英知命”，“知命”则五十岁，相距不是太大。如果这样推论不错，则早前文徵明七年谢世。

仇英的家事记载很少，身后的墓地也无处可寻。只说仇英有一女，号杜陵内史。《吴郡丹青志》说他“绰有父风”，赞道“翱翔画苑，寥乎罕矣”。誉为“窈窕之杰”。另外，《图绘宝鉴续纂》、《珊瑚网》和《式古堂书画备考》等书记载，仇英还有一孙子，名仇世祥（一名聋子），说他“亦善画”，其他就不知了。继仇英画法的人不多，只是沈硕、程环、尤求、沈完等。尽管苏州沧浪亭“五百名贤祠”中没有他的刻像，但《吴中乡贤遗像》中却有他的画像。他的画留下极多。仅《历代著录画目》一书所记就有五百余幅。后世人们尊他为“明四家”之一，也应列为吴门画派四家。

本节题目中称仇英为画之“王者”，这是出于董其昌的原话。董有着明显的“贬北褒南”、“贬吴门褒松江”的倾向，但他又是深切理解艺术并且尊重艺术的人，因而对仇英的评价充满矛盾。一方面说：“实父作画时耳不闻鼓吹阗骈之声，如隔壁钗钏顾其术，亦近苦矣。年行五十，方知非此一派殊不可习，譬之禅定。积劫方成菩萨。非如董、巨、米三家可一超直入如来地也。”但又不得不承认：“仇实父是赵伯驹后身，即文、沈亦未尽其法。”他更说：

> 李昭道一派，为赵伯驹、伯骕，精工之极，又有士气。后人仿之者，得其工，不能得其雅，若元之丁野夫、钱舜举是已。盖五百年而有仇实父，在昔文太史亟相推服。太史于此一家画，不能不逊仇氏，故非赏誉增价也。
>
> ——《画禅室随笔》

董其昌赞誉仇英之画系继承“精工之极，又有士气”，“文、沈亦未尽其法”、文徵明“于此一家画，不能不逊于仇氏”，而且这样说并“非以赏誉增值”，最后他又说“五百年而有仇实父”，“五百年”此语出自《孟子·公孙丑·下》“五百年必有王者兴，其间必有名世者”，竟将仇英称为画中之“王者”了。这是董其昌少见的对一画家的评价，可见仇英不愧为吴门画派四家了。

仇英存世作品有《人物故事图》册、《临溪水阁图》、《职贡图》卷、《玉洞仙源图》轴、《归汾图》卷、《临萧照高宗中兴瑞应图》卷、《莲溪渔隐图》轴、《桃村草堂图》轴（以上藏故宫博物院）；《独乐图》（藏美国克里夫兰美术馆)；《琵琶行图》、《浔阳送别图》(藏美国纳尔逊美术馆)；《九成宫图》卷(藏日本大阪市立美术馆)等。

仇英事迹见《图绘宝鉴续纂》、《无声诗史》、《吴郡丹青志》、《艺苑卮言》。

吴门画派的四位代表画家从明天顺八年(1464)，这是吴门画派开山人物沈周现存第一幅作品之时，设定这一年为吴门画派开始之年，到文徵明逝世之年(1559)，这一画派的代表画家均已逝世，共为九十五年。这当是吴门画派的鼎盛时期。这一画派尚有不少画家，也在这一期间和沈、文共同在艺坛上耕耘，也应该加以简单介绍。

第五节 后继有人的吴门画家群

本节再来介绍在吴门画派盛期活跃的后继画家群，他们的人数不少，这里只先简略介绍其中的陈道复、陆治、文伯仁、谢时臣、文嘉、周之冕、王穀祥、钱穀、周天球、陆师道、居节和朱朗等人。先行介绍其简略生平，其代表作品将陆续陈述：

陈道复(1483—1544，一作1488—1539)　原名淳，字道复，后以字行，更字复父，号白阳山人。长洲庠生，其父陈璚为御史大夫。少年时即对经学、古文、诗词、书法，靡不精研通晓。他拜文徵明为师，文尝笑曰："吾与道复仅举业师耳，其书画自有门径。"他的山水画初受文徵明影响很大，后来不囿于老师画路，自立于法度之外。他生性"不为效颦学，而萧散闲逸之趣，宛若在目。天才秀发，下笔超异"(《吴郡丹青志》)。他的花鸟画成就最高，花叶扶疏，极为生动，具有新的艺术风韵。人们称之为"大写意法"，与浙江的徐渭并称"青藤白阳"。他的山水画少年时学元人，中岁时学大小米、高克恭、黄子久、王叔明笔意，笔迹放纵，淋漓疏爽，潇洒清劲。

陈道复子陈栝，字子正，号沱江，饮酒纵诞，有竹林之习。能诗善画，长于花鸟，笔致放纵，饶有生趣。王世贞、姜绍书都认为他写生花卉似胜于父。惜其年不永，先道复而卒，遗作更为人珍视。尝绘《杜鹃花》一幅，自题曰："绿罗轻剪怯春寒，红汗新妆胜渥丹；不是春心向花托，认将蜀锦簇为团。"

陈道复传世作品有《葵石图》轴、《红梨诗画图》卷、《墨花钓艇图》卷

（以上均藏故宫博物院），《山茶水仙图》轴（藏上海博物馆）；《罨画山图》卷（藏天津市艺术博物馆）等。陈栝作品有《梨花白燕图》卷（图录于《中国绘画史图录》下册）；《梨花白燕图》卷、《为肯山作山水图》轴（藏故宫博物院）；《菊石图》轴（藏天津市艺术博物馆）等。

陈道复记载见《明史·本传》、《苏州府志》、《陈氏家谱》、《白阳先生墓志铭》、《吴郡丹青志》、《图绘宝鉴续纂》、《詹事小辨》、《苏州名贤画像册》等。陈栝记载还见《明画录》、《画史会要》、《弇州山人稿》等。

陆治（1496—1576）　字叔平，号包山子，居太湖包山。诸生，为人倜傥好义，以孝友著称。曾从文徵明学诗文、书画，名几与文相埒。尝筑室支硎山下，云霞四封，流泉回绕，手艺名花数百种，尤以名菊自遣，岁时佳客过从，即迎至花所，不喜与贵交酬应。山水早期学徵明仿宋的一路画，后来变为带有峭秀之气而自成一家。《无声诗史》谓其“山水喜仿宋人而出己意，风骨涌叠而不免露蹊径”。说陆在仿宋人并不确切，他是在画山石和树枝时喜用尖峭线条，很少渲染，因而显得刻露。王世贞批评他“真而不妙”，也很有道理。他工于田园描绘，将农村景色的描绘和他的隐逸之气结合起来。整个画面飘逸清淡，但稍嫌清淡，也不失为新的画风。他也擅画花鸟画，工笔写意，均具生意。

陆治传世作品有嘉靖十九年（1540）作《竹林长夏图》轴（图录于《中国绘画史》下册）；《幽居乐事图》册、《竹林长夏图》、《芙蓉鸳鸯图》轴（以上均藏故宫博物院）；《青绿山水图》轴及《雪峰林谷图》、《杏林春鸣图》二幅（现均藏上海博物院）；《琵琶行图》卷（藏美国弗利尔美术馆）。

陆治事迹见《吴县志》、《画史会要》、《图绘宝鉴续纂》、《无声诗史》、《苏州名贤画像册》、《弇州山人续稿》等。

文伯仁（1502—1575）　字德承，号五峰、葆生、摄山老农。文徵明侄。性暴躁，“好使气骂坐，人不能堪”；少年时曾与文徵明相讼，一度系狱。出狱后，生了重病，大约有些后悔，为了挽救叔侄关系，自己也想学画，就诈言梦见金刚神呼其名曰：“汝前身乃蒋子诚门人，凡画观音大士像，非斋戒不可落笔，种此善因，今后当以画名世。”（按：蒋子诚，确系永乐年间宫廷画家，尤擅画水墨观音像，他和赵廉、边景昭花鸟为禁中三绝。）文伯仁将这梦话讲出去，“而事亦解矣”。于是便跟文徵明学起画来。他好画山水，宗王蒙，学“三赵”（令穰、伯驹、孟頫），笔力清劲，岩峦郁茂，布景奇兀，时以巧思发之，能传家学。横披大幅颇负出兰之誉。善画人物，亦能诗。尤为可贵者，他的山水画能有生活气息，为古之山水画中所罕见。

文伯仁传世作品有《泛太湖图》轴、《南溪草堂图》卷（均藏故宫博物院）；《万山飞雪图》（藏日本东京国立博物馆）；《都门柳色图》轴（图录于《中国绘画史图录》下册）；《溪山仙馆图》轴（图录于《中国名画宝鉴》）；《为怀容写山水》轴（藏苏州博物馆）等。

文伯仁事迹见《画史汇要》、《无声诗史》、《图绘宝鉴续纂》、《文氏族谱续集》、《珊瑚网》和《明画录》等。

谢时臣（1487—1567）　字思忠，号樗仙。能诗擅画。山水画学沈周，得其意而稍变。设色浅淡，人物点缀，冲和潇洒。他善于画水，江湖海潮，俱见其妙。他擅作大幅，笔力雄壮，运用自如。《无声诗史》说他“颇有胆气……气势有余，韵秀不足”。但他在吴门画家中，也是有影响之人。徐渭在评论他时说：“吴中画多惜墨，谢老用笔颇侈，其乡讶之。观场而短者相附合。十之八九，不知画病不病，不在墨重与轻，在生动与不生动耳！”（《书谢叟时臣渊明卷》）可见谢的作品确是有着动人之处的。

谢时臣传世作品不少。有《策杖寻幽图》轴、《山水图》轴（均藏故宫博物院）；《溪山览胜图》轴（藏南京博物院）；《雅饯图》（藏天津市艺术博物馆）；《鸿濛奇遇图》（藏中国美术馆）；《夏日飞瀑图》（图录于《中国绘画史图录》下册）。

谢时臣事迹见《图绘宝鉴续纂》、《无声诗史》、《艺苑卮言》、《明画录》和《珊瑚网》等。

文嘉（1501—1583）　字休承，号文水，文徵明次子。以贡生为吉水训导，后为和州学正，继承家学，善诗文，工小楷，能鉴定古迹。山水画成就十分突出。笔法清脱，近似倪瓒；着色山水，具雅淡之致，间仿王蒙皴染，亦颇秀润。亦作花卉。七十四岁时作《临董源溪山行旅图》轴，上题一段自识：“旧见董北苑溪山行旅图，今仿佛为此，甚愧不能似也。”其画虽似董画，但也可见文徵明细笔山水之致。画史认为是“真士流之作”，不愧为文徵明家传高手。文嘉之兄文彭（1498—1573），字寿承，号三桥，别号渔阳子、国子先生，以明经廷试第一，授秀水训导，官国子监博士。家学渊源，笔画苍郁，有似吴镇。善写花果，也善写竹，但他的画名为篆刻声名所掩。世称其为流派印章的“鼻祖”。

文嘉传世作品有《赤壁夜游图》（藏南京博物院）；《沧江渔笛图》（藏上海博物馆）；《临董源溪山行旅图》（图录于《中国绘画史图录》下册）；还著有《钤山堂书画记》。文彭传世作品有《兰竹图》（图录于《晋唐五代宋元明清名家书画集》）。

文嘉事迹见于《明史·艺文志》、《画史会要》、《无声诗史》、《图绘宝鉴续纂》、《文字族谱续集》、《吴中往贤像赞》和《詹氏小辨》等。文彭除无《明史》记载外，其余大致相同，尚有《珊瑚网》和《式古堂书画备考》等。

周之冕（生卒年不详，死于万历末年）　字服卿，号少谷。只知他家贫嗜酒，工古隶，善画花鸟，于家中蓄养禽鸟，不时加以观察，体验其饮啄飞止之状，故所绘禽鸟生动异常，笔下具有生意，还创“勾花点叶法”。王世贞论其画曰：“胜国（指明代）以来，写花鸟无如吴郡。吴郡自沈启南之后，无如陈道复、陆叔平，但道复妙而不真，叔平真而不妙，之冕似能兼撮二子之长，特以嗜酒落魄，不为世所重耳。”他确将陈道复、陆治之画法熔为一炉，设色鲜雅，蹊径异趣，斐然成家。实为神宗、万历年间吴门之花鸟画高手。

周之冕传世作品有《百花图》卷、《竹林雄鸡图》（藏故宫博物院）；《桂子图》轴（藏南京博物院）；《芙蓉鸭图》轴（图录于《中国绘画史图录》下册）；《墨花图》卷（藏天津市艺术博物馆）等。

周之冕的事迹见《画史会要》、《图绘宝鉴续纂》、《无声诗史》、《弇州山人续稿》等。

王穀祥（1501—1568）　字禄之，号酉室。嘉靖八年（1529）进士，官吏部员外郎，改吏部议制司，以母病告归，屡荐不赴。性敏好学，喜作古文辞，他善写花鸟，长于写生。构图匀称简洁，笔力凝练洒脱。一枝一叶，渲染都有法度，枝叶具有生色。人品画格为士林所重。中年后绝少落笔，流传多为赝品。

王穀祥的传世作品为《花卉图册》（藏故宫博物院）；《水仙图》（并赋）（藏中国美术馆）；《翠竹黄花图》卷（藏上海博物馆）；《花卉图册》（八页）（藏辽宁省博物馆）；《桂石图》轴（图录于《中国绘画史图录》）等。

王穀祥事迹见于《姑苏名贤小记》、《图绘宝鉴续纂》、《无声诗史》、

《艺苑卮言》、《明画录》等。

钱榖（1508—？）　字叔宝，号磬室子。少孤贫失学，壮年始读书。听说人有异书，虽病必强起借观，开始抄写，日夜校勘，至年老不衰。后来从文徵明学画。山水画早期爽朗可爱，后期画风温润柔和，具有文人画气韵。虽受文徵明的影响，但功力很深，成就不低。文徵明每过其室，因不善生计，家贫，遂题其室曰“悬罄”，他因此为号，自得乐趣。王世贞对他的画很为器重。称其为画苑“董狐”（按：董狐，为春秋晋国史官，以正直治史著称）。每见其画，必加以品题。

钱榖存世作品有《求志园图》（图录于《中国绘画史》下册）；《虎丘前山图》轴（藏故宫博物院）；《虎丘图》轴（藏天津市艺术博物馆）；《渔乐图》（藏美国克里夫兰博物馆）；《赤壁赋图、文徵明行书赤壁赋》合卷（藏首都博物馆）；《竹林觅句图》（藏中国美术馆）；《避暑图》（藏法国吉美博物馆）等。

钱榖事迹见于《明史·文徵明传》、《明史·艺文志》、《苏州府志》、《无声诗史》、《图绘宝鉴续纂》和《冯元成集》等。

周天球（1514—1595）　字公瑕，号幼海，一作幻海。诸生，以诗文书画名世。少年时，拜文徵明为师，学习书法。写兰草，宗赵孟頫法，飞舞入妙，花卉亦佳。善写兰，得郑思肖品格，墨花亦佳。《明画录》说：“墨兰一种，自赵松雪（孟頫）后失传，惟天球独得其妙。”其书法成就很高，徵明尝曰：“他日得吾笔者，周生也。”天球善大小篆古隶行楷，晚年能自辟蹊径。一时丰碑大碣，无不出天球之手。继徵明而表表吴中者也。

周天球存世作品有《墨兰图》轴、《丛兰石图》卷（均藏故宫博物院）；《兰花图》卷（藏南京博物院）；《墨兰图》轴（上有蒋明益、文从先、陆士仁、王穉登等十二家题诗，图录于《中国绘画史》下册）；《水仙竹枝周天球图》（藏辽宁省博物馆）等。

周天球事迹见于《明史》、《画史会要》、《无声诗史》、《图绘宝鉴续纂》、《冯元成集》等。

陆师道（1517—1580）　字子传，号元洲，更号五洲。嘉靖十七年（1538）进士，授工部主事，改礼部仪制司，以母病告归。过十四年，始再出仕，官至尚书少卿。师道自幼好学，自九流七略，稗官黄衣之属，无所不窥。手抄典籍，先后积数千百卷。又习书，小楷及古隶皆精绝。得颜真卿《麻姑仙坛记》法而以色润之，遂名噪一时。旁通绘事，直逼宋元。时文徵明居家，师道登其门，拜文为师学画。当时有人说他：业已贵，何必折节去拜一个文艺家呢？师道曰："子言之误，夫文先生以艺藏道者也，自吾见文先生，无适而非师也者。"奉之甚笃，文待陆益厚。陆尽得其法，山水淡远类倪瓒，秀丽者似赵孟頫，人谓文徵明诗、文、书、画四绝，而师道皆传之。

陆师道存世作品有《溪山图》轴（藏故宫博物院）；《携卷对山图》、《书画论山水》轴（均著录于《石渠宝笈》）等。

陆师道事迹见《无声诗史》、《姑苏名贤小记》、《弇州山人续稿》和《苏州名贤画像册》等。

居节（约1524—约1585）　字士贞，一作贞士。号商谷。工诗，善画。少时从文嘉学画，文徵明见其运笔，惊之，遂授以法。为文徵明高足弟子。《无声诗史》说他"尚气节，虽窭甚，惟以丹青自娱，不曳侯门裾"。晚年触犯织造太监孙隆，家破，即在虎丘南村租屋数间，悠然自得。或绝粮则晨起画《疏松远岫》一幅，命僮易米以炊，竟以穷死。山水画法简远，颇带宋人韵致。认为可以与朱朗、侯懋功比美。

居节存世作品有《山水图》轴、《山水图册》（均藏故宫博物院）；《品诗意图》（图录于《中国名画》）等。

居节事迹见《苏州府志》、《无声诗史》、《珊瑚网》。

朱朗　字子朗，号清溪。学画于文徵明，为入室弟子。善画山水，尤善模仿文徵明画，极为相似，所作山水画多作师名，亦可见其功力深厚。亦擅作写生花卉，鲜妍有致。《画史会要》说他"多作青绿山水，峰岫皴法不清，树无动摇之势，刻板之病恐不免耳"。

朱朗传世作品有《赤壁赋图》卷（藏故宫博物院）；《为绍谷作山水》轴、《群仙祝寿图》卷（均著录于《古代书画过目汇考》）；《齐门图》（图录于《诸名贤寿文衡山八十诗画册》）等。

朱朗事迹见《苏州府志》、《吴县志》、《无声诗史》、《明画录》、《画史会要》和《珊瑚网》等。

以上举出的吴门画家第二代，其中不乏全国有影响力、能够开宗立派的大家。他们当中艺术活动最长的，已生活至明万历年代（1573—1615），即到了公元17世纪。由此而后，更呈盛极而衰之势。邻近的松江画派已开始崛起，但这里陆续仍有斐然可观的画家出现，只能留待后面介绍了。

第六节 吴门画派主要画家的艺术特点

在叙述了吴门四家和他们后继画家的生平概况之后，我们再来认识一下他们特别是前四位代表画家的共同特点。找出他们与以往画家相同和不同之处，是非常有意思的事，因为他们全部的艺术走向都是由这些特点决定的。

下面就四位主要代表画家的特点，概括如下：

第一，他们都是文人。沈周、文徵明、唐寅均诗、书、画、文皆精，还是明代有数的诗人、文学家和书法家。他们的作品，也就具备了成为文人画的条件，和南宋画院、浙派画家有很大的不同。有些美术史家研究后认为，南宋画院基本上没有文人画家，看来浙派画家也只能这样。吴宽不是这样说了么，沈周正是以能在画上题诗为句才取代浙派的。南宋画院和浙派画家，大多奔走于宫廷，俯仰于显贵，纵然能够为文，也不能畅所欲言，一不小心即遭横祸。戴进仅因为替画中的渔翁穿上红袍，便失去皇帝的垂青。而这位皇帝还是行家明宣宗朱瞻基，如遇其他外行皇帝，也就更加别提了。沈周和唐寅都是终身布衣，文徵明也不过做了两年文官，基本上也是市民一生。当时已没有明初那样文网，一般说来，是思之能画，言之能畅。他们没有上述画家那样俯仰于人的束缚，又有七步能诗之才，岂不纵情于抒发胸中情怀？近人陈衡恪认为："文人又其个性优美，感想高尚者也。其平日之所修养品格，迥出于庸众之上，故其于艺术也，所发表抒写也，自能引人入胜，悠然起澹远幽微之思，而脱离一切尘垢之念"（陈衡恪《文人画之价值》）。陈氏之言，关于"庸众"之词，实失之偏颇，但关于对文人之叙述，也有其道理。在这方面，吴门画家和元画家颇为近似，但由于时代之不同、处境之迥异，也就不可同日而语。总之，这是吴门艺术的本源所在，是我们必须认清的。仇英因为出身特殊，未见这方面记载，但从他的作品来看，其文化素质一定是很高的。吴门画派后继人物也有不少是诗人、书法家，还有诗、书、画、文皆精的。

第二，他们既受儒家的影响，又受佛、老、道家的影响。早在元至正二年（1342），天如禅师建狮子林作为禅门圣地时，许多画家皆题诗吟咏，后来到了沈周、文徵明时，时间已逾百年，他们还都在画上题跋，足见佛教对吴门画家影响深远。沈周一生好与方士交，每进城或到杭州、常熟、宜兴等地游览，都借宿僧舍。十四岁时即与西禅寺僧明公相识，后入城均借宿于此。四十八岁时，沈画图并赠之诗："每忆西禅地，城中人不知。香炉供课佛，茗碗博题诗。嗜谈黄金远，心闲白发迟。劳生堪自薄，令我羡吾师。"可见其对方外倾心之情。六十岁时，朋友为其祝寿，沈周"头戴山谷巾，白练羽服，古玉钩腰间条，足蹑丝履，望之如神仙中人"。文徵明学有家传，其父很精《易》数，他的文学老师吕常及好友蔡羽也对此很有研究，徵明本人对《易》也很内行，还有友生陈公度特负笈前来向他求教。他在六十九岁时还书老子传，八十七八岁时，两次书《金刚经》，可见信仰佛事之诚。唐寅更一度皈依佛门。仇英的记载不多，但他于晚年时还在画《心经》，还央文徵明书《心经》与其画合卷。总之，他们既受儒家中庸之道的影响，又具有明确的道释道德观，这本是那时文人固有的道德修养，在这方面，吴门画家和元四家倒颇为相近。黄子久曾加入全真教，还在苏州等地开设教堂，他深通教义，晚年还"与陈存甫论性命之理"。干得颇为卖力。吴镇只以在嘉兴杭州一带卖卜为生。倪瓒的长兄为学道书院山长，据说他本人也加入全真教，后又投向佛教："嗟余百岁强过半，欲借玄窗学静禅。"（《送盛高霞》）但吴门画家和黄、吴二位不同，他们不是以此为业（唐寅就说过"不练仙丹不做禅"之语），而是他们人生观、世界观的组成部分。因此，他们的思想境界也就充满了不少矛盾之处。无不受到诸如"谦谦君子"，"不承其德，或承其羞"以及"无平不陂，无往不复"这些哲理的影响。对艺术对世事，采取中庸明达宽厚的态度。

第三，和元人不同，吴门画家关心国事。沈周年轻时，即遇国兴则喜，遇国难则悲。二十三岁时，闻"土木之变"，作《己巳秋兴》诗，寓忧国之思。六十二岁时，闻弘治改元，对朝廷寓以厚望。又闻朝廷纵飞百禽，作"纵禽"诗，以"歌颂圣化"。但自身却不愿跻身仕途。二十九岁充任粮长之职，六年后得释，大喜非凡，比之为"鸿鹄逃网罗"，又有诗给友人，表示释后之乐趣。对民间疾苦则一向甚为关怀，"里人有急难，不问谁何，辄捐囊中钱以佑之。天寒雨雪，望里中突不烟者，则呼苍头课其困廪而致焉，曰：'余固不能独饱也。'"(《无声诗史》)文徵明本想科举成名，但一涉足仕途，即急流勇退。后来虽然安心作画，但仍对国家命运很为关心。当时宦官横行霸道，他仗义执言："中官出镇者，怙恩骄恣，多所鱼取，围夺纵横，最为民病。"(《毛公呈行状》)逝世当月还书岳飞《满江红》词。唐寅也是本拟金榜题名，遭打击后断然不肯为吏。四十三岁时，日本友人重彦三郎归日时他作诗送之："萍踪再度到中华，归国仍将涉历夸。"(原迹现存日本京都国立博物馆)显示了以中华为傲的爱国之情。他也了解民间疾苦，画了《江南农事图》，题诗曰："四月江南家事兴，沤麻浸谷有常程；莫言骄细全无事，一夜缫车到天明。"到了四十九岁时还吟"二十年余别帝乡，夜来忽梦下科场"，而"钟声敲破邯郸梦，依旧残灯照半林"(《唐伯虎全集》)，可见仍心存魏阙。这些在元代画家身上是不见的。元代士人对参与国家的态度，正如元曲中所说："体乾坤姓王的由他姓王，他夺了呵夺汉朝，篡了呵篡汉邦，到与俺闲人每留下醉乡。"他们追求高逸，超凡脱俗，自然与普通民众之间掘下一条鸿沟。

第四，吴门画家生活在繁华都市，又正值资本主义萌芽开始孕育之时，人们观念开始有所变化，思路有所开拓。沈周家本是当地较大的地主。他在《四十二岁像赞》中说："我尚假农有禾一廛，有豆一区。"(《石田稿》)一廛，约为百亩；一区，一丘而已。后来家道中落，甚至到了靠别人资助才能葬父的地步。在这种情况下，自然要在卖画上寻求出路了。文徵明看来家无田亩，父死后期望科考成名，孰知近三十年间，均名落孙山。卖画、卖字、卖文就成为生活的主要来源。唐寅更长期以笔耕为生，三十六岁时，为歙人王友格撰《王氏泽富祠堂记》之末云："弘治乙丑，余行旅过徽，友格以币交，帮为记其事云。"仇英当然自是职业画家。记载他一幅画有时得"百金"，还有一幅得"五十金"。其收入应该相当不错的。晚年在陈官家作画，订件人还有周六官、徐宗成、王献臣、朱子羽等，包括官吏、富商、收藏家、布衣等各阶层人物。所有这些，也和元人有所不同。王蒙、倪瓒出身富家，后来四处漂泊，仍然矜持其富家习惯。黄子久虽早年也奔于仕途，失意后专攻于画，尽管乐意与上层和有名文人交往，但也不愿卖画为生；吴镇生性爱好孤寂，也希望其画为人识尝，可仍不屑寻求笔耕一途。而吴门画家这样走上"以画养画"的道路，必然将他们引入全新的绘画机制，从而影响或丰富了他们的绘画。后面将有专门论述。

第五，他们十分热爱家乡。苏州向为风景名胜之区，文化荟萃的繁华之邦，风流繁华之地。吴门画家为生活在这里而自豪。文徵明不无自豪地写道：

> 吾吴为东南望郡，而山川之秀，亦惟东南之望。其浑沦磅礴之声，钟而为人，形而为文章、为事业，而发之为产物，益举天下莫之与京。故天下之言人论、物产、文章、政业者，必首吾吴；而言山川之秀，亦必以吴为胜。
>
> ——《文徵明集》

这是何等自豪的心情，吴门画家日夕徜徉其中，秉受吴中山水和人文环境的熏陶，家乡景色自然也成为他们取之不尽的艺术矿藏。南宋画家活跃在杭州，西湖秀色自然是人间之胜，然而在当时画家看来却是：

> 一勺西湖水，渡江来，百年歌舞，百年酣醉。回首洛阳花石尽，烟渺黍离之地。更不复、新亭堕泪。
>
> ——南宋文及翁《贺新郎·游西湖有感》

他们北望神州，正满怀伤感和激动之情，哪有心思于风景描绘。因此，南宋的绘画不重写生，画面充满混沌萧索的意味。元画家多在的嘉兴、湖州等地，自然也是江南胜地，但他们留意的不仅是山川之美，而在于表现隐逸之高洁风格。而吴门画家以画养画，需要信手拈来的景物供其描绘，正好是“云埋虎丘山藏色，月耀娃宫水放光”（刘禹锡《登阊门闲望》）的苏州，能不为之勾起不倦的画兴？！

以上五点是吴门画家的共同特点。这些将在下面吴门画家作品的艺术特点中体现。

第四章
吴门画派艺术特点之一:“变宋化元”

第一节 吴门画家首先是学习元人

本书第二章第二节“先要认识中国绘画两大基本特征”中已经陈述过,中国绘画具有强烈的独特的图式性,画家也就必须从继承前人艺术着手。因而认识一个画派,也就必须从它继承上去考察。当时摆在吴门画派面前的是两大画系的绘画:一大画系是由荆浩和“三家鼎峙”而至南宋的所谓“北方山水画派”或“北宗”画系;另一画系是由董、巨乃至元四家形成的所谓“南方山水画派”或“南宗”画系。那么,吴门画家是继承哪家画系呢?这就成为问题之关键所在了。

刘珏《夏云欲雨图》

按董其昌的意见,吴门画派属于文人画,也就是说,这个画派是继承元人绘画的。这个说法是有一定道理的。吴门画派的开山人沈周确是首先学习元画并且终身不懈的。

沈周是在受元人绘画根深蒂固的

杜琼《山水图》

环境中生长的，本人气质和元画家气质也是相近的。他祖父和王蒙友善，王蒙也曾夜访他家，父和叔父都乐此不疲。朱元璋的屠刀并没有清除元画在苏州的根基。他的周围这方面画家还是很多的。例如当时就有山水名家谢缙，号葵丘道人，苏州人。他也师王蒙、赵原，造诣既深，深得邈远深意，构体落势，姿态多变。数尺大幅，一日而成。虽居南京，还不时来苏，早在永乐年间，常偕画友来沈周祖父所居处西庄雅会。后来又有刘珏（1410—1472）（即前引朱彝尊一文中的“完庵”），他长沈周十八岁，但他们是亲戚（沈周的姐姐是刘的儿媳），又是好友。刘当时是苏地元画的翘楚。天顺二年（1458），沈周三十一岁时，刘珏在沈周家作《清白轩图》轴（现藏“台北故宫博物院”），亲友们纷纷在画上题诗，其中有沈澄、沈恒吉各题七绝一首。十六年后，即成化十年（1474），沈周也在画上题了诗。可见他们情谊之深，刘珏对他影响之大。现举他的《夏云欲雨图》。此当是临摹吴镇之作，笔墨浑厚圆润，气势雄壮。还有元画家王绂，他山水学王蒙，时或有吴镇、倪云林画风。虽在沈周生前已经作古，但他是杜琼之师，杜又将其所学传及沈周。杜在上面所说的吴门画派之“岷源”时已有介绍。他善画人物，尤擅山水，远宗董源，近法王蒙，多用干笔皴擦，淡墨烘染，敷色清淡，苍秀沉静。人称他的作品“开吴派之先声”。现以他的《山水图》轴为例，可见其言之非虚。沈周的开业老师陈宽又是在洪武期间遇难的陈汝言的孙子，再加上自幼秉承家学，沈周受元画影响也就自不待言了。

大约在三十三岁时，沈学画已有一段时间，上面提及的现藏瑞士的《为碧天上人作山水图》，为沈周存世的最早作品，当时正处于他学习王蒙阶段，后来才不断吸收黄、吴、倪直至董、巨之法。四十八岁时临了刘珏的《峦川色图》，在这幅画的自跋中写道：

然绘事必以山水为难。南唐时，称董北苑独能之。诚士夫家之最。后嗣其法者，惟僧巨然一人而已。迨元民，则有吴仲圭之笔，非直轶其代之人，而追巨然，几及之。是三人，若论其布意立趣，高闲清旷之妙，不能无少优劣也。以巨然之于北苑，仲圭之于巨然，可第而见矣。近求北苑，巨然真迹，世远兵余，已不可得。如仲圭者，亦渐沦散。间睹一二，未尝不感士夫之脉仅一线属旒也，未尝不叹其继之难于今日也。

——《江村销夏录》

意思已很明白，董、巨以及吴镇的画之“士夫之脉”，至今已如“一线属旒”，若断若续，沈周决心以延续这样的传统为己任。四十九岁时在《题画》中说：

我从绘事岁既多，破费水墨将成河。
滥觞董、巨意亦广，望洋不至当如何？

——《石田先生钞》

“破费水墨将成河”，说明沈周学习董、巨画路是如何焚膏继晷，心慕手追。

启南画于北苑、巨然诸名家，无不撮其胜而奄有之……有明人兴第一手也。

——明焦竑《澹园续集》

但他不是专学董、巨，对元四家也是其学不辍，他在四十岁以前，和他的父辈一样，可说是专学王蒙，四十岁以后，便学黄子久和吴镇。他家本收藏黄子久著名的《富春山居图》，六十一岁时中秋，他凭记忆临摹此图，并记道：

大痴翁此段山水，殆天造地设，平生不见多作，作辍三年始成。笔迹墨华，当与巨然乱真，其自识亦甚惜此卷。尝为所藏因诗于上（此处似脱字)，遂为其子乾没。其子后不能有，出以售人，余贫又不能为直以复之，徒系于思尔。即思之不忘，乃以意貌之，物远失真，临纸惘然！

——《大观录》

其对黄子久之作的崇敬之情，跃然纸上。对吴镇艺术的追求，更加纸醉心迷。他在吴镇《草亭诗意图》上题道：

我爱梅花翁，巨老传心印。
修此水墨缘，种种得苍澜。
树石堕笔锋，道化不能吝。
而今橡林下，我愿执埽汛。

——《珊瑚网》

他在《卧游册》中写道："梅花庵里客，端的认吾师。"成化十四年(1480)五月，沈周五十四岁时所记：

(沈周)策杖访宿田老兄，坐谈移日。出所藏元人吴仲圭画竹卷求鉴；疏枝萧萧，几欲纸上作声。而悬崖喷瀑，行笔奇纵，大得董、巨妙处。遂借归置案头数日。予生平不喜作竹，见此卷兴效颦之思。漫临一遍，即指示宿田，并归仲圭卷。宿田击节称赏云："优孟之学叔敖，其神肖不过也。"然不知仲圭墨气易似，而苍劲之色最难摹仿。此卷虽未能入其堂奥。邯郸之步，亦或不至尽失云尔！

——《耕石斋》

沈周对吴镇笔法之见解，对能入"堂奥"踌躇满志，都表现得淋漓尽致。他最为头痛的是对倪云林作品的临摹。他对其极其钦佩，但"苦忆云林子，风流不可追"。早在幼时随赵同鲁学画，即开始临摹倪画，赵便告诫他说："又过矣，又过矣！"一直到老，他始终未改去这一缺点。或者说这并非缺点，乃是个性不同的原故。董其昌一方面肯定了石田学元代大家的成就，一方面对他学倪有其看法：

石田先生于胜国诸贤名迹，亦绝相似，或出其上，独倪迂一种淡墨，自谓难学。盖先生老笔密思，于元镇若疏若淡者异趣耳。

——《画禅室随笔》

总之，沈周对于董、巨乃至元四家作品的研习，确如他自己所说的已到“成河”地步。对于他临画效果，文徵明有很好的评价。嘉靖三十四年（1555），他在沈的《支硎邀友图》上，题了“石丈高情点笔问”七绝四首，并跋：

石田先生，人品既高，文章敏赡，而学力尤深。出其绪余，以供游戏，并非一时庸工俗匠所能及也。先生早师叔明子久，既而者所不学，学皆逼真。晚得高尚书粉本十三段，喜其高雅浑融，气运生动，得米氏父子之趣，间有所作，不啻过之。若此卷是也，是可以艺言哉。

——费里尔艺术馆藏画

那么，吴门画派的主将文徵明，这方面他又怎样呢？

文徵明说自己前五十岁“束发为文，期有所树立”（五十七岁时在京语）。后来又不断忙于生计，看来这一时间内专门作画时间不多。但在弘治十年（1497），当他二十八岁时，陪吴宽游支硎山，见陆子静出示黄公望《溪阁闲居图》，见而摹之，记事其上，并题诗曰：

幽人娱寂境，燕坐咏歌长；
日落乱山紫，雨余疏林凉。
闲悄消世事，野色迷秋光；
仙家知不远，烟雨过崇岗。

——The Art of Wen Zhengming

这首诗的确表现了黄的绘画特点及文的崇敬之情。隔了两年，沈周命他摹仿赵松雪的《二湘图》，文徵明以没有把握未画，直到四十八岁时，方才作此图。并题曰：

> 余少时阅赵魏公（孟頫）所画湘君夫人……石田先生命余临之，余谢不敢，今二十余年矣……今仿佛赵公为此，而设色则师钱舜举，惜石翁不存，无从请益也。
>
> ——《大观录》

且看文徵明临赵画何等慎重、虔诚。

嘉靖元年三月，五十三岁时，向人借王叔明小幅，借归月余，临摹一遍。（《穰黎馆过眼录》）

嘉靖十一年，六十三岁作《虞山七星图》卷，题："壬辰夏日，徵明摹松雪翁笔。"（The Are of Wen Zhengmimg）

嘉靖十四年，六十六岁仿王蒙山水轴。（《书画录》）同年三月，仿吴镇墨竹，又隔数月，仿董源《林泉静钓图》卷。（同上）嘉靖十九年三月三日，仿王蒙笔作《松坡高士图》轴。（《石渠宝笈》）又一年秋日，仿王蒙《山水图》。嘉靖二十二年九月，文徵明七十四岁为居节仿赵孟頫《水村图》卷，画上跋曰：

> 居生士贞，以佳纸请余为横幅小景，适有人赵魏公《水村图》相示，秀润可爱，因其笔意写此。连日宾客纷扰。应酬之余，时作时辍，更旬乃就……
>
> ——《吴越所见书画录》

既是临摹，又是创作，这在文徵明作品中是很多的，但他确将学赵放在首要位置。后周天球见之，在画上加了题跋："先生（文徵明）沾沾自喜，谓是纸可敌赵文敏……"（同上书）但文徵明直到老年，还一直学习不辍，并且兼学别人。

嘉靖二十五年三月，七十七岁时临赵孟頫《空严琴思图》轴。同年秋，又临赵《沙苑图》。

嘉靖二十八年十月十三日，八十岁时为子元仿倪云林、巨然二幅小帧。

嘉靖三十年，文八十二岁，仿倪云林戏墨图并题。

嘉靖三十一年春日，文八十三岁，临赵松雪《秋山访隐图》。

嘉靖三十四年，文已八十六岁，于七月十日，仿吴镇山水诗翰合卷。

嘉靖三十五年，文已八十七岁。是年夏日，仿梅道人山水轴。

嘉靖三十六年，文已达八十八岁高龄，是年秋，还仿倪云林《松石轴》，题云：

> 余少习画，每见古人用笔，自愧不能得其万一，遂搁笔不觉二十余年矣。偶展内府画院藏云林真迹。余复仿，笔意虽未曲尽其妙，亦可为知者共鉴耳。
>
> ——《石渠宝笈》

同年，他还作《松壑闲居图》，还题道：

> 黄鹤山人画，意从摩诘蹊径中来，最为古雅，余少时每喜效之，晚年思虑颇多。虽笔墨苍老，似或过之而无间，士雅之气不如前。独处中，因想山人松壑闲居之作，漫为鉴赏者示之骊黄之处，未必无所取也。

这是何等学习精神，已近九十的耄耋老人，仍在思索前辈画家的艺术秘奥。但到了逝世前一年，即嘉靖三十七年四月，仍仿倪云林笔法作画，但还不是他最后绝笔，他一直还要画到“掷笔而逝”。

从以上可见，沈、文二人在漫长一生中，学习元人乃至董、巨的绘画持之以恒，打下了坚实的绘画基础，很大程度上确定了吴门画派的艺术导向。那么，唐寅和仇英在这方面又是怎样呢？他们寿命不长，作画时间都相对短促，记载他们学画的过程又很少，我们只能从有限的记载和评价中了解他们的艺术轨迹。

唐寅作画方面资料不多。常见的有几条介绍他的画路：

王穉登认为他“近交沈周，可当半席”（《吴郡丹青志》）。

王世贞又说：“伯虎才高，自宋李营丘、范宽、李唐、马、夏，以至胜国吴兴、王、黄数大家，靡不研解，行笔极秀润缜密，而有韵度。”（《艺苑卮言》）

清盛大士说唐寅画“虽如北宋，实得南宋之精髓”（《溪山卧游录》）。

由上可见，唐寅学的人很多，看来既主要学由北宋进入南宋的李唐，也学赵孟頫、黄子久、王蒙，还受沈周影响。这里还有他临摹古画的例子。正德五年（1510），他作摹古画册，题云：

余性嗜古人名画，而不能多藏。闻吴江史氏储蓄甚富，因与德弘走阅数日，因尽发其帐中之秘，归而不忘。暇日辄忆所记，图为一册，共为一十余帧。不知古人胜我，我胜前人。因以贻德弘，使其评一胜负。德弘反谓青于蓝者大半，殆爱我而誉我也。二十五日题识。

“史氏”即史鉴，“德弘”即沈周之婿。史鉴也是酷爱元画的人，德弘当也受其熏染。他家的藏画也自然多为元人之路画，伯虎之临那路画也就可以想见了。

仇英的情况也和唐寅类似，他在项子京家临画十余年。项是大收藏家，所藏名画之多，非一般画手所能得见。项在画丛中熏习日久，作画无师自通，能画一笔好山水，他潜心学黄公望，尤其醉心倪瓒，他在接待仇英的临摹中，一定会有很多这方面作品。仇英在专门画室中临摹多年，加上他临画本领又高，从这里得益可以想见。

从唐寅、仇英的作品来看，他们的确也都有学元画之处。俟分析他们作品时再行叙述，这里也不多说了。

吴门画派中的年轻画家也是把学习和继承元画放在首要位置的，前面简要介绍他们时已有述及。现在仅补充几个例子。

陈淳醉心学米芾、米友仁画法，五十四岁时，仿米友仁山水。隔一年仲夏，又作《双绝图》（现于香港私人收藏）。前用水墨作云山，后书杜甫山水歌（七古），款曰：

右杜工部作，米南宫尝书之，今刻于石。丙申仲夏望日，两窗阅帖，及米书，遂学一遍，虽不能仿佛万一，聊记吾兴。卷首有素绢，复破墨作图，又岂敢得米家法耶？观者幸勿哂也。道复志。

再如钱穀。他于嘉靖十三年（1534）七月，二十七岁时，仿王绂《小山竹树图》轴，并题：

> 履约有王孟端（绂）《小山竹树图》为藏玩宝物，惜蠹其半，属余临摹，并书原作，优旃为叔敖，诚可绝倒耳。

王绂为吴门画派之前师法王蒙的著名画家，为杜琼的老师，其艺术仍和钱穀有着一定的相近之处。

第二节　吴门画家学宋人及变异

从以上可见，吴门画家学习元画是很虔诚的，甚至到了终生不悔的地步，但他们也不视元画的对立面宋画如洪水猛兽。然沈周好友吴宽在《为陈玉汝题启南山水》的题跋中这样写道：“马家作画才一角，剩水残山意萧索。画苑驰名直到今，输为毫端不浮弱。”连当时在宣德朝画院供职的郭文通也说：“有言夏圭、马远者，辄扩之曰：‘是残山剩水，宋偏安之物也，何取焉。’”看来他们均是从政治上批判南宋院画的，其实不应将他们艺术一律抹杀。沈周采取的却不是这样态度。看来他已感到元画有一定弱点，需要从宋人（包括南宋）绘画中进行补充。“兼听则明，偏信则暗”（《资治通鉴》），不仅是治国和判断事物之道，在这里也是形成绘画风格的一句名言。

我们只要欣赏荆浩及“三家鼎峙”的关仝、李成、范宽的绘画，便会觉得他们的作品充满现实主义的光辉，具有一定的雅俗共赏性和永不代替的艺术魅力。荆浩在太行山中朝夕揣摩，面对古松、怪石、祥烟，常携笔画松数万株，使高山峻岭，气势非凡。关仝受了关陕一带和秦岭、华山的真实山水的感染，以至作品气势雄伟，尤喜作秋山寒林及村居野渡，使见者悠然如在灞桥风雪中，三峡闻猿时。李成后多画具有山东平原特色的山水，“夫气象萧疏、烟林清旷，毫锋颖脱，墨法精微者，营丘之制也”。范宽深入终南、太行一带崇山峻岭，“览其云烟惨淡，风雪烟霁难状之景……寄于笔端间”。因此，他们的作品雄伟浑厚，撼人心魄，茂树郁林，欲与天高。或树枝飑放，平旷意远，绘画线条清晰，精工独到，北国山水质感毕现，春峦冬山，皆尽其美。真如郭熙所说的山水具有“三远”（高远、深远、平远），山水能够画得使人觉得“可行”、“可望”、“可游”、“可居”，“画凡至此，皆入妙品”。北宋山水画的确皆此境。事实上，元画家包括黄公望、倪瓒等人在内也程度不同地受过他们影响。

南宋的画家作品有所变化，他们满怀忧国之情，而“布被秋宵梦觉，眼前万里江山”（辛弃疾《清平乐》），他们不甘于“只把杭州当汴州”，没有条件像北宋画家那样，能在大山深谷中寻幽探胜，只能借眼前江山来抒发其复国的急躁之情和刚强不屈的精神。他们的画风“水墨刚劲”，在线条的运用、水墨之晕染和构图的别致仍有独特的艺术创造，也具有不朽的艺术价值。

吴门画家是这样不自觉地秉承时代的需要，择善而从，来铸造自己的艺术。

沈周本来就是“其画自唐宋名流及胜国诸贤，上下千载，纵横百辈、先生兼总条贯，莫不揽其精微”（《吴郡丹青志》）。他既对元画顶礼膜拜，对宋画包括南宋院体画也心慕神追。且看他对马、夏作品的态度。

明弘治六年（1493）仲秋，六十七岁的沈周作《江山清远图》卷题曰：

> 昔年曾于钱鹤滩太史宅，赏玩夏圭、马远二公长卷，观其笔力苍劲，丘壑神奇，天然大川长谷，今之世无二公笔也。适吴学士匏翁持卷过余竹庄，视之，正昔年所观之笔。余静坐时想二卷中笔力丘壑，迨今二十年矣。余对此卷摹仿，合作一卷，可谓奇遇也。
>
> ——《壮陶阁书画录》

又隔了十一年，沈周又受友人杨怀远之托，“摩（夏圭所作）副本悬斋中为蚤暮观玩”（吴升《大观录》）。不仅如此，相城里有位前辈画家，叫作沈遇（1377—1446），字公济，号臞樵、砚庵老人。善山水，师马远、夏圭，亦工青绿山水，似赵伯驹。永乐二十二年（1424）被成祖朱棣召入京师，后称病谢归。沈周临其《雪图》，并题：“臞樵沈公，以善画人物、山水于宣德、正统年间。尝征至京师，声称益藉，学者颇众。”可见沈周多么不抱门户之见，择善而从。弘治十七年（1504），沈周已七十八岁，还作《怀鹤图》，并题曰：

怀远兄从广陵购得马远画一帧，上有杨妹子题怀鹤诗，恰称其号，珍重什袭，以为奇遇。乃令予摩副本悬斋中为蚤暮观玩，业竟并用杨韵成四十字云。

——《大观录》

可见其对马远画的敬佩程度。

文徵明同样也是在学习元人的同时，也学习宋人及其远祖的绘画的。

嘉靖元年（1522），文五十三岁时，为沈周仿宋人笔意画题跋。

明谢肇淛《五杂俎》：

文徵仲远学郭熙，近学松雪，而得意之笔，往往以工致胜。

嘉靖十八年（1539）夏，文徵明戏仿李思训设色作《山水图》扇。嘉靖二十一年（1542）腊月二十一，他七十三岁时，吴夫人逝世不久，作仿李成《寒林图》并识：

武原李子成，以余有内子之戚，不远数百里过慰吴门，因谓李营丘寒林之妙，遂为作此。时虽岁暮，而天气和煦，意兴颇佳，篝灯涂抹，不觉满纸，此成，漏下四十刻矣。

嘉靖二十二年（1543）年底，文徵明七十四岁，又仿郭熙《问山积雪图》卷，题曰：

余尝观郭河阳真迹，峰峦溪壑，苍润淋漓，深得唐二李将军笔法。昔年余在京师，友人持河阳《问山积雪图》卷出示，时观之不觉令人洒然而醒，燕京风尘，不觉洗尽。距今思之，已隔二十余年矣。追忆此卷，神情欲飞，辄洗草摹一遍，凡越二寒暑始就。自谅技拙，不敢媲美古人，更不免效颦之意。嗟嗟，仅可得其皮毛，未能得其神骨耳。后日若欲仿佛此图，则有余之赝本也。

——《式古堂书画汇考》

嘉靖二十六年（1547），文徵明七十八岁时，又用李成笔意写《寒林诗雪图》。

其他例子也就不举了。

看了以上事实，难道还能说吴门画家专学元人吗？显然是不能的。说他们既学元人，也学宋人，才完全符合历史事实。但这话也才说对了一半。因为他们是具有创造性的画家，他们临画的目的不是仅仅为了“照葫芦画瓢”，而是在临摹的同时，让自己的艺术气质、时代气氛、观察生活之取得、笔墨运行之走势等等溶入画中，不知不觉中将古人笔墨加以消融和变异，或者说是物我合一，或者说是客观事物的“我化”，因而出现了全新的艺术，这就是问题另一半了。这在他们临摹过程中已有体现。

且看沈周自白。他在仿黄公望时说：

> 画在大痴境中，诗出大痴境外；
> 恰好百二十年，翻身出世作怪。

弘治五年（1492），沈周六十六岁时在仿吴镇画册上跋道：

> 右仿梅道人画册若干幅，山水、树石、风亭、溪馆，各自为状。其间模写远背古人，谓为得意，则吾岂敢！然观者或有取焉，是亦老朽之幸也。此册始于弘治辛亥之春，终于壬子之夏，非诧其为之不易，而自家兴味亦自不多得耳。沈周。
>
> ——《石渠宝笈》

这里说得很清楚，临摹吴镇画中，其间有“远背古人”之处，并不是故意为之，乃是出自于“自家兴味”。这个“兴味”便是沈周自己的艺趣、艺术素养和时代的召唤。也许连他自己也没有意识到，但这确是他的古法不能囿、外界力量不能左右的。再看弘治三年（1490），沈周在《仿倪瓒画》一卷所跋：

> 朱君性甫，久欲余仿倪云林墨法，为溪山长卷，余辞不能……明日因

入郭，性甫同舟，出茧纸，仍以前命相逼，且暑闷，正无所排拨，遂不复辞，而弄笔几弥卷。性甫谓为云林亦得，谓为沈周亦得，皆不必较。在寄兴云尔。沈周。

——《石渠宝笈》

这“皆不必较”，也就是前面所说的他始终要保持的“自家兴味”。沈周还有学“二米”时所题的名句：“米不米，黄不黄，淋漓水墨余清苍”等，这并非狂诞和戏谑之词。

沈周不仅临摹时持这样的态度，他在绘画中也是从“自家兴味”出发，间有取舍。现在仅取他画水墨画枯木竹石的自题：

云林、子久，并祖荆、关。而古木寒林，石山水竹，则元镇尤为擅场。余作此盖犹存荆、关遗意，而更济以倪、黄之法也。弘治二年长至日，长洲沈周自记。

——《石渠宝笈续编》

不独沈周如此，文徵明亦然。不仅在笔法上有借鉴中的变化，而且还有序地加以利用，如嘉靖二年（1523），他为王守兄弟作《仙山图》卷，其中“树石人马皆法松雪，屋宇皆法宋人”（《大观录》）。这是文嘉根据看见他父亲作画的情景所记。现只能就其荦荦大端而言，对古人画法的融合、改造之处一定更多。文徵明和沈周如此，吴门后来画家想来也只能如此。对于这一点，在前面已引用过的在《南村草堂图》上和董其昌前后题跋的李日华，他虽没有说吴门画派的“岷源”，却说到此画派的艺术走向，他断言此画派是“接元之萧散而不失唐宋之缜密”，这是真知灼见之言，言董其昌所未言的，是对董的意见很重要的补充，是和我们举出的例证也完全符合的。但进一步的则是明徐守知有一段精彩的话：

我朝画法：变宋化元。正嘉间，吴中诸贤达一时杰出，擅彩争奇，直使静庵（戴进）而下皆瞠乎其后矣。

——《西山胜景书画合册》跋

“变宋化元”这四个字，确切地概括了吴门画派的艺术成因。就是说，吴门画派在宋元之间取二者之长，作为自己的艺术借鉴。历史上有誉吴门画派的艺术为“集大成”。评论最早的要数王穉登，他在《吴郡丹青志》中就说沈周对于唐宋元“上下千载，纵横百辈，先生兼总条贯，莫不揽其精微”，“集厥大成”。祝允明以沈周的诗而及其画，也以“集大成者”相嘉许（跋沈周《山水花鸟册》）。明张丑在历数历史上诸大家之后，认为“求其兼总条贯，巨细靡遗，则未有若启南翁之大成者也”（《清河书画舫》）。清初的龚贤，特别佩服沈周，认为他“功深力大”：“集大成各尽其致，而又能融汇笔端自成一家也”（《赠刘草窗图》跋），等等。

但只要仔细推敲，就会发现“集大成”提法略显笼统。王穉登以接近骈体文体写他的《吴郡丹青志》，此体适宜辞赋之作，评论具体的绘画渊流则有含糊之嫌。再说，一人或一件艺术说它集大成，作为形容则可，作为实际存在恐是不可能的。笔墨淋漓者总不能兼文笔雅秀之作，饱满缜密者也不能兼逸笔草草之妙。正如京剧演员中的生、旦、净、末、丑，不能由一人“厥其大成”，即使同一旦角，梅兰芳也不能兼程砚秋，都是余音绕梁，但各有其妙而不能代替，更不能集中于一炉了。即如烧菜，一菜也不能兼有酸甜苦辣之长。这样的例子举不胜举。如沈周所说，在他那个时代，能见到吴镇的作品已很不容易。当时既无照相机和逼真的印刷品，也无现在这样遍布各地的博物馆，更没有各种绘画陈列，这“大成”对多数画家来说，又如何能晓，更如何能集？再说，以宋、元绘画作为代表，这已经够大了。以宋而言，有南宋、北宋之分，同一北宋，山水有水墨、青绿之别，同时还有不同风格的花鸟画，南宋也是如此。因此我还是赞成以兼收宋、元或“变宋化元”来代表吴门艺术为好。

吴门画家宋元并收，既保持元代绘画天真清淡之气，又剔除孤高抑郁出世之风；而对于宋画，则吸收其工整周密之处，而济以整体清和之风，从而形成既有元画之雅致又有宋人之骨骼的新的绘画，为具有雅俗共赏的性能创造了条件。

这样的发展是符合艺术规律的。鲁迅就指出：“宋的院画，萎靡柔媚之处当舍，周密不苟之处是可取的。”（《论“旧形式的采用”》）鲁迅又认为元画“不必复兴”（《鲁迅书信集》）。鲁迅处于民族救亡的血与火的斗争年代，这样的看法是完全正确的。吴门的前辈画家处于那样的时代，接受生活的启迪，没有全部“复兴元画”，正由于这样明智的选择，他们终于创造出新的适合时代的绘画。在这以前，明画还没有形成自己的面目。吴门画派的作品正开创了这样的新纪元。

第三节 “变宋化元”的艺术体现

吴门画派问世的第一张代表作，当推沈周的山水画《庐山高》轴。

此图作于明成化三年（1467）五月五日，沈周时年四十一岁。据《石渠宝笈续编》养心殿藏三·列代名人书画二著录启南《庐山高》一轴：“宋笺本，纵六尺，横三尺五分。浅绛色。画庐峰瀑布景，一人星冠立眺。”此图至少在清高宗时代已由内府收藏（画上乾隆题跋也证明这一点）。此图亦见日本兴文社编《南画大成》卷九·山水轴一[①]。

沈周 《庐山高》

此画上端为画家自题篆书《庐山高》三字，字旁有古诗一首：

庐山高，高乎哉！郁然二百五十里之盘踞，岌乎二千三百丈之巃嵸，谓即敷浅原。培嵝何敢争其雄？西来天堑濯其足，云霞日夕吞吐乎其胸。回崖沓嶂鬼手擘，磵道千丈开鸿蒙。瀑流淙淙泻不极，雷霆殷地闻者耳欲聋。时有落叶于其间，直下彭蠡流霜红。金膏水碧不可觅，石林幽黑号绿熊。其阳诸峰五老人，或疑纬星之精堕自空。陈夫子，今仲弓，世家庐之下，有

①我友钱镛曾在清过云楼后人家见过同样的画。《过云楼书画记》及《续记》只记载藏沈周画二十件，并无此图，不知为画家本人复制或他人伪作，存此备考。

元厥祖迁江东，尚知庐灵有默契，不远千里钟于公。公亦西望怀故都，便欲往依五老巢云松。昔闻紫阳妃六老，不妨添公祖与成七翁。我尝游公门，仰公弥高庐不崇。丘园肥遁七十祀，著作搰搰白发如秋蓬。文能合坟诗合雅，自得乐地于其中。荣名利禄云过眼，上不作书自荐，下不（与，疑脱字）公相通。公乎浩荡在物表，黄鹄高举凌天风。成化丁亥端阳日，门生长洲沈周诗画，敬为醒庵有道尊先生寿。

此诗也收入《石田先生诗钞》卷一，题为《庐山高为醒庵先生寿》。

“醒庵有道尊先生”，即沈周的启蒙老师陈宽，字孟览，号醒庵。这时大约是年交七十（或六十九）。画后四年，沈周又为陈宽赋诗祝寿，隔一年，陈宽卒。

沈周所以画庐山为师祝寿，因为陈宽的祖父陈汝言和兄陈汝秩原是临江（今江西清江）人，和庐山均属庐陵郡。元末因避兵乱来苏定居舡场巷（倪云林曾长期寄居他家中）。陈汝言死后，子陈继（即陈宽之父）靠母吴氏抚养，熟读诗书，人称“陈五经”。也善画竹，夏杲、张益皆从其学艺，《明史》有传。陈宽与弟陈完皆工诗，也是隐居不仕，淡泊自守，从沈周之诗中看来，他是一位品格高尚和学识很高的人。

沈周画庐山来为老师祝寿，并非因陈将回故籍，而是借此来讴歌陈宽的高风亮节。以庐山来颂扬他，实非常恰当。一来原籍离庐山不远，二来庐山不仅景色幽美，而且还能显示崇高。宋释慧远《庐山记略》：“有裕先生者，出自殷商之际……受道于仙人，其游此山，遂托室崖岫，即岩成馆，故时谓之所止为神仙之庐，因以名山焉。”南朝宋宗炳（375—443）就是“入庐山，就释慧远考寻之义”。这样一来，庐山更是道山了。

沈周作此画时，正处于他的艺术转变时期。文徵明说他“自四十外，始拓为大幅……虽天真烂发，而规度点染，不复向时精工矣”（《文待诏题跋》）。沈周本有两种画法，一为“粗沈”，一为“细沈”，而一般认为艺术成就最高的是“粗沈”。这幅画不仅是他由小幅转画大幅，而且也是他的“细沈”代表作，值得人们重视。

这幅画可以帮助我们看到沈周乃至吴门画派“变宋化元”的过程，具有一定的典型意义，因而多说一些。沈周当时正受王蒙的影响。初看一下，这幅画确和王蒙的一些作品如《青卞隐居图》等有相似之处。此图依吴兴县西北的卞山而画，但不是如实刻画，所画山石似无明确的轮廓线，略乱的披麻皴加解索皴，墨法干湿互用。画中技法很多，追求一树一法，一石一态，显得异常繁郁、凝重、深秀。沈周虽师法王蒙，但从《庐山高》看来，和王蒙已有很大的不同了。

第一，青卞山是无名之山，而庐山已有不少为人所熟知的诗人题咏。如李白《望庐山五老峰》："庐山东南五老峰，青天削出金芙蓉；九江秀色可揽结，吾将此地筑巢松。"《望庐山瀑布》："日照香炉生紫烟，遥看瀑布挂前川；飞流直下三千尺，疑是银河落九天。"还有"欲如飞电来，隐若白虹起"，"初惊河汉落，半洒云天里"（同上题）等句，乃至苏轼《题西林壁》："横看成岭侧成峰，远近高低各不同；不识庐山真面目，只缘身在此山中。"沈周虽未去过庐山，但这些绘声绘色、气贯长虹的名句，也不能不对他起了艺术导向作用。第二，王蒙画青卞山似乎没有特定的主题（画上只题"至正廿十六年四月黄鹤山人王叔明画青卞隐居图"）。他出身富人家，历三朝（即元、张士诚和明）时官时隐，一生颠沛流离，自然心胸郁闷，此画似乎在表现他眼前的境遇和心底的郁结。而沈周身逢太平年代，一生淡泊自适；更何况此画是在歌颂老师和其家乡名山，其绘画出发点不同，画风自然也就不同了。

《庐山高》稍左正中主峰顶天而立，左右有一群小峰向主峰峙立，正如宋姚宽在《西溪丛话》中所说，"庐山是七岭共会于东，合聚而成峰"。群峰左右反侧，形成苏轼"横看成岭侧成峰"特有的雄姿。主峰间瀑布直泻而下，越过栈道、山峰，形成汩汩激流，一高士面溪水拱手而立，背后古松数株挺立，中有松树为枝缠绕，增添蓬勃向上的丰姿。山间有蜿蜒小路，路旁小树依依，直向山的最高处延伸。主峰的最高处也有不少矾头，如我们在董、巨和元人画中常见的那样，石上多用类似披麻皴、解索皴，有的形如毛，先用淡墨勾勒，再加浓墨点苔。巨石处更用干笔勾线或在淡墨上晕擦，使得技法上多样。小树也有如郭熙那样的用蟹爪，但点撇居多。这些技法似乎和王蒙手法变化不大，但整个施以重复的皴染，浓墨逐层提破，引导山石作左右倾斜、呼应、冲突，使之似乎形成众峰叠转的移动的韵律。再从整体看来，中间一块山石极淡，好像从外面射进明亮的光线，山上的树除邻近的松树外，都特别小，瀑布和散落的小树使得立着的高士更为醒目，画面东西虽多，但一切层次分明，统一感大为增强，充满真实而空灵之感。王蒙那种郁结浑茫之气为之一扫。在这里，人们有如看到关仝、巨然之画，人可行、可居、可游，进入一个新的画境。

我们如果再从题诗中去理解，则有更深的韵味。画家用庐山来比拟陈宽崇高的人格和广阔的胸襟。庐山高“二千三百丈之巃嵸”，已可谓高矣，但还不止此，“西来天堑濯其足，云霞日夕吞吐乎其胸”，这样一来，下面的汉阳峰成为其首，也就成为顶天立地其高无比的巨人了。画家还张开其联想之翼，“其阳诸峰五老人，或疑纬星之精堕自空”。我们再看一下右上角似在喃喃互语的五个精灵，便会彻悟其画因。但更为重要的“星冠立眺”并不高大的高士，便成为整个画幅的契机，高山流水的灵魂，提携全局的中枢。“文能合坟诗合雅，自得乐地于其中。荣名利禄云过眼，上不作书自荐，下不（与）公相通”，是歌颂陈宽乎，抑沈周自况乎？至此诗与画，主观与客观水乳交融。“公乎浩荡在物表，黄鹄高举凌天风”。画家的遐想已横空出世，有如夸父追日，列子御风，诗到此也戛然而止。回首再观望整个画幅，恍如见全山飞舞，瀑布飞溅，树叶万千，有如组成一个高低抑扬、千回百转的乐章。

在我国传统山水画中，其笔墨技巧使我们心折，但具有《庐山高》如此气势如此意韵之作是少见的。

离开“变宋化元”，能出现这样的作品么？

我们现在进一步分析沈周另一幅作品，是小幅的“粗沈”之作。是名叫《卧游》册页之一，此册共十七页，此图为其中之一。名《秋景山水》，作画年代不详。册首有沈周自跋：

> 宗少文（炳）四壁揭山水图，自谓卧游其间。此册方可尺许。可以仰眠匡床，一手执之，一手徐徐翻阅，殊得少文之趣。倦则掩之，不亦便乎？于揭亦为劳矣，真愚闻其言，大发笑。沈周。

此图上还有沈周自题诗：

> 淡墨疏烟处，微踪仿佛谁；
> 梅花庵里客，端的认吾师。

沈周《秋景山水》

很显然，此幅画为画家“自娱”之作，自宗炳作“卧以游之”图画以来，已成为历来文人画的重要画种之一。题诗中上句“微踪仿佛谁”，大约就是指学习“梅花庵里客”（吴镇）了。构图并不复杂，上半幅全空，表示天高气爽，远山若有若无，下半幅则有古树三株，枝头已树叶将尽，但仍绿叶葳蕤。远处小树成林，两岸边各有山坡或山石成堆。中夹一小桥，一老者策杖蹒跚而行。初看上去，和吴镇之画似有些异样，仔细看下去，就会发现沈周却大有自己艺术风格。

我们现以吴镇代表作《渔父图》为例，此画尺寸尽管比《秋景山水》大得多，而沈周虽在学“吾师”，用笔却完全不囿于吴镇的法度。整个画幅除远山用淡墨渲染外，凡实景处都以墨色不同的短线画就，古树先以稍淡之墨的短线勾勒，再以深墨托出。用细线描出树上枯藤。两边的山坡用披麻皴画出，右边的小山则用粗线勾就，十分明确，和吴镇的模糊不清完全异趣。连小桥和老者只用寥寥数笔的短线，绝不多费笔墨。而树枝上却用墨如泼，墨点用得比吴镇要多得多。在两边山坡上都点了不少。使得画面几乎都是粗短的墨线组成，既有一气呵成、淋漓尽致之感，又层次很多，异常丰富。吴镇的画虽然面面俱到，但仍给人感到清逸荒疏，而沈周虽画的是深秋、落叶、老者，按理易使人有衰飒之感，但他的画线条分明，滋润空灵，笔墨情趣也更为浓郁，更有现实感。在以往山水画中很少见到如沈周这样发挥笔墨情趣，使之浑然一体而又天真烂漫的。沈周稍前的“画状元”吴伟，笔墨也是纵横，但却多了浮躁之气。而沈周宛如胸有成竹的指挥家，尽情发挥一种音乐之美。短线就是画之旋律，抑扬顿挫，起承转合，聚合分明。古人评画常用“神品”二字，看来只有如此形容了。人们评沈周的作品最佳当推“粗沈”，看来确是如此。

后面再来介绍文徵明的“变宋化元”之作。

文徵明开始学的是赵孟頫，其实他同时也学别家。

文太史本色画，极类赵承旨，第微兴利耳。同能不如独诣，无取绝肖似，所谓鲁男子学柳下惠。

——《画旨》

他将赵、文二人比作“鲁男子”和“柳下惠”，意思是他们都是同一类型，不必加以比较。说明董其昌并不太了解文徵明。明谢肇淛还比他进了一层：

文徵仲远学郭熙，近学松雪，而得意之笔，往往以工致胜。

——《五杂组》

这就说明了文徵明除了学元人之外，又在学北宋画家，其实，并不仅郭熙一人，还有自己“变宋化元”的创造：“以工致胜”。

文徵明和沈周一样，也有两个画路：一是细笔画，人称“细文”，一是粗笔画，人称“粗文”。沈周以“粗沈”最为知名，相反，文徵明却以“细文”的艺术成就最高。

现我们以他的“细文”代表作《湘君湘夫人图》轴来加以分析：

湘君和湘夫人为湘水之神。或说之为尧之二女，长为娥皇，次为女英。同嫁于舜，娥皇为后，女英为妃。后舜殁于苍梧之野，二女殁于江湘之间。娥皇即湘君，女英即湘夫人。《楚辞·九歌》、《史记》、《列女传·有虞二妃》都提及这一故事，文徵明正是根据这样的传说而作的。他用小楷书在画左下方自题：“余少时阅赵魏公（孟頫）所画湘君、湘夫人，行墨设色皆极高古。石田先生命余临之，余谢不敢。今二十年矣，偶见画娥皇女英者，顾作唐妆，虽极精工，而古意略尽。因仿佛赵公为此，而设色则师钱舜举。惜石翁不存，无从请益也。衡山文徵明记。”下钤“停云生”印。上方自书小楷《湘君》、《湘夫人》辞24行，款书“正德十二年丁丑二月末停云馆中书”，下钤“文徵明”、“衡山”二印。文这时年四十七岁，自称是仿赵孟頫和钱舜举之作，其实是他自己的作品。

文徵明 《湘君湘夫人图》

此图无背景，只画湘君和湘夫人，均着唐装，头梳高髻，身着长裙，形象高洁雅秀，有飘飘然御风之势。用笔以游丝描，精工纤秀，色彩主要以朱碟加粉，也十分典雅庄重。这图说是仿赵孟頫，其实却是反映了明代中时的繁盛时代的风貌。赵是“刻意学唐人”的，但此图并无张萱、周昉笔下雍容华贵之容，却是身材婀娜，而且勾线较多，和赵笔下也有所不同，倒近似唐、仇笔下之仕女。正是当时所需欣赏的美人形象的转化。

我们再引文徵明晚年所作《绿荫清话图》。此图特别狭长，图中的山水，高峰几伸出画外。以巧妙的构思、缜密的经营和清劲的笔力画出盛夏的山谷间景色。整个画幅山岭巍峨，悬崖高峻，长松成林，古树遒劲，飞瀑倒泻，叠泉涌流。山石间有小泉横流，一条山路蜿蜒相通，旁有茅舍数椽，下面更有稍高的水阁草堂，想来为高人所居。前有一座木桥，一个小僮正走在桥上。路一直延伸到画的下方，左为一泓涧水，右为一片清荫，下有两位高人对坐长谈娓娓。一人握轴，一人展卷，仿佛在朗诵画上的诗文或在看画。画幅的右上方画家题诗一首：“碧树鸣风涧草香，绿荫遍地草遍长；长安车马尘吹面，谁识空山五月凉。”这幅画肯定作于文徵明京师辞官之后，深感官场的人欲横流，勾心斗角；远不如寄情山水，避俗自逸之乐，这是这幅画的主旨所在。这幅画也的确空山寂寂，清凉宜人，人至此便可忘却尘世炎凉，很好地表现了这样的理想的世外桃源境界。

观察此图，不禁发现我们所面对的，乃是一幅从古人那里少见的清新而有甜韵的山水画。看来文徵明似乎在用绘画中的“自律”之法，这还是近年来从西方引进来的一个术语，原是音乐术语，用在绘画上，即运用绘画本身的语言——线条、构图、笔墨等等来形成自己独立的运动，使之对比、呼应、反复，组成独特的自身的旋律，从而带给观者美感，增强了绘画的表现力，也是以往山水画家那里很少考虑到的。明唐志契评论说：“苏州画论理”，“理之所在，如高下大小适宜，向背安放不失，此法家准绳也”（《绘事微言》）。大约就是指的这一点。试看此幅画则是用构图中的细线和树丛来有机组成整个画面。全图采用高远构图法，根据狭长立轴的特点，采用纵向散点透视，数层景物有条不紊分层散布，将天空和山路、民居、涧水，将高与黑的树和空洁少皴的山石形成对比，而又互相呼应、互相映衬，形成多视角的画面，使人能一览无余，而处处曲径通幽，使得结构丰富层次很多而又一洗铅华和疏秀空灵（其实，前面所引的沈周的《秋景山水》，不妨说，是用短线与墨点组成的另一种自律）。

还值得注意的是此图在用笔上既保持元人之长又吸收宋人之特点。笔法虽师董、巨、元四家，但他们的皴法温润，轮廓模糊；而文徵明的线是略重而明确。但又不是李成、范宽一路，其线不是刚硬凝浑，而是枯淡松柔。总之，在我们面前出现的既不是宋人也非元人的画路，而是在绘画史上还未出现过的兼有宋人、元人二者之长又有江南灵秀的新颖的画风。

文徵明《绿荫清话图》

我们再来欣赏唐寅的作品。唐寅常被人目为“院体”画家。其实，只要分析他的作品，就会发现他的画路复杂多样。最初他模仿沈周，后来才转学周臣，然后又发展了带有文徵明风格，晚年更有文人画味道。不仅如此，由于他文化素养高，遍学古人，又曾远游名山，因而常画有新意，不落俗套，有好多画情景交融，耐人寻味，具有自己的艺术面目。他和沈、文一样，兼收宋、元二家之长，不过有时偏于北宋，特别偏于南宋罢了。

我们现举最能体现唐寅画风的画：《看泉听风图》轴。

唐寅《看泉听风图》

这幅画的左上幅是高纵的山石，是地道的崇山峻岭，山峰倾斜，有似迎风而立，整个画幅被山间雾气所掩，远山更是在“虚无飘渺间”，依稀可见远处的山崖块石成堆，画中部古树巍然挺立，枝繁叶茂。山崖间山泉下泻，水清石暗，为全幅最为醒目之处。瀑布映衬着一块平石，上有高士憩坐，身下流水急湍，于此水花成堆，汇成一片山水。近处山石清晰可辨，山石都施以斧劈皴加条子皴，石质突出，纹理分明。山石间有一山洞，小僮正在烹茶，在仰看高士，似问尚需茶否，一切寂然无声，只有风声伴着高山流水的清雅之音。画的右上角有画家题诗一首，诗云：“俯首流泉仰听风，泉声风韵合笙镛；如何不把瑶琴写，为是无人姓是钟。”原来唐寅画的确是涉及高山流水之事，山中有高人，惜无伯牙和钟子期那样知音。从山石的轮廓线和皴法看来，似乎应是“院体画”的遗风，可是大部高山峻岭都隐在若有若无的淡墨之中，即是邻近画前崖石，尽管层次分明，也不水墨刚劲，而是清淡宜人。整个画幅充满山石的真实之感，既有宋人挺拔明快之貌，又有元人雅秀之风。不得不承认这是“变宋化元”之作。

关于仇英，也是一贯被认为受“院体画”影响较重的画家。仇英的作品，确源自唐代大小李将军，特别是南宋的赵伯驹（？—约1173）、赵伯骕（1124—1182）兄弟的青绿山水，他们的“青绿巧整”与“水墨苍劲”原来是南宋的两大画风。青绿山水也不失为艺苑的奇葩。董源也画青绿山水，赵孟頫一些青绿山水也很著名，文徵明深受其影响，沈周也画过这一路画，因此，不能将其和“院派绘画”等同起来。当然仇英画的是“大青绿”（其极为艳丽），但由于他多次临过元画，且与吴门画家交往无间，而且“山石师王维、林木师李成、人物师吴元瑜、设色师赵伯驹，资诸家之长而浑合之，种种妙臻”（《清河书画舫》）。因此，他的作品并不是简单的“发翠毫金”（《无声诗史》），而是具有“精丽艳逸”（同上书）之趣。这里举他的代表作《桃源仙境图》轴。顾名思义，此画是追溯陶渊明《桃花源记》所作。但陶的作品只是描写与世隔绝的山村，而仇英的笔下却至少成为人间仙境。东晋当时动乱纷争，人们希望有一块“土地平旷，屋舍俨然，有良田美池桑竹之属，阡陌交通，鸡犬相闻”的理想农家村落之地，而仇英画的却不是这回事了。全图分为三段，每段都有洁白祥云缭绕。第一段云雾飘浮，高峰耸立，山峰用石青绿铺就，高峰如黛，露出楼阁仙馆，阁内有一老者观泉。中部即第二段悬崖峭壁，泉水直泻，云中梵宇层叠。松林深处有两行脚僧。悬崖顶端有一山亭，曲径通向山下，一老者扶栏而上，仅见其上部。画的第三段即画的主要部分，古树参天，林木森森，古藤缠绕，红桃掩映。左下部有三老者临流在树下而坐，一人鼓琴，一人作舞状。两僮身着黑衣，一人侍立，一人正持物过桥。整个画面经精心设计，山石不少，也用了多家皴法，有北宋也有元人的。但都显而不露，三老者有如画龙点睛，十分醒目。此画既不像上述世外农村，也不是“天上神仙阙，人间帝王家”，极似高雅文人的消闲之所，整个画幅还充满富贵之气。“桃源”已经在这里异化为“仙境”，这不能不是当时人们追求繁荣物质生活的一种辐射。此画已将宋代描写“仙阙”世俗化，又将元人乐意描写的雅士高人所乐居的临泉抚琴之景贵族化。从这个角度说来，何尝不是“变宋化元”的另一表现。

仇英《桃源仙境图》

下面我们再来考察吴门画派继承人的作品中“变宋化元”的情况。

陆治《花溪渔隐图》

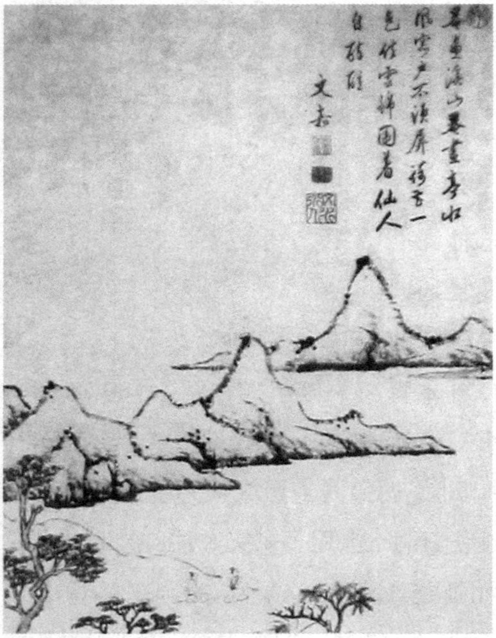

文嘉《溪山亭水图》

首先介绍陆治的作品。他是被公认为受南宋院画影响较多的画家。这确有其道理，例如他的《花溪渔隐图》。全幅上部留白，三面环山，山的轮廓线十分明确，系用秃笔勾就，用干笔皴擦，加上不多的浓墨点苔，内轮廓线不清，用的系南宋画家的方峭之笔，又近似北宋山石皴法。画底部小树数丛，系用细笔勾皴，山石环抱，江水一泓，山村汀渚，落英缤纷。树旁屋舍数椽，远处小亭翼然，板桥横卧。旁有一舟，一人似在划船，下面又似董源江山画法，充满雅淡的山水之气，在这幅山水画中，宋元画风不悖而并存，实有其浓郁的既柔又刚的清韵。

我们再来欣赏一下文伯仁的《万壑松风图》轴。此图描写众山万壑、千峰罗列、万山竞秀、深邃相叠的景象。一条山路不时在山谷中呈现。近景是高松数枝兀然高立，枝叶扶疏。树荫深处山间隐约可见，屋内有人移动。堂前溪水横流，有小桥偃卧其上。画幅左下方有巨石兀立，石下一泓山水。此处似闻松涛阵阵在山间回鸣。整个山谷用细腻的披麻皴组成，而山的轮廓线虽不似北宋画家那样明确，但也不像元画那样内外不分，山石的四周也没有拖泥带水的笔触，因而形成一大片颇为相近的图形在反复出现，在整个画面中运动和变化、对照和呼应的画面，形成自己特定的旋律。比之一般的宋元山水，绘画的“自律”性也十分明显，因而更为简化明快，显示了“变宋化元”的艺术效果。

我们不妨再来欣赏文嘉的一幅《溪山亭水图》轴。画的下部为一坡陀，上有几块礁石和滩，中间矗立三株参差的古树，枝叶扶疏，树下有一小亭，寂然无人。对岸边也两株小树，远处立一人，似乎与树下一人遥相呼应。看到这幅画，人们就很容易联想起元倪云林著名的《渔庄秋霁图》，文嘉此幅与它不仅构图相似，而且高树也相似，有四株（只是少一株）。但画法则有所差别。倪云林此幅淡墨轻岚，了无人迹，静与道契，实如枯禅。通幅淡墨渴笔画出，以侧锋作“折带皴”来画荒山荒丘，画境荒疏简远。文嘉的画看来虽也萧索幽静，山石用明确的线条勾出，一下就带有清晰的宋画意味。画中有二人静立，一人身穿红衣。更有意思的是湖中荷花盛开，荷叶初绽，苇叶出水，增添了民间绘画意味，更说明此非杳无人迹的所在。很明显，画人已非云林翁当年心境，画家已从倪画影响中脱出，自然要出现另一路画境了。

总之，由上可见，吴门画家确是在“变宋化元”，“变”、“化”二字都含改变之意，但“化”更含有融解、消化之意。也就是说，他们是在元人的笔墨基础上，有选择地吸收了宋人的笔墨，使二者发生质的变化，于是产生了新的艺术。当然，每人的“变”、“化”的程度是不一样的，以至吴门画派的绘画风格呈现了很大的艺术空间，既丰富多彩而又不可避免地引起人们争议。

以上只说了吴门的山水画，其实，他们的花鸟画也有突出成就。也是在很大程度上熔宋元画法于一炉所致。

沈周的花鸟画水平最高，一般认为他初学南宋

文伯仁《万壑松风图》

僧法常（？—1281），俗姓李（一作薛），号牧溪。蜀人。初业儒，中年出家，后为杭州西湖长庆寺僧。吴大素这样描述他：

（僧法常）喜画龙、虎、鹤、禽鸟山水，树石人物，不曾设色，多用蔗渣、草结，又随笔点墨，意思简当，不费点缀。松竹梅兰，不具形似；荷鹭、芦雁，具有高致。一日造语伤（贾）似道，广捕之，避罪于越之丘氏家。所作甚多，唯三反张（疑为三幅屏帐——引用者）是其绝品。后世变事释，园寂于至元间。江南士大夫家存其遗迹，竹稍少，多芦雁等。

——《松斋兰谱》

从这段记载来看，他是一位有正义感的出家人，敢于冒犯当时权倾一时的贾似道，避难隐居，直到元代才开始露面。法常在日本影响很大，传世作品也在日本为多，国内不过有数件而已。以沈周的《卧游图》册中《栀子花》为例，全幅为折枝栀子花一枝，花朵盛开，花用淡线勾出，黄色花蕾，也正在绽放。四周施以淡青，以衬托主花。花枝向上兀立，老叶与嫩芽相互掩映。叶全用石绿填就，用细线勾出叶筋。花茎则用勾勒法，用赭石着色。整个画面悠适清闲，其淡如许。右上角填词一首：“花尽春归厌日迟，玉葩撩兴有新栀，淡香流韵与风宜。簾角处，人在酒醒时。生怕隔墙知，白头痴，老子折斜枝。还愁零落不堪持，招魂去，一曲阕，小山词。右词寄小玉山，沈周。”画的左下角，印“启南”，右下角印“白石翁”。从这幅画中，可以看到沈周和法常的《写生蔬果图》有着一定的渊源。由于沈周本人的记述和诗文较多说的是山水画，花鸟画只有很少几条，在何处在什么情况下画出这类画的，也就很少涉及。至于他向何人学习的，更几乎没有记载。看来沈周还吸收了法常以前的北宋花鸟画，诸如钱选等人画法，进一步形成了自己的写意花鸟画。他只是从法常那里得到艺术的启发，又从元人更从自然观察中完成自己的艺术创造。沈周的花鸟画兼收宋元，也长于宋元，人早有定评：

宋人写生有气骨而无风姿，元人写生饶风姿而无气骨，能兼之惟沈启南先生。观此卷数花，虽率意点染，而苍然之质，翩然之容，楮墨之间，郁有生色，非笔端具造化者不能，八十老翁神王（旺）若此，睹其遗迹，犹有天际真人想也。太原王穉登。

——《吴越所见书画录》

花鸟画以徐熙为神，黄筌为妙，居寀次之，宣和帝又次之。沈启南浅色水墨，实出自徐熙而更加简淡，神采若新，至于道复渐无色矣。

——王世贞《艺苑卮言》

此同白石翁杂花果十纸其合者往往登神逸品。按五代徐黄而下至宣和，主写花鸟，而设色粉绘，隐起如粟，精工之极，儆若生肖。石田氏乃能以浅色作者也。“意足不求颜色似，前身相马九方皋”。语虽俊，似不必为公解嘲。

——孙旷《书画跋·石田写生册》

绘事不难于形，而难于得意。得其意而点出之，则万物之理，挽于尺素间矣，不甚难哉！或曰：“草木无情，岂有意耶？”不知天地间，物物有一种生意，造化之妙，勃如荡如，不可形容也。我朝寓意其间，不下数人耳，莫得其志而失之板。今玩石翁此卷，真得其意者乎？是意也在黄赤白

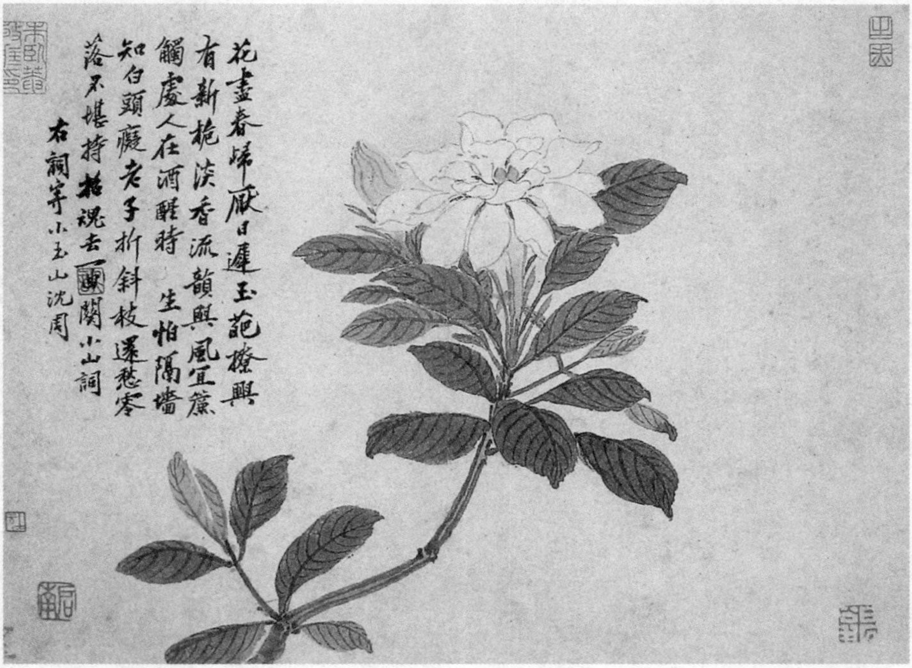

沈周 《栀子花》

之外，览者不觉赏心，真良制也。枝山居士允明。

——《书画鉴影》

我们回头再就《栀子花》图来看，可见以上评价还是中肯的。沈周的花鸟画确具有前所未有的面目。他说自己山水画的尺度是努力使作品有“布意立新、高闲清旷之妙”，用此来衡量他的花鸟画，也非常贴切。他是后来的花鸟写意画的首创者，以后种种花鸟画的新技法大体皆不出这一樊篱。他所以达到如此艺术境界，和当时苏州繁华的社会生活影响密切相关，从他在此图上的填词可见，当时看来他已渐入老年，有一定感伤意味，但仍生机勃发，大有“老夫聊发少年狂”的意味。当然也离不开借鉴宋、元前人的艺术成果。而如果没有对大自然的观察和感悟，也只能是无源之水、无本之木。仅从此图中的花朵和花叶来看，没有细致入微的观察也是办不到的。总之，沈周花鸟画和山水画一样，也都是“变宋化元”所结出的艺术硕果。

第五章
吴门画派艺术特点之二：既重视传统又重视写实

第一节 吴门画派十分重视艺术传统

吴门画派的画家十分重视绘画传统，他们从学习艺术的开始，即十分重视临摹前人的绘画，上章已专门就学元学宋做了陈述。但关于他们学习艺术遗产的一般态度，还要补上几笔。

沈周是很重视学习古人的。他有一句名言，叫作“因师众长复师古”，即开始从师古入手，在学了诸家长处之后，更觉师古之重要，再来重新“师古”。可见其一生都不间断地在这方面探求。本文前面说过，所谓“师古”并无复古之意，乃是更好地掌握前人技法，以利于进行新的创造。后来有些人由此以为吴门画派专营摹古，或只以摹古为长，实际是一种误解。沈周曾在王蒙一幅画上跋道：

> 余见王叔明画《鹤听琴图》，喜其命意高古，尝临摹三四帧，殊自会心。昨于友人处，见梁楷亦有《鹤听琴图》，雪中洞壑，意趣超旷，始知古人一树一石，必有所本，固非流俗率意妄诞而无忌惮也。归卧北窗下，怀思无已，乃想象援笔，观者幸勿诮其效颦焉。
>
> ——《式古堂书画汇考》

沈周的学生文徵明在老师四十出头之际，评论沈周说：

石田先生风神元朗，识趣甚高，自其少时，作画已脱去家习，上师古人，有所模临，辄乱真迹……

——《文待诏题跋》

文徵明自己，对“师古”也很热衷。现举出嘉靖二十年（1541），王穀祥于是年临宋画家夏森画。此事似与文徵明无关，其实却藏了一段玄机。请看王在自己画上的跋：

宋待诏夏禹玉，画笔苍润，妙绝艺苑，一时评者谓其用笔前无古人。子森得家学，戏墨尤精。人间多传，多其父笔，而森作甚少。文衡山先生近购得之，计二十六纸，墨色意象，所谓苍润不下乃父。先生宝藏，秘不示人。余从借玩旬日，喜不忍置。试临摹迈，畦径强割，犹邯郸之步，远不逮也……

从上跋可见，文徵明对于夏森的作品，是十分重视的。此人只是宋画院画家之子，可说是一位并不太知名的画家，文徵明竟加以“宝藏”，且“秘不示人”，可见对古人绘画的热爱。

不仅沈、文如此，唐寅也是这样。上引正德五年（1510）四月，他到吴江史家临画，“尽发其帐中之秘”，临成一册，还逼主人表态，“不知古人胜我，我胜古人”，主人说，大半好于前人，他又谓主人“殆爱我而誉我也”。从而可见他们学古又不囿于古的态度。

他们“学古”又是十分虔诚，又是极其慎重，决不轻易动笔。请看以下数例：

沈周曾题《仿云林山水》云：

朱君性甫，久欲余仿倪云林墨法，为渔子长卷，予辞不能。云林在胜国时，人品高逸，书法王子敬，诗有陶韦风致，画步骤关仝，笔简思勤，至今传者，一纸百金。后虽有王舍人孟端学为之，力不能就简而致繁劲，亦可自爱。云林之画品要自成家矣。余生后二公有百年，捉风捕影，安视之易易而妄作。

——明都穆《寓言编》

要学好古人画，必先学其人格。决不能“视之易易而妄作”。另外，所谓学古，还必须有自己的原创性。请看二例：

詹学凤评沈周一幅山水画：

又一纸小长条，中写径尺长墨竹数百本，亦满盈幅中，层层浓淡掩映，上着一矾头白山，下一飞白石，石之上为横塘，塘亘土桥，过平坡则纯竹矣。惟竹右方开溪口，一老袖手萧然而立，此则大奇。法自黄之久，而青于蓝。凡余平生所见启南画，何啻二百余幅。求如此作，不过三五幅而已。

——《东图玄览》

再如文徵明题《袁安卧雪图》：

赵松雪为袁甫作《卧雪图》，老屋疏林，意象萧然，自谓颇尽其能事；而袭子敬题其后，乃以不画芭蕉为欠事。余为袁君与之临此，遂于墙角着败蕉，似有生意，又益以崇山峻岭，苍松茂林，庶以见孤高拔俗之蕴，故不嫌于赘也。壬寅六月二十日徵明识。

——《式古堂书画汇考》

吴门画派的后一辈画家，对仿古作画也是十分慎重的。请看陈道复于嘉靖十三年（1534）作“双绝”卷，前用水墨作云山，后书杜甫《山水歌》七古，款题：

右杜工部作，米南宫尝书之，今刻于右。丙申仲夏望日，雨窗阅帖及米书，遂摹一遍。虽不能仿佛万一，聊记吾兴。卷首有素绢，复破墨作图，又岂敢谓得米家法耶？观慎勿哂也。道复志。

由此可见，吴门画家对继承前人艺术之重视了。

第二节　再从存世作品中看“仿古”之位置

前面举了大量的事实，说明吴门画派诸家对继承前人作品之重视，同时也说明，这个画派并非以好古为所长。但有失偏颇的看法却由来已久，特别是入清以后出现的“四王”，他们嗜古成癖，如王原祁现存作品中，几乎每幅都是仿古之作。久而久之，人们将这笔账也加到吴门画派头上。此说已形成定见，实有陈诸事实，以正视听之必要。若单纯以理论来匡正理论，往往缺少说服力，只有事实，才是澄清事物真相最有力的证据。由于沈周和文徵明是人们指摘的对象，因此，本书在正文后附录这两位大师的存世作品目录，让这些画目最终说明问题。由于沈、文存世画目很多，本书难以全部列出，只能先就其中三本具有代表性的绘画著录，也就是部分画目来就其中沈、文的作品来一个分析。这三本著录，一是《佩文斋书画谱》，系清圣祖康熙四十七年（1708），敕命王原祁为总裁，会同孙岳颁、宋骏业、吴日景、王金全等纂辑。共一百卷。其中就记载当时画品，是我国一部书学、画学类书巨著。二是《石渠宝笈》，清乾隆九年（1744），高宗命张照、梁诗正等编撰，成于次年，四十四卷。著录当时宫廷所藏绘画。续书有《石渠宝笈续编》成于乾隆五十八年（1793）；《石渠宝笈三编》，成于嘉庆二十一年（1816）。三是《过云楼书画记》，清顾文彬著。十卷，后六卷为收藏画类，收录自藏书画二百四十六件。本来民间收藏的书画著录书很多，但很多很杂，因此书是苏州本地的著名藏画录书，也收入作为研究对象。以上书中也有唐寅、仇英的画目，现一并附于沈、文画目后。

前举二书为我国古代最具有权威性的绘画著录，收藏最为丰富，真迹的概率最大。后书虽属民间，但“近水楼台先得月”，可信度也较高。现以三书中收藏的沈、文的画目，来得出临摹与非临摹作品的比例。但其中少数为组画，一幅常含有数幅乃至更多，这里也只能作一幅计。

先说《佩文斋书画谱》，其中卷八十七中有沈周存世作品四十四幅、卷九十八中有五十七幅、卷九十九中有五幅、卷一〇〇中有八十幅；《石渠宝笈初编》中有一百六十二幅，《续编》中有二十八幅，《三编》中有三十一幅；《过云楼书画记》中有十四幅。

以上三书共收沈周存世作品共三百一十六件，其中标明临古的有三十二件，占10%。这三十二件作品是：《佩文斋书画谱》卷八十七的有《仿王叔明小景》、《临梅花道人秋江待渡图》、《临黄鹤山樵太白图》、《仿宋人画十六帧》共四件；《佩文斋书画谱》卷九十八的《临董苑山水》、《临赵松雪高逸图》、《临黄鹤山樵太白图》、《仿叔明林居士图》、《临杨补子墨梅》卷、《仿倪云林》单条共六件；《佩文斋书画谱》卷九十九的《仿吴仲圭山水》、《仿黄叔明山水》共二件；《佩文斋书画谱》卷一〇〇的《仿黄子久富春》、《仿梅道人松石》、《仿倪迂山水》、《仿吴仲圭笔意》、《仿梅沙弥山水》、《仿大痴笔意》共六件；《过云楼书画记》的《临黄子久深山曲坞图》、《仿梅花道人山水》卷共二件；《石渠宝笈初编》的《仿倪瓒画》、《仿倪瓒乔柯亭子》轴、《临钱选忠孝图》卷、《仿李晞古山水》卷、《法宋人笔意》卷、《仿巨然山水》卷、《仿倪瓒笔意》轴、《仿倪瓒笔意》册、《摹古》册、《仿吴镇山水》册共十件；《石渠宝笈续编》有《仿王蒙山水》卷一件；《石渠宝笈三编》则有《仿马远怀鹤图》轴一件。

我们再用同样的方法来看文徵明的作品。

《佩文斋书画谱》卷八十七中收文徵明存世作品十六幅、卷九十八有十六幅、卷九十九有二幅、卷一〇〇有四十九幅；《石渠宝笈初编》有七十幅；《续编》有三十四幅；《三编》有四十幅；《过云楼书画记》有十六幅。

以上共收文徵明存世作品共二百五十七件，其中标明临古作品十八件，占7%，比沈周又要少一些。这十八件分别为《佩文斋书画谱》卷八十七的《仿赵文敏沧浪濯足图》、《仿燕穆之山水》共二件；《佩文斋书画谱》卷一〇〇有《仿赵子昂送王履吉》轴、《摹赵子昂水村图》卷、《仿米氏云山》卷、《仿米青绿云山》、《仿李唐沧浪濯足》、《仿董北苑山水》、《仿赵文敏沧浪濯足图》、《仿倪迂山水》共八帧；《石渠宝笈初编》有《仿倪云林竹石图》、《仿董源林泉静钓图》共二件；《石渠宝笈续编》有《仿古》册、《仿王蒙山水》共二件；《石渠宝笈三编》有《仿赵伯骕后赤壁图》卷、《仿吴镇山水》卷共二件；《过云楼书画记》有《仿赵魏公湘君湘夫人图》轴一件。

这里有力地证明，有人说吴门画派主要依靠临摹古人作品的说法，是毫无根据的。当然，这里的统计是不完全的。不仅其中的组画造成数字缺陷，而且标明临摹古人的不一定没有画家自己的创意，而未标明的也可有承袭古人之处。当时能见到古之妙品极不容易，所谓临摹谁人的作品，在很多情况下，画家只是仅凭记忆而画成的，我们可以从前面举出的例子看到这一点。但无论如何，这里说明摹古的，我们也只能以摹古待之。即使如此，我们也只能得出这个结论：吴门画派并非以嗜古见长的。

第三节　他们同时重视师法大自然

吴门画派画家重视学习古人，他们同时也重视向大自然学习。这是相得益彰的事，并不完全相悖。且看他们在这方面的见解。

沈周在《山水妙品册》自跋中叙述自己的作画经历：

> 适匏翁太史过我，目以质之，翁谓烟霞境界，曲尽无遗。昔李澄叟自幼观湘中山水，长游三峡夔门，故水陆尽得其态久久然，自觉其画之有力。余于此册亦然，且识岁月，以见一段苦心，非漫焉涂抹者。
>
> ——《吴门画派》画册

可见其画山水时观察自然景物是有一段苦心的。沈周还叙述了他在舟中写生情景，他在成化十九年（1483），五十七岁时作的《万寿吴江图》卷上跋道：

> 癸卯季冬念有四日，有事于吴江，与徐克成同泛。舟中克成出纸一卷示写，信目所见，舟行景移，会意即上着笔，其适客怀也。是夕抵黄溪……明日还棹，经垂虹亭，与克成同登，即事又赋竹枝二词于末，以适兹游之有佳兴也。沈周。
>
> ——《中国绘画总合图录》

沈周为了对照山川景色作画，虽已七十八高龄，还奋力以赴。弘治十七年（1504），为蔡羽作《缥缈峰图》卷（蔡氏自南宋至明，皆居于太湖西洞庭山此峰下）。沈周自跋其画云：

解衣盘礴，日对湖山诸峰，描写形似，以尽其烟云变幻其状。

——《过云楼书画记》

沈周还多次阐述他凭记忆作画的经过：

当成化二十年，余五十八岁时，正值此年正月四日，虞山至道观有所谓七星桧寺，相传为梁时物也。今仅存其三，余则后人补植者。而三株中，又有雷震风掣者，尤为诡异，真奇观也。暇中与子婿史永龄往观焉。永龄因请图之。归而为翁西村先生之玩，盖以西村先生未尝见。并写归途所得诗于后，西村宁不有以教我乎？

——《中国绘画总合图录》

同年春末夏初，沈周游杭州。首赴北山，宿飞来峰，次游南山，抵虎跑。适逢立夏，已游遍杭州诸山。由杭州回湘城，杭州胜景，仍追思不已，因绘《湖山佳趣》长卷。并题跋云："顷年自杭州游回，梦寐未尝不在萦翠间也。晴窗笔墨便手，即东涂西抹，与山水传神。"此图现存浙江省博物馆。也就是在这一年秋，游天台山，作《天台山图》卷（见《石渠宝笈续编》）。此图款"沈周"，后幅自题长诗，中有句曰："端居困沈郁，畅游畅幽怀。天台夙所慕，素志今始谐。陟境思已晴，历览万象该。……维昔李谪仙，名与庐山齐。览胜发豪句，旷达真吾侪。人生百年内，弱草栖纤埃。题诗记岁月，重游能几回。成化甲辰重阳后三月，长洲沈周画并题。"由此可见，沈周并不仅是见景而画，还见景思情，进行人生的悟性思考，这就使得感受更深，创造出的绝不是走马观花、浮光掠影之作。

这里再举出他作花鸟画的一段经历。成化三年（1467）春三月十六日，赴苏州城庆云观观杏花，因雨留宿。次日雨晴日出，赏花而得诗一首。十八日晨为庵僧绘《杏花图》轴，并书诗及跋于上，详细叙述了作画经过，见《虚斋名画续录》卷二《明沈石田杏花图》轴：

杏花初开红满城，我眠僧房闻雨声。

侵朝急起看晴艳，对房两株令眼明。
还宜夜坐了余兴，静免蜂蝶来纷争。
嫣然红粉本富贵，便借月露添妍清。
青苹流水未足似，金莲影度双娉婷。
庭空月悄花不语，但觉风过微香生。
老僧看惯不为意，却爱小纸胭脂萦。
高斋素壁可长有，不由零落愁人情。

成化丁亥二月十六日，往庆云庵观杏花，因宿焉。明日之夕，雨晴日出，花倍灿然，与昼迥殊观。因绕树吟行，夜及半，得此诗，尚未觉倦。早起为主僧天泉写小枝，书为庵中故事。文社诸君子有过庆云者，当为我一和，不使此花落寞也。沈周。

从这一段描写中，我们看到沈周画《杏花图》的全过程。他先看了杏花之美，并不急于下笔，而是先要在月下绕花而行，寻索吟花的诗句，俟将花看遍、诗兴勃发之后，方才下笔作画。人们研究沈周所以发展了花鸟画，总是问他从何古人处得到启发，而很少问及他如何观察所画母体的。传统的技法即使何等美妙，如果不在观察自然上加以运用，加以发展，至多不过原地踏步而已。沈周的过人处就在于既要取其流更要吸其源。

文徵明也很重视观察自然。嘉靖十五年（1536），六十七岁，夏日，自西山归来，作山水画记途中之景，题曰：

丙申夏日，余自西山回，风淡波平，荡舟如屋，不觉兴味勃然。戏为写途中所见，时四月三日也，徵明识。

正德九年（1514）正月六日。同友人汤珍（子重）过至竹堂，此堂可能在石湖畔，因汤珍正在此与王宠兄弟在治平寺读书。这里水汀寥廓，山壑青翠，给他印象很深。春初，他又偕同汤珍重游，作《疏林茆屋图》。正德十三年（1518），文徵明四十九岁时，于是年二月十九日，偕蔡羽、王守、王宠、潘和甫、汤珍及其徒子羽同游无锡惠山，大家举王氏鼎，立二泉亭下，七人环坐，注泉水于鼎，三沸而啜之。文徵明画其景，作《惠山茶会图》。蔡羽作序，并和王宠、汤珍诗。正德十五年（1520），文徵明五十一岁，这年夏日，登虎丘，爱白莲池风景幽胜，在磐石上濯足，悠然有遗世绝俗之想。由虎丘归来，尚念不忘。适逢又得佳纸，仿佛为濯足处小景，留下山中一段佳话。几年前曾为濑石画《雨余春树图》。正德十五年十一月七日，又为此画重新题词："余为濑石写此图，数日复来，使补一诗。时濑石将北上，舟中读之，得无尚有天平灵岩之忆乎？文璧。"由此可见，此图定为游览天平灵岩诸山而作，或有天平灵岩诸山之景。又，嘉靖六年（1527）上巳日（三月初三），为袁表作《闻德斋图》。袁表字邦正，以太学生授西城兵马司指挥，升临江县通判。为人耿介，曾以事忤权贵系狱，为人们所叹服。他善诗、文，这次致仕归来，其父筑新屋于城西，因地近闻德桥，袁表即名其屋为"闻德斋"。并请文徵明、蔡羽、文彭、文嘉等十五人为斋友。谅文徵明去此斋次数不少，为之作《袁氏闻德斋书画册》。文氏这类画不少，想来都经反复观察后才着笔的。嘉靖十六年（1537），文徵明六十八岁，作《杂卉图》，虽即兴之作，但画家从生活中得到的启发却不一般。且看他在画上题跋：

嘉靖戊戌秋日，余偶因事获归亭上，喜农家有登场之庆，童仆鸡狗，各得其所，真郊居一乐也。畅我心曲，舍笔墨又奚以哉。遂展素纸，作墨花数种，以志野兴。

由农家之乐而及墨花，乃现实生活启发了艺术家的画兴。至于对花鸟画的创作，文徵明还有独特的经历。嘉靖十二年（1533）夏画花卉册。自题：

嘉靖癸巳长夏，避暑洞庭，崦西先生（徐缙）邀余过其山居，挥尘清淡，颇为酣适，凡窗间名花异卉，悦目娱心，一一点染。图成崦西谬加赞赏。大抵古人写生在有意无意之间，故有一种生色。余妄自于此册，不知于古法何如，援笔时不觉意趣自来，非效邯郸故步者耳。

文徵明说得很清楚，他不愿向古人画法"邯郸学步"，而是让自己沉浸于自然景物所带来的感染之中，也就是在"有意无意之间"而"意趣自来"，才使所画有"一种生色"，吴门画家既重视传统又师造化之情，不是深为动人么?

唐寅也有不少面对大自然作画的实例。如弘治八年(1495)深秋,当时二十八岁。在浙江平湖县平湖中的鹦鹉洲,他画《桂香亭小轴》于舟中,自题诗及跋云:

> 皋岭丹桂飘香,古岸夕阳秋色;
> 烟波江上归帆,鹦鹉凭林暮迫。
> 幽篁风送蛩鸣,野草闲花沉陌;
> 苍茫云水悠然,中有高人游逸。
>
> 乙卯深秋登鹦鹉皋,玩桂香亭畔,俯翠壁葑岩,苍茫百里,皆云气烟光,对景摹于舟次。

别人形容此画,为"山水屋木,极工细笔,就罩以墨沈作雾景,甚奇,有诗及序"(见《好古堂家藏书画记》)。这既是画家才能的显现,又是大自然的赐予么。

至于画花卉,唐寅也有写生记载。正德七年(1512),四十三岁时,画《女儿娇牡丹图》。自题云:

> 昨与刘都宪见女儿娇,乃蜀中牡丹奇本也。正白楼中泛大红数叶,达夫索牡丹,乃貌之。

《墨绿汇观》这样记录此画:"《女儿娇牡丹图》,白纸本,长方幅,长一尺六寸余,阔一尺一寸,作水墨牡丹一枝,全以墨之浓淡分其红白二花,花头枝叶,秀色逼人,宜为小品中最精者。右首自题……下押一'唐伯虎'朱文印。此题书法甚精,虽法李北海,其苍秀之气,又非拘于形慕者。此幅花名女儿娇,故名之于图。"

在吴门画派四家中,唐寅游览名山大川最多,弘治十五年(1502),年三十三岁时,是年岁末和来春之际,远游闽、浙、湘、赣诸地,眺金山,登匡庐。此行一定大阔眼界,用他自已话来说:自此"予弃经生业,乃托之丹青之娱"。本来书画已很有成就,正如好友祝枝山所述,唐寅"复为所乞,烦杂不休，遂亦不及精谛；且已四方慕之，无贫贱富贵，且请门征索文词诗画，子畏随应之而不必尽所至，大率兴寄遐迩，不以一时毁誉重轻为舍”（《唐伯虎墓志铭》）。这时既为环境所迫，名山胜景，也召唤他潜心丹青事业，于是拜师学友，继而享誉画坛，割席据雄。

至于仇英，他在画上没有较长的题跋，他处又无其作画经历的记载。但从他的作品看来，他除了长期摹写古人之外，一定也是十分注意观察自然的。后面将举出实例。

我们再说吴门画派的后继画家，他们也十分注意观察自然。现以谢时臣、陆治、陈道复三人为例。

嘉靖二十六年（1547），谢时臣时年六十岁，是年作《江山图》长卷，题曰：

> 明嘉靖廿六载丁未，吴门六十老人谢时臣远游吴楚，登太和，次大别，梯黄鹤，涉匡庐，下扬子江。舟中拥蓬取兴，敢与溪山写真，积成长卷，计三幅，遥寄嘉禾少溪草堂；少溪赏识名家，此笔得所归矣。
>
> ——《式古堂书画汇考》

嘉靖十六年（1537）秋，陆治六十三岁，是年秋日，他作山水册十开。十一月，赠永之丈，他在画上题道：

> 嘉靖戊午秋日，余养疴僧舍。杜足迹深山，经年不入城市，逍遥泉石之间，不出支硎一带耳。每见适意，辄成一小图，积之数月，凡得十种，颇有生色，坐客咸谓不堕丹青家蹊径。遂藏之山斋，以当少文卧游观者求之形似之外可也。
>
> ——《陆包山遗稿》

再举陈淳画花鸟一例。嘉靖二十年（1541），陈年六十。作《茉莉花》轴，题曰：

> 秋日，偶从湖山来，逗留胥江之上，故人出名花美酒，相赏忘归。解

舟时则花已在舟上，足知故人知我清癖。既至田舍，秉烛对花，离落顿增奇事，不敢忘惠，戏为此纸峻之。

——《书画录》

以上又举种种事实，说明吴门画家既师古人又师造化。

第四节　独树一帜的“庭院画”和“写景画”

上面已介绍了吴门画派画家作画时师自然的态度，在这方面，他们还有大的艺术创造，出现了独树一帜的“庭院画”和“写景画”。苏州素以园林甲天下，在吴门画派时代，这里造园风气已很风行，《吴风录》写道：“吴中富豪，竟以湖石筑峙奇峰隐洞，凿峭嵌空为绝妙”，“虽闾阎下户，亦以小山盆景为玩”。保留至今的尚有东园（即留园）、西园、拙政园、天平山庄（即高义园）、狮子林等。但当时这些园林，大多为私家花园，还未形成仿佛今天的公众游览胜地。用沈周的话来说，当时苏州还是以“天平、天池、虎丘为最胜地”。尽管当时也有吴门画家开始画园林（例如元代即有画家画狮子林），文徵明甚至还参与建造拙政园的设计，并且多次画了它。但当时画家画得最多的乃是以描写私家庭院为主题的作品，并形成所谓“庭园图”。这样的画并不是完全限于实景，而是将主人的才德和优美的环境结合画家的理想画出的。当时这样的画还往往以庭园主人别号命名，因此，今天一些研究者将其命名为“别号画”。一般说来，这样的画势必在一定程度上要画出实际庭院的大致风貌，和古人一般所写的无名山川显然有着不同之处。这样的画在元代只偶尔出现，到吴门画派出现前后，已成为美术创作的流行题材，甚至成为文人交往中应酬之作。因为当时一些退职的官吏、刚发迹的富豪和富有的文人，既身居闹市，又追慕隐逸生活；既安于富裕生活，又要显示自身品格的高标。杜琼画的《南村别墅图》册，当是这类画的“岷源”。沈周为杨一清画《邃庵图》；文徵明为谢缙藏修之轩而作《深翠轩图》（俞贞木在上跋道：“今兹轩处市中，令人有山林之想，不亦美乎！”），文徵明还为曾潜写《兰亭流觞图》，为张丑祖父张情画《少峰图》；唐寅为王穀祥之父王观写《饮鹤图》，又为王宠邻友陈事画《事茗图》；仇英为吴沧溪画《沧溪

文徵明《东园图》

图》等等。当然，其中也有画家只想切中主人名号，而不画具体庭园，或主人根本没有庭园的，如周臣画《春泉小隐图》，画了门前板桥流水，寓主人“春泉”之号。但多数还是要描写具体庭园的。

现举文徵明画的《东园图》卷。全画工整秀雅，静中有动，是文徵明细画代表作。引首有徐霖隶书《东园雅集》四字，右上端有《东园图》三字，画尾有“庚寅秋徵明制”款。时为嘉靖九年（1530），文徵明六十一岁。下钤“停云”、“玉兰堂印”、“徵仲”等印。卷后有湛若水书《东园记》和陈沂书《太府园谦游记》二则。园主人时为徐申，昆山人，字周翰，嘉靖时由乡试累官至刑部主事。因受宽假囚人事被牵连，被廷杖谪外任。这大约是他外任后所画。卷首题字的徐霖，吴县人，字子仁，号九峰道人。深得明武宗宠信，但他坚不为官，固辞返里。湛若水，曾任南京吏部尚书，著述甚丰。看来文徵明很同情徐申的境遇，精心绘制了这幅行乐图。从题为“东园”和画中的景色来看，可能即为今之留园前身。画中左上角一泓水池，衬着一片竹林，水榭中二人对弈，神态悠闲；甬道上二人行走，一僮携琴相随，亭堂中四人看文论道，一僮在旁侍立。整个画幅为细笔勾就的树木掩映，玲珑剔透的太湖假山石点缀其间。看来这是一群引退的文人，从陈沂所题“谦游记”三字中得知，他们在餐前或餐后正在憩息，完全沉浸在世外之散闲气氛之中，画中也弥漫着一派安静舒适的情趣。工整和有序的笔法，精心安排的章法都加浓了这个气氛。画中的实景类似今天的留园，此园当时即名东园，徐申又号东园子。但记载中只说此园为徐霖所有，并无徐申记载，不管如何，文徵明总是描写了一个实际上存在的园林，将几在世外的虚构的无名山川一下就拉到现实中来。

再看唐寅的《毅斋图》卷，图上有作者自识“吴门唐寅为毅庵作”，后幅有卢襄、王守、赵应宿、王宠、袁褧、文徵明、陆南、黄鲁直、王金、袁衮题记。其中文徵明题曰：“秉忠朱先生，仆三十年前笔研友也。自少以驯行称，而性特精敏。尝作堂于所居之后，名曰毅庵，而以为号。特请子畏作图，复命予铭之。……”图中有一茅屋，屋脊有瓦片覆盖，屋中一高士手中执拂尘而坐，想必即是毅庵了。他是这幅画的中心，画左角的假山巨石，两株古松掩

 唐寅《毅庵图》

唐寅《桐山图》

映，高出画外，松旁有幽篁数枝。画右下也是假山、修竹和美人蕉，后又有古松、桃花，远处隐约可见隐隐的小树，无一不衬托出主人清高淡雅、超然物外的情趣。文徵明称毅庵“以驯行称”，才有这样多的文士乃至退职的尚书为其题咏。画家还着意隐去其余的建筑，致力从表现环境中衬出主人的精神风貌。

唐寅还有一幅别具匠心的“庭院画”——《桐山图》卷，本幅有自题诗：“吾闻淮水出桐山，古来贤哲产其间；君今自称亦私淑，渔钩须当借一湾。吴门唐寅作桐山图。”后幅有由文徵明、袁襄、蔡羽、王宠、徐伯虬、文彭、文嘉、陆芝、袁褧、陆师道、顾闻、黄姬水、王廷陵、王穉登等十四家题记。此画系唐寅为一位号桐山的人作的“别号画”，构图别致，诗味隽永，画中并无一人，只见桐山半腰（山崖中长出一棵梧桐）和淮水的一片急流。山不见其高，水也只见山旁一片，但观者能意识到此画系为桐山而作，“山中不见人，但闻人语响”，人们仍然能体会到主人隐居的高志和胸襟的开阔。这幅画虽得力于别有巧思，但也必须画得真实。如果只用元人的圆润或宋人的刚劲，显然都是无法表现这一主题的。

但更重要的，还是吴门画派出现了“写景画”，这就是指吴门画家所画的有名有地的较有写实性的山水画。上述的“别号画”虽有一定的写实要求，但也只限于很小范围，随意性也较大。而所谓“写景画”，却真的在传统山水画中独树一帜。在吴门画派“岷源”画家中已有人画过苏州风景（如陈汝言就画过虎丘），后来更蔚为风气。我国传统的山水画多画无名山川，也有虽名某山某川，其实只是想象中或只凭记忆而撮其大要而已。本书在第二章第一节已陈述了中国画家主要凭着记忆来描绘景物这一特征，并举了刘向《说苑》中敬君“思其妻，乃画其妻对之”这个例子，说明我国画家主要是凭借记忆、想象来作画的，事实也确系如此，这里再稍作补充。唐代大画家吴道子奉玄宗命，一日之内画成了“嘉陵江三百余里”风光。皇帝好奇问他，答曰：“臣无粉本，并记在心。”再如南唐画家顾闳中，奉了后主李煜之命去了解重臣韩熙载的夜生活。顾“夜至其第窃窥之，目识心记”，据而画成《韩熙载夜宴图》。前者“并记在心”，后者“目识心记”，都十分形象地表达了中国山水画和人物画的主要撷取生活素材之法。当然，古人也有现场画成“粉本”的，如五代荆浩在太行山中对古树写生，“明日携笔复就写之，凡数万本”（《笔法记》）。究竟在多长的时间里画成多达“数万本”的，他说得不清。我们即且放宽至一个月，要画成“数万本”，至多也只能草草地勾上几条线而已。据元黄子久自述，在他的“皮袋中置描笔在内，或于好景处，见树有怪异便当模写记之”（《写山水诀》）。其实他的山水画向不以真山真水为模特的。可见基本上仍是凭“记”来作画的，吴门画家的“写景画”可不如此，因而在古人山水画中显得很为突出，应该在中国绘画史上加以另眼相待。

沈周在他的《吴中山水全景图》卷（现藏“台北故宫博物院”），就画有虎丘、天平山、狮山、何山、横塘、灵岩山、上方山、石湖、胥口、光福和太湖等地，并在画上跋道：

> 吴中无崇山峻岭，有皆陂陀连衍，映带乎田隅。若天平、天池、虎丘为最胜地，而一日可游之遍；远而光福、邓尉，亦一宿可尽。余得稔经熟，历无虚岁，应日寓笔，图者屡矣。此卷其一也。将涓流之他方，亦可见吴中山水之概，以识其未游者。画之工拙，不暇自计矣。

这里说得很清楚：一、这样的画是描写“吴中山水之概”；二、这样的画是帮助“未游者”可从画中见到吴中山水，画家为达到这样的目的，已到不计“画之工拙”的地步。这样，仅凭“并记在心”和“目识心记”是不够的，即使不要求画得与景物完全逼真，也要帮助“未游者”认识其大致风貌。可见，这样的画显然和过去画家所画的山水画甚至和明初画家王履（1332—？）所画的《华山图》之类不同了。

这类画多为系列性的小品之作，沈周除画《吴中山水全景图》卷外，还画了《吴门十二景图》册、《虎丘十二景图》册（即虎丘、玄墓山、虎山桥、南峰、横塘、光福山、天池山、贺九岭、上方山、觉海寺、姑苏台、莲花峰)。文徵明画了《拙政园十二景》册,还多次画过石湖,八十四岁高龄还画《姑苏十二景》(即虎山桥、桃花坞、姑苏台、枫桥、支硎山、天池山、虎丘、灵岩、天平山、太湖、尧峰等十二景),八十七岁时又画了《姑苏四景图》。吴门画派后继画家也有人多画这样的画。

沈周 《菱濠图》

现举出沈周的《东庄图》册(现存21幅)之一《菱濠图》。此画系为其挚友吴宽之父吴融别业而作。吴宽家住城中尚书里,而东庄则在城南角即今之天赐庄一带。这里在清末民初间建东吴大学,今为苏州大学本部。邻近葑门城门,除护城河之外,还多一条汊河。虽经近五百年岁月洗刷,今天我们在苏大本部东南部分仍然依稀可见《菱濠图》所绘的景色。

这幅画和一般的山水画构图已大不相同,整幅都是河汊和葑田构成。葑门,"葑"者,意为茭白一类水生植物,或水草杂生之地。这里周围都是这样的湿土,除茭白外,还生菱、藕和芡实等物,画上的大面积正是这样的水田。港汊一湾,小船正在采菱,一条小路通向茅屋数间,数丛篁竹曳立,这处大约就是东庄别业了。画面上似掠过初秋凉爽的风,人们在小船上采着红菱,一面似乎在唱着吴歌。好一幅江南田园之景。这样的新颖画面,这样的吴中特有景色,确使人感到新鲜和不尽的诗意。没有较长时间的观察和忠于现实,是无从画出这样的画的。

再接着介绍陆治的《幽居乐事图》册。陆治为文徵明重要弟子。吴县西山人。西山又名洞庭西山,又名包山,他本人也自号包山子。他长于真实表现客观景物。这套《乐事图》计十开,分别画梦蝶、龙鹤、观梅、采药、晚鸦、停琴、渔父、放鸭、听雨、踏雪。每开以小篆书画名,末页自识:"包山陆治为云泉先生作。"每页钤"包山子"或"陆氏叔平"印。此画构图新颖,画法简逸，为陆氏晚年代表作。这里选刊其中两幅：《晚鸦》与《放鸭》。他长期定居西山，所画的自然为其耳濡目染之作。如《放鸭》一幅，一条小河将画面一分为二，左上角为河对岸，苇草丛生，右下方则为近处河岸，似乎春暖花开，幼树刚刚披绿。放鸭人在岸边吆喝，群鸭在水中游嬉。大有“春江水暖鸭先知”的味道。再如《晚鸦》一幅，近处几行树木，看来也许是隆冬时节，树叶已经凋谢。对面也许太阳刚刚落山，暮霭渐起，远山一片淡岚，若有若无。而树梢头群鸦归巢，啼声不已，这是一幅山村的典型晚景，不禁使人想

 陆治《晚鸦》《放鸭》

文嘉《浒墅》《顾野王墓》

起已故总理周恩来年轻时的名句，“群鸦恋晚树，孤雁入寥天”，表现了一种心胸开阔、感慨万千的意境。这幅画甚至不像几百年前古人画的山水，几乎倒像今人的写生之作了。由此可见，吴门画家当年注重客观对象的描写，其步伐已经相当大了。

我们还要介绍一下文嘉的“写景画”。他是文徵明的第二子，他的画能传家法并有所变化。这套“姑苏十景”，总为十幅，计苑桥、浒墅、漕湖、顾野王墓、百丈泉、读书台、碧玉沼、白阳山、茶磨屿、青霞坞。款“隆庆四年九月，文嘉”。时为1570年，文嘉七十岁。他和陆治画法不同，写生的程度不及陆治，而笔墨浑厚方面则胜于陆。画用家法，间作米、高法来画云、雾、山，构图或简或繁，墨色或浓或淡，恰当地表现了所画的姑苏名胜，和前人的山水有了很大的不同。如《苏台十景图》中的《浒墅》和《顾野王墓》，《浒墅》描写了今之沪宁线上的重镇浒墅关，当时的情景今天已无从寻觅，但画中之河道，也只能是古运河穿镇而过，河对面一条沿河道路，一个歇脚亭，旁有二人及一僮，河旁有观景楼，中似有一女在观景；下面三五行舟，船人有划有撑，使我们能睹古代苏州西郊的沿河乡镇风貌，而且下笔极其简练，熟中带生，具有不同面貌，予人以很好的艺术享受。顾野王（519—581），南朝梁、陈画家，文字训诂学家，吴人。唐陆广微说“坟在横山东，平陆地，遗言不起坟”。《吴郡志》载，其墓“在吴县楞伽山下，近越来溪，绍兴间碑石虽皴剥断裂，尚巍然直立”。顾炎武则云“墓在今苏州府吴县横山东五里越来溪上”。文嘉这幅《顾野王墓》向我们描写了当时顾墓的风貌。整个画幅以淡

张宏 《天池石壁》

墨画就，河水开阔，可能是今天的石湖澄湾所在。河上有三桥组成的长桥，河对面大约即为上方山，山下群树成行，右处有牌坊，前有二人在闲话，大约这里就是苏州最为古老的画家之一顾野王的墓了。下方有二舟从容划着，大有“富贵如浮云，不如渔樵之乐”之意。今天苏州人早就不知顾野王墓之所在，我们只有从文嘉简练的笔墨，利用他的墨色浓淡来想象当年墓道周围景色之美，也令“未游者”得睹往昔吴中山水之概。

吴门画家一直持续画这样的画。直到崇祯十一年（1638），也就是沈周画《菱濠图》后一百五十年，苏州画家张宏（1577—1638后）又画了《苏台十二景图》册。他工山水，主要师沈周之法而稍变化，作画时年六十一岁，这时距沈周逝世已一百二十九年，距文徵明逝世也有五十年，但他不失吴门画派的写实传统。这套画共十二幅，有天池石壁、虎丘秋色、石湖烟雨、尧峰积雪、枫桥夜泊、胥江晚渡、虎丘夜月、缮缡春晓、灵岩冬霜、支硎晚翠、荷荡纳凉、万笏朝天等。自署“戊寅秋日寓毗陵庄氏之斋头，漫图苏台十二叶以消暑，愧不能似。张宏”。钤白文“张宏”、“君度氏”二印。其中一幅为《天池石壁》，构图严密，笔法圆润，色彩较浓艳。山峦树丛，浓淡相间。天池山在现苏州市吴中区藏书镇，风光秀丽。元黄子久曾居此作画。明初姚广孝在此隐居。张宏画得恰到好处。作者自云，他是在离开苏州，根据记忆画成的，但他“愧不能似”，可见也和当年沈周作此类画时要使“未游者”“得识吴中山水之概”是一致的。

“问渠那得清如许，为有源头活水来”（朱熹《观书有感》），吴门画派画家正由于这样接近生活之源，才能创造出富有生气的艺术。

当然，这类画也不限于系列组画，也有画单独之景。我们从以下两幅可以见到，这些画也受“写景画”之影响，而和其他山水画有了区别。

钱榖《虎丘前山图》

举出的第一幅是钱榖的《虎丘前山图》轴。虎丘在苏州城西南七里处，号称“吴中第一名胜”，宋朱文长认为，虎丘以其形似而得名：“然观其岩壑之势，出于天成，疑先是有丘，而阖闾因之葬也。”（《吴郡图经续记》）此处既为苏州胜景，也向为文人墨客聚首之所。文徵明曾数次来此濯足，并记其事。钱榖作此画时文徵明已逝世八载，画后作者自题：“隆庆改元（1567）仲冬，钱榖为东州兄作虎丘小景，并录旧游三诗于上。”时画家年六十岁。

图上的虎丘前山仍和今日所见的大体类似，进山门（即元代所建断梁殿，俗称二山门）后，甬道大为缩小，憨憨泉于树隙中历历可见。接着是千人石、剑池，小桥翼然，虎丘塔高耸，那时它尚未形成今天所见的斜塔，飞檐也比今天的挺出而高耸。佛寺和二仙亭也在画幅中出现。全画构图丰满，笔力浑厚，山石皴法兼有沈、文之长，点苔更近沈周。这幅画成于摄影术尚未出现的近五百年前的那个时代，画得这样逼真是极不容易的。

举出的第二幅是文伯仁的《泛太湖图》轴。右上角款署“隆庆己巳（1569）春，从胥口泛太湖，因写此图。五峰文伯仁”。时作者六十八岁。此图完全从鸟瞰角度来描绘太湖，湖面空阔，一望无际，近处为港湾和船的入水处，有小桥，有丛树，还有一个庙宇。西洞庭山于湖中在望，诸岛亦隐约可见，湖面上舟帆点点，尚有四帆船游弋其间。如果不是丛树坡石点染显然出自王蒙画法外，此画几疑为今人所作。考以画太湖景色著称的，当多为倪云林莫属，但他笔下的《渔庄秋霁图》、《容膝斋图》等等，都是一片寒江，几株枯枝或枝叶萧瑟的古树，迎面便有一种凉意扑来，使人顿生出世之念。而文伯仁这一幅，太湖的湖光山色，一览无余，岁月已改而湖光依然，使人于碧波万顷渔舟飘荡之前，深感天地之无穷，世情之悠

文伯仁《泛太湖图》

悠。这在古代山水画中很少得到这样的感受。

吴门画家既然这样从事“写景画”，自然也会提高他们在其他创作中的现实主义程度，在前面已引的他们的作品中，相信已有不同程度的表现。现在再引几幅在这方面表现突出的作品以供欣赏。

且看沈周此类画的代表作《西山观雨图》卷。此图成于弘治元年十一月九日，时年六十二岁。此图虽不能列入“写景画”内，但确系以这样的心情画出的。后有画家自题：

怪是浮云寒此图，雨声飒欲出模糊；老夫正急西山役，泥滑天阴啼鹧鸪。八日雨作，廿五日择葬老妻。儿辈在西山筑灰隔。积阴妨事，郁郁无好眠食。客偶持元晖此卷投余，诗发所触耳。明日雨止喜复（后残缺）……

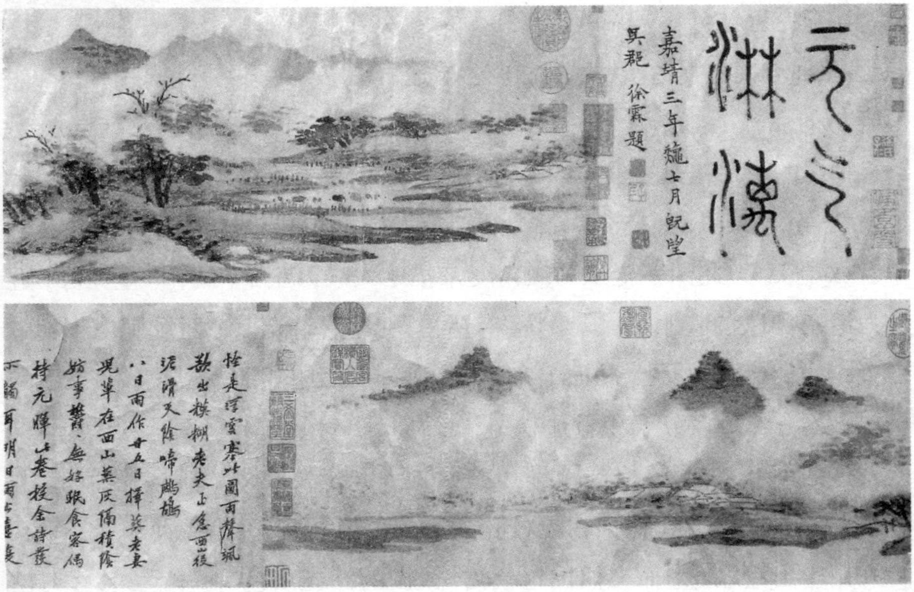

沈周《西山观雨图》

据著录记载，此图后还有陈沂、顾璘、文徵明、汤珍、蔡羽、徐充、文彭、盛时泰、文嘉题跋。很显然，沈周是在葬妻时在西山画成的。按：夫人陈慧庄，于正统十年（1445）来归，沈周时年十九，陈比沈周长三岁。侍祖母朱氏起居极勤。朱太夫人好佛经，必先使其句读，然后从而诵之。又奉舅姑甚孝，人称贤妇。沈周与之甚相得，视之为良友。当沈周二十九岁时，被充粮长之职，逢岁饥，食荐不继，而累偿缺额，致陈脱簪珥以应。陈六十五岁逝世，灵柩由相城运至西山，行舟须一二日方可到达，正逢淅淅冬雨，沈周心情恶劣可知。正好参照了米氏山水，如徐霖题字所说，“元气淋漓”，确切表达出这幅画的独特风貌。

此画不似一般的学米那样只在显露其笔墨水分，而恰如现场写生之作。远处几座山峰在雨中隐约露出，中间一片白雾漫弥，将山腰和大树遮断，下面隐约露出田岸、树丛，田中作物、村舍，笼罩在冬雨沥沥的模糊之中，不是刻意画出，而是涉笔点就，使雨中农村之景跃然纸上。夫人之葬处为西山官竹园，此园也许即在画中雨水弥漫之处。整个画幅墨色淋漓，水意四溢，似乎画家从泪眼模糊中画出，他一定会想到以后将以“料得年年肠断处，明月夜，短松冈”（苏轼《江城子》）的心情将这里回忆，因而力求画得恍如其境。此图实乃我国古典作品中少见的佳作。

再来欣赏仇英的《莲谿渔隐图》轴，此画有仇英自识：“莲谿渔隐图，仇英实父制。”落“实父”、“仇英”印。仇英作品一向以青绿精工见长，而这一幅却一洗铅华，甚至近似面对太湖沿岸，仔细观察后所作，上幅一片空白，显示晴空万里，接着远山重重，正是太湖沿岸由天目山余脉构成的群山之景。中间有一层层雾气，沿水边有小块土坡连衍。下幅则有一块农田，田畦历历可见，庄稼似快成熟，中间似有白色小鸟起飞追逐。田边有几幢瓦

仇英《莲谿渔隐图》

文伯仁《南溪草堂图》

屋，门前矗立两棵高大的古树，远处正放下渔网，后又有几间茅舍。显示了渔隐人家这一主题。门前一条小河，几条小船正泊在岸边。正中有高士和小僮，当是画中的主角了，这幅画和仇英平素画风迥然不同，看来正由于他一向在太湖沿岸的苏州生活，耳濡目染，参照现实景色作画的结果，也是他本人艺术素质的显现。

最后，再来介绍文伯仁的另一幅佳作《南溪草堂图》卷，此画有题署："隆庆己巳（1569）冬为天锡写"，下钤"五峰"、"文伯仁"、"五峰山人"等印四方。卷后有王常书王穉登撰《重建南溪草堂记》并跋。此卷画的是明代书法家顾瑛住所南溪草堂及其周边农村之景，草堂只占画幅的一小部分，可以说是明代江南农村的一幅画卷。

画幅的开始是溪水上一座木桥，一舟正往桥下通过。过桥后是一堆山石，大树矗立，又是一座石桥。过桥后是平坦的泥路，对岸远处又有一处砖桥，上有二人行走。再走即是一座小山，树木掩映，进而即是南溪草堂，由数间茅屋组成，窗前二人正在对弈。屋后似有类似草垛的贮藏之所，另一屋内则有犬豕之类。门前有数人在行走。近处树下又有捕鱼的网罟，远处不断有农家居住，还有几块水田，小秧刚刚插好，另外水田中似种上别的庄稼。向前走则是一座长桥，桥头还有牌楼一座。再向前似是农村的小公园，几块巨大的假山石巍然矗立，四围有矮矮的栅栏。对岸有一水榭，中有醒目的红色方台，寂然无人。靠栅栏边正过一只小船，二三人在船头静坐长谈，一人正在划船。在靠下幅则是一个水车草棚，棚中的老黄牛正在拉着水车。对面就是河道，不时有小舟停泊。中间有不少农田，禾苗正在茁壮生长。总之，这是罕见的江南农村实景，一般山水画中只画少数渔、樵之类，至多不过几个妇孺在玩赏，仅此而已。类似这样大片地表现农村日常之景，极为罕见。北宋的张择端画了汴梁的繁华街景，成为千年绝唱；文伯仁则表现了江南农村的美丽而静谧的风光，也为后世留下了少见的农村行乐图。艺术效果在这里还加上了社会认识效果。只有吴门画派特有的对表现现实的重视，才能产生这样杰出的艺术。

第六章
吴门画派艺术特点之三：
既是文人画而又雅俗共赏

第一节　先说文人画之内涵

“文人画”这个词很玄，说起来可能成篇累牍，到头来可能还弄不清楚。本书只是研究吴门画派，只偏于就事论事，不想扯得太远。但重要的论述还是要引的，这里先引宋苏轼的一段话，是他首先提出“士人画”这一概念：

> 观士人画如阅天下马，取其意气所到，乃若画工，往往只取鞭策皮毛，槽枥刍秣，无一点俊发气，看数尺许便倦。汉杰真士人画也。
>
> ——《东坡题跋》下卷《又跋汉杰画山》

到董其昌这里，将“士人画”改称“文人画”。两词内涵虽有不同，但看来精神是一致的。是董其昌首提此称并将它和“南北宗”、吴门画派连在一起的。这是他两段原话：

> 文人之画，自王右丞始，其后董源、僧巨然、李成、范宽为嫡子。李龙眠、王晋卿、米南宫及虎儿，皆从董、巨得来，直至元四大家，黄子久、王叔明、倪元镇、吴仲圭，皆其正传，吾朝文、沈，则又远接衣钵。若马、夏及李唐、刘松年，又是大李将军之派，非吾曹当学也。
>
> ——《容台别集》

> 禅家有南北二宗，唐时始分。画之南北二宗，亦唐时分也，但其人非南北耳。北宗则李思训父子着色山水，流传为宋之赵斡、赵伯驹、伯骕，以至马、夏辈，南宗则王摩诘始用渲淡，一变钩斫之法，其传为张璪、荆、关、董、巨、郭忠恕、米家父子，以至元之四家，亦如六祖之后马驹、云门、临济，儿孙之盛，而北宗微矣。
>
> ——《画禅室随笔》

苏轼话中的“士人画”，用他原话来说，在于“意气所到”，正与画工相反；董其昌的“文人画”，大约只能从他所举的画家身上，找到这样的诠释，但他所列的两条线的人物也并不全然一致。倒是近人陈衡恪的一段话。是人们经常引用的：

> 何谓文人画？即画中带有文人之性质，含有文人之趣味，不在画中考究艺术上之工夫，必须于画外看出许多文人之感想，此之所谓文人画。
>
> ——《文人画之价值》

这段话倒是和苏轼的话遥相呼应的。前者强调的是“意气”，后者强调的是“许多文人之感想”，看来和董其昌的意思也不会有多大出入。如果这样，我们不妨依据他们所说的来进一步梳理一下，文人画的表现，看来既然是要抒发画家“意气”、“感想”，那么，这样的画必定要强调其“自娱”、“自适”功能，所有的笔墨情趣都是由这点出发，这就是文人画的“性质”所在；再必须就是运用多种手法，多方面来表现“意气”和“感想”。看来这两条是必不可少的。我们回头再来衡量一下吴门画派的作品，他们多是文人，他们的很多作品也是基本上做到“意气所到”，“画外看出许多文人之感想”。特别在诗、书、画结合方面，他们发挥得很为突出。下一节仅就这一点来看他们文人画的性质。

第二节　用诗、书、画表现“文人之感想”

沈周自幼即露诗才。诗风如其人，平易自然而不傍门户。其诗初学唐人，雅入白居易，既而师苏轼、陆游。在当时复古运动声势很大之时，甚为难得。《四库全书总目提要》称他的诗“挥洒淋漓，但自写其天趣，如云容光焕发水态，不可限其方圆”。钱谦益论他老年的诗：“踔厉顿挫，沉郁苍老。”朱竹垞《诗话》云：“石田诗不专仿一家。中晚唐、南北宋，无所不学。每于平衍中露新警语，人自贞不绝俗，诗亦变而成方。”书中举出“明镜有影微云外，清露无声万木中”、“落木门墙秋水宅，乱山城郭夕阳船”、“竹枝两暗蟏蛸户，豆叶风凉络纬篱”、“墙凹为避邻居竹，圃熟多分路客瓜”、“酒醉又移花下席，书多别起竹间楼”、“片帆南浦草仍雨，斗酒长亭花有风”、“明月未来风满树，夕阳犹在鸟无声”、“野色迎人过桥去，春风吹面傍花行”等等。六十二岁时，友人程敏政以雨灾被劾致仕，问讯作诗送之，其中有“人从今日去，雨是几时晴”之句，为海内传诵。盛产大闸蟹的阳澄湖，原名阳城湖，据说因沈周《晚归阳澄湖》中的佳句“湖澄不可唾”，因而改称阳澄湖。地方志中既称阳城湖，比沈周稍前的诗人杨维桢、顾阿瑛、高启等诗中，也都未提过阳澄湖。文徵明的诗也清新自然，十分可嘉。连后七子的首领王世贞也承认“（他）好为诗，传情而发，娟秀研雅，出入柳柳州、白香山、苏端明诸公”（《文先生传》）。所作也佳句甚多，如“双鸟欲浮天拍水，夕阳人在虎山桥”、“小艇沿流吟落日，碧山浮玉涨晴烟”、“古藤危磴黄茆渚，细草荒宫消夏湾”、“江南五月炎无奈，别有凉风属画家”、“满目秋山无着处，夕阳刚在小桥西”、“明日烟波情满目，思君独上夕阳楼”、“雁影天随远，渔歌水自长”、“秋老山空寒浸月，草香沙暖玉生烟”、“天淡水平山月小，一人吹笛过江南”、“后夜扁舟江上宿，满天明月看潮生”、“岁晚雪残春好在，莫教长笛起邻家”、“吹尽晓风霜叶脱，一痕斜日古山秋”等等。

我们看看唐寅的诗，王世贞说他“之始为诗，奇丽自喜，晚节稍放，格谐俚俗，冀托风人之旨，其合者，犹能令人解颐”。这里且摘他的苏州景色之作，如咏天平山：

天平之山何其高，岩岩兀兀凌青霄；
风回松壑烟涛绿，飞泉漱石穿平桥。
千峰万峰如秉笏，崚崚嶒嶒相壁立；
范公祠前映夕晖，盘空翠黛寒云湿。

再如咏寒山寺：

金阊门外枫桥路，万家月色迷烟雾；
樵阁更残角韵悲，客船夜半钟声度。
树色高低混有无，山光远近成模糊；
霜华满地人怯冷，江城欲曙闻啼乌。

再如咏洞庭湖（太湖）：

具区浩荡波无极，万顷湖光尽凝碧；
青山点点望中微，寒空倒浸连天白。
鸱夷一去经千年，至今高韵人相传；
吴越兴亡付流水，空留月照洞庭船。

后来在万历年间任吴县知县的袁中郎（1568—1610）评这首诗曰："诗中有画。"其实前两首何尝不是如此。

沈、文、唐等人不仅是诗词里手，沈的友人杨循吉说沈周是"文章大家"，从他在画上的题跋看确是如此。文徵明很早就以纪事文章、行状传和墓志铭为生，唐寅年轻时即以《娇女赋》、《金粉福地赋》、《惜梅赋》等声名远扬，后来也间以著文行世。以他们这样丰满的情感，出众的诗才，或终老田园，或侘傺一生，或感国势日非，能不于绘画之外，另觅途径以诉心曲？他们有感于画，画之未尽，佐之以诗，再书以诗或文，使画家之情感宣泄到了最高境界，使绘画进一步发扬了民族特色，也使绘画功能达到了新的境界。于是，诗、书、画相结合的具有文人画气质的绘画便在吴门画家笔下大量出现了。

在今天看来，在国画上题文写诗已属平常之事。殊不知这里有一个历史发展过程。在唐、宋时代，中国的卷轴画刚刚建构不久，人们主要创建这种新兴的绘画图式，因此在魏晋和唐时代，画上有的至多只是绘画本身的说明而已。到了北宋时代，开始有了题字，但只限于极少数名书法家的作品，而且也只限于花鸟画。例如赵佶、苏轼的作品。而对于山水画和大部分的花鸟画，人们觉得画面已很完整，观者要欣赏的也只限于绘画本身，无须再加什么笔墨，有些画甚至连画家署名都没有。到了南宋时代这一情况并无根本改变。而到了元代，情况逐步改变，画家开始摆脱宫廷影响，作画空间得到扩展，文人气质有所增长，腹中牢骚和愁肠日生，绘画之余或随着绘画涌出抒发情感的欲望，于是开始出现了诗、书、画结合，但也仅限于少数画家，而进一步拓宽这种文人画表现方式的则首推吴门画派画家。

第三节　吴门画家的诗、书、画结合作品

说吴门画家的文人画表现当然不仅指诗、书、画结合，首先是它的整个绘画体系，从山水画的章法到勾线、皴、矾头、点、染，从花鸟画的章法到勾线、晕染到用色，都无不浸染着文人的气质，但诗、书、画的结合，则是文人画进一步发展的重要组成部分和标志。

我们还是先介绍沈周。他是开拓诗、书、画结合的大家。他在四十一岁时画的《庐山高》，就是开山水画上题长诗的先例。全诗总长二百五十字（跋不在其内），为有山水画以来所少见。多谢这个画龙点睛，不仅使我们理解画家丰富而诚挚的内涵，也帮我们看到吴门画和元画的区别所在。沈周画上之长跋不少，很多情理交融，允为佳作。成化十年（1474），四十八岁时，题《峦容川色图》，长跋如下：

> 国初金华宋学士每见峦容川色，谓是上古精华，不忍舍去，其好古之心为何如哉！予居荒僻，无可目击其胜，但以毫楮私想象之。搰搰涂抹，又不能探绘事之旨，惟徒劳于心尔。（此处有一百七十四字，因它处已引，略）此幅予从刘完庵处所临，中间妄有损益处，妄自生涩。于其所好，弗以为烦，譬之盲者不摘埴，无以得途也。他日秋之以游金华，见学士之所弗舍者，然后更加润色之，不知未能否耶？成化十年二月念四日，石田生沈周题。
>
> ——《江村销夏录》

这里宋学士是指宋濂（1310—1381），明初著名文学家。浙江浦江人。初得明太祖宠信，主修《元史》，官至学士承旨知制诰。后因长孙涉及胡惟庸案，全家发配茂州，宋濂中途病故。他也是明初王蒙系狱、吴门画家惨遭杀戮（包括沈周老师陈宽之祖父陈惟允）这一悲剧中的人物。沈周大概由此画不由想到宋学士，三缄其口，转而论述董、巨之画如“一线属旒”（即从略段），但对宋濂仰慕之情，却溢于言表。我们设想在欣赏《峦容川色图》的同时能回味这样的题跋，其意境之深远、感想之浓郁，也就自不待言了。

沈周的题跋还别饶风趣。成化二十年（1484）五十八岁时，写就《五十八自赞画像》云：

> 有何聪明，有何才谞？儒中兀兀，儒服楚楚。大识不过一个丁字，大读曾无半部《论语》。自礼之乃草木之徒，自望之将金玉乎汝。红树青溪，白云孤屿，或坐或咏，或行而歌。声随意发，亦不能汩。聊乐我云，自得其所。不觉其年之五十有八，忽雪之如许。敢怠夫好修之心，必待尽后而已也。
>
> ——《石田先生文钞》

好一篇解剖自己、老而不倦的妙文。他的小品很多，也有很有风味的题咏。成化二年（1466）四十岁时，画了《萱花》立轴，上题：

> 我母爱萱草，堂前千本花；
> 赠人唯此意，磨墨点春葩。
> 成化二年五月，长洲沈周。

沈周事母孝（母这时尚健在），作画时画家起思母之情。一幅简单的萱花，不大的画幅，有了画家这样的题咏，顿使画的空间扩大了，增添了感人的力量。

不仅如此，沈周作画还不忘同里乡亲，如他画一幅《枇杷》。此系一枝枇杷，一串果实，黄润晶莹，垒垒可爱。长叶舒展伸开，枝茎用细笔勾就，显得十分平淡自然。沈周却题上了如此的诗句：

弹质圆充饤，蜜津凉沁唇；
黄金作服食，天亦寿吴人。

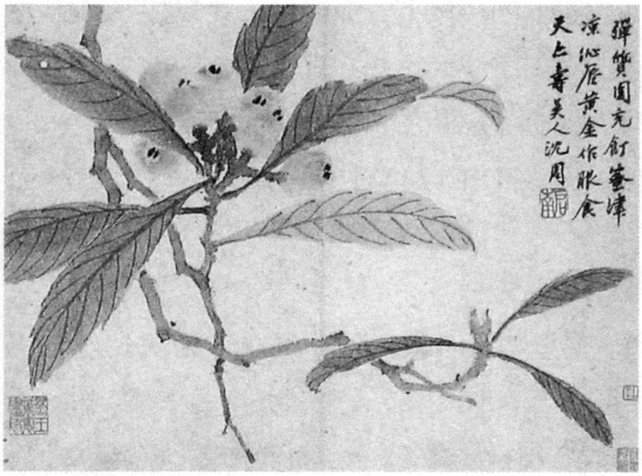

沈周 《枇杷》

如此简单的画面，经如此题咏，其意也就十分深厚了。画家画的定是洞庭白沙枇杷，此系吴中特产，沈周题作“寿吴人”，一语双关，乃绝妙好词。

文徵明题画诗甚多，嘉靖十四年(1535)，时年六十六岁，画《浒溪草堂图》卷，画前有跋及诗：

沈君天民，世家浒墅；今虽城居，而不忘桑梓之旧，因自号浒溪。将求一时名贤咏歌其事。余既为作图，后赋此诗以为诸君倡。浒墅一名虎墅。按《图经》：秦始皇求吴王宝剑。白虎蹲于丘上，西走二十五里而失，故名虎疁。吴越讳镠，因改为疁墅，又讹虎为浒云。嘉靖乙未腊月。何处闻云筑草堂，虎疁溪上旧吾乡。百年鱼鸟常关念，一曲风烟拟自藏。南望帆樯依树转，西来墟落带山长。最怜出郭红尘远，春水还堪看野航。文徵明。

画末端还自署“徵明写浒溪草堂图”。此图应绘的是现浒墅关附近小景。画幅右处即为草堂，高树掩映。屋中有人对话或操持家务。门前为一长河，横一小舟，旁有二人对话。再前有树林，露出茅屋数椽。河岸旁山石树木人家，一处可能是一码头，船桅杆数根。整个画幅构图紧凑，一片幽闲宁静的世界，跃然纸上。再连同画家的诗文来看，这时绝非世外桃源，而是紧傍京杭运河，也许依稀可闻不远的船声，画与诗进一步表现了草堂主人的

文徵明《浒溪草堂图》

恋乡之情。

文徵明和沈周一样，几乎每画必题，莫不为画幅增色，使画意感人而诗味隽永。现录数首于下：

看山何必待春晴，雨里看山分外明；
持盖衡烟觅诗去，不知身在画中行。

（题画）

春深高树绿成帏，遇雨寒泉半涟漪；
浓雾不知山日落，回寻空翠袭人衣。

（题《春深高树图》）

晓雨晴来山欲黛，暮潮平处水得空；
一江春色无人画，都属诗人短笛中。

（仿梅道人）

平生最爱云林子，惯写江南雨后山；
我亦雨窗闲点染，疏云斜日有无间。

（仿倪云林）

睡起西窗竹两收，醉和残墨写沧洲；
恍然置我扁舟上，十里青山一片秋。

（题画）

唐寅更是每画必题，且语多隽永，发人深思。现引《桐阴清梦图》轴及其题咏。画梧桐荫下，一人闭目坐摇椅纳凉。画上题曰：

十里桐阴覆紫苔，先生闲试醉眠来；
此生已谢功名念，清梦应无到古槐。

此画未署明年月，从画风及意境来看，当是睹物伤景之作。人物采用白描法，梧桐亦单线勾勒，整个画幅充满文人画雅气。画中的先生正在酣然入睡。也许“清梦”正到“古槐”，此公看来正如唐人笔记小说《枕中记》的卢生在做黄粱美梦，在“古槐国”中享受荣华富贵。这或许正是画家自己，“二十余年别帝乡，夜来忽梦下科场”。醒来却是一生的侘傺生涯。不免令人为这位旷世才子感到深深的惆怅。此画未署所作年月，但可以确定的是唐寅在考场失意之后，或是从南昌回苏后所作，从而可见画上题跋之感人所在了。

唐寅 《桐阴清梦图》

再举一幅《幽人燕坐图》轴。画上白云缭绕，几座山峰，也只露峰顶，都用淡墨擦晕，加上细笔如茵，显得文雅非凡。下半幅是画的主景，高树参天，巨石竖立。下有一池涧水，远处一草亭，寂然无人。近处邻水有一草阁，一老者静坐。通幅都用细笔画就，雅淡之气，沁人心脾。唐寅一向用润笔、斧劈皴、浓墨作山水画，此画顿作另一面貌。但事不止此，他也加上富有深意的题跋，使画面效果更为深沉了：

幽人燕坐处，高阁挂斜曛；
何物供吟眺，青山与白云。

一种生不逢时、百无聊赖的隐士心情，顿使人同感于斯。杜甫诗云“片云天共远，永夜月同孤”（《江汉》），也就是这种心情的写照吧。

唐寅《幽人燕坐图》

综上所述，诗、书、画的结合，不仅体现我国的民族艺术，书法和诗文之美（再加上印章），也能促使绘画技巧的发展。如沈周讲究的用笔力度，文徵明潇洒不群的兰、竹（包括陈道复花鸟画的运笔），唐寅刚柔相济的运笔，比之元人，他们更强调书画笔墨相融的性能，他们还创造出许多山水画的皴法，画叶、树、苔、线、点的技法，更重要的是他们还由此获得了超绘画的表现力。

绘画本来就是限于在平面上用二维空间来表现物体，中外艺术都是如此。人们一直想突破这一局限，18世纪下半叶，由于现代工业和科学技术的发展，欧洲画家中出现了“现代派”（modern）或“现代主义”（modernism）（或称“前卫”、“先锋”），利用或强调绘画某一元素（如色彩、透视等等），或物体的形体、人的视觉和美丑感、笔触之粗细等错位手法，使人于欣赏绘画的同时，能产生某种非正态和新奇的联想，进入另一种思维境界。或者说，使观者能在欣赏绘画的同时，实际上也在进行艺术创造。人们称之为四维空间（或四度空间）。不管赞成与否，人们不得不承认这是绘画出现的变革。而我国远在几百年前，就利用诗、书、画结合这种民族艺术所固有的方式，来引起人们超绘画的思维活动。当然，这不仅

仇英《修竹仕女图》

和西方现代主义手法不同，而且还有着时代的区别。马克思、恩格斯预言在全球经济一体化的时代，会出现一种世界的literatur①，现代主义艺术正处在这样的时代。而吴门画派艺术，是在封建主义制度下的艺术活动，它只能加深民族艺术的特色，为未来的时代艺术的发展进行准备。但在艺术能引起人们在绘画外的遐思这一点上却是十分近似的。上面举的吴门画派的绘画，难道不是引起人们画外联想吗？这些宛如一首缠绵悱恻的小夜曲，经百年之久，仍具有以前绘画所没有的令人感动的魅力。

仇英由于是自学成材，我们不能苛求他在画面上多有题咏，但他有些作品，却有浓重的文人画的韵味。这里引他的《修竹仕女图》。此图系他晚年所作。画中有一位高髻盛装的淑女，托腮立于太湖石旁。旁有一小女侍立，背后摇曳几丛枝叶扶疏的修竹。身边池中一块湖石，有一对鸳鸯依偎相伴，淑女对它们凝眸沉思，看来正引起她的百结愁肠，整个画中充满清淡寂寥的气氛。仕女的勾线都雅淡有致，看来她可能是新寡独居，也可能正在思念远人，或仍未托终身，面对篁竹空院，正闲愁不已，又面对“尽日无人看微雨，鸳鸯相对浴红衣”（杜牧《齐安郡后池绝句》），增添了满怀惆怅之情。全图

①马克思、恩格斯在《共产党宣言》中指出，在经济全球化时代，“过去那种地方的和民族的自给自足和闭关自守状态，被各民族的各方面的互相往来和各方面的互相依赖所代替了。物质的生产是如此，精神的生产也是如此。各民族的精神产品成了公共的财产。民族的片面性和局限性日益成为不可能，于是由许多民族的和地方的文学形成了世界的文学”。

编者注：这句话中的“文学”（literatur）一词是指科学、艺术、哲学等等方面的书面著作。见人民出版社1972年版《马克思恩格斯选集》第一卷二百五十五页。

敷彩以赭石、淡石青、白色为主，皴笔也婉约朗疏，使整个画幅充满感伤意味。画上并未署名，而清雅的笔调，充分表现了仇英晚年进一步融合院体画和文人画的典型风貌。清方薰在《山静居画论》中说：

> 曾见实父画《孤山高士》、《王献移竹》及《卧雪煎茶》诸图，皆类萧疏简远，以意涉笔，置之唐、沈画中，几莫能辨。何尝事事雕缋，世惟少所见耳。

这幅《修竹仕女图》当也类似这样画中的一幅，可惜实父不能在其上题诗吟咏，但不能因此即抹杀他的文人画气质。纵然不能在画上有诗，我们也只有在画中寻诗了。

第四节　他们还要雅俗共赏

如果说文人画是“阳春白雪”，那么它的对立面则应是“下里巴人”；正如苏轼所说的“士人画”，它的对立面是“画工”；也如董其昌说的“南宗”或“文人之画”，它的对立面则应是“北宗”，“非吾曹所当学”；如果“文人画”是“利家”，匠人则是“行家”，二者都是针锋相对，水火不相容的。但是偏偏吴门画派的“文人画”，却要“雅俗共赏”。正像“士人画”偏带“画工”之气，“南宗”画却有“北宗”之风，“利家”偏要兼“行家”画。他们的作品，我们不妨叫作“入世的文人画”、“雅俗共赏的文人画”。总之，这是新颖的只有那个时代才出现的绘画。其原因上面已有涉及，现在再进一步探索。何良俊评文徵明是“利家”兼“行家”，连沈周也被说兼有“行家”气，唐、仇二人，那就更不在话下了。他们所以会出现如此艺术现象，当然最根本的原因还是由于当时苏州经济发展而使市民文化兴起，吴门画家们生活在平民之间，这方面的影响也不能忽视。试看沈周在成化二十年（1484），五十八岁时所写的《题钱舜举〈渔乐图〉》：

> 长川无风绉秋碧，鸭嘴平滩引南北。
> 水枫脱叶荻花飞，独许红芜占秋色。

东船老渔罨鱼立，手擘罨竿双脚赤。
清波照鱼如可拾，自见须眉还历历。
老妻背坐乳小儿，似厌大儿争且索。
西船收纶唱歌返，短楫弄波声渃渃。
一家妻子团圆头，三泖五湖共泛宅。
换鱼得米日月饱，鲜鲤活鲈为黍稷。
渔船两叶天池间，翻觉船宽天地窄。
与渔传神雪溪老，满眼江湖纸盈尺。
烟波情性渔不知，令渔见画渔还惜。

——《石田先生诗钞》

相城位于阳澄湖和震泽荡之间，日见渔舟，从诗中可见其对渔民之乐的羡慕之情。沈周又有《割稻》一诗：

我家低田水没肚，五男割稻冻栗股。
劳劳似共雨争夺，稻芽渐向镰头吐。
……
小家伶仃止夫妇，稻烂水深无力取。
口中之食眼中饱，忍见穗头沉着土。
波间粒粒付鱼雁，一年生计空辛苦。
但忧两口不聊生，未暇征租虑官府。
……

这位艺术大师简直就是贫苦农民的代言人了。文徵明对平民也很有感情。他虽生活在城市，也关心农民疾苦，画过描写江南水乡耕织捕鱼的生活情景，如《江南农事图》等画。王世贞这样说："今夫文先生者，即无论田畯妇孺裔夷，至文先生啧啧不离口。"（《文先生传》）这就是说，管理田亩的小吏（田畯）和妇孺甚至连过境的少数民族或外国人（裔夷）也都在说文徵明的好话，可见他和平民的关系。唐寅更生活在市民中间，不时还过着"八口妻孥并告饥"的生活。虽自号"江南第一风流才子"，可对平民生活还是十分关心的。如《江南农事图》，就以异乎寻常的工细笔法，描写了初夏时节江南农村的自然景色和农事活动。画上题道："四月江南农事兴，沤麻浸谷有常程；莫言娇细全无事，一夜缲车到天明。"缲车，旧时曾是遍布苏州城乡的家庭丝织加工工具，唐寅笔下正是这样劳累的平凡劳动的画面。

吴门画家们在诗文活动中也是独标新格的。他们虽然没有公开提出反对所谓"前七子"复古文学主张，但从吴门画家的诗文创作中可以看出，在文学观点上和复古文学很是不同。平易近人，不拘成法，是吴门画家共同的宗旨。大家都知道，唐寅在二十八岁时，因好古文辞而使科考几下第，文徵明十次考试均名落孙山，这和他们的文学主张是大有关联的。

但影响他们画风走向雅俗共赏的，还得力于他们从事的以画养画活动。关于这方面的内容，前文已有阐述。上面已引了一段他们卖画情况的资料（第二章第五节），即《初刻拍案惊奇》中关于"沈石田、文衡山、祝枝山搨上几笔"的前后描写。沈、文、祝肯定未"搨"过文若虚的扇面，因为这位文先生只是虚构人物，但他们这样的举动很可能是有的，他们周围人们的思想变化也确实存在。当时人们对经商获利的鄙视的传统看法已有了改变，在这样的情况下，名家作画就会在一定程度上体察并适应市场需要，注意到绘画的规格和自己的声誉，也要照顾绘画的通俗性。这不能不是促成吴门画派画家努力追求艺术雅俗共赏的推动力之一。这是元画家甚至浙派画家们都未遇到过的。于是，一种与元画家、浙派不同的艺术风格——既是文人画又具有雅俗共赏的"二律背反"的绘画出现了。

第五节　雅俗共赏的作品举例

前面举出的吴门画家作品，很多已具有雅俗共赏的艺术特色，特别是庭院画和描写风景的系列画。即使沈周早期作品《庐山高》，也已具有向这方倾斜之势。至于上面所举的《菱濠图》，文、唐等人的"庭院画"和"写景画"，从内容到表现形式，这种趋势更为明显。下面再进一步举出他们这方面的作品。

首先举出沈周作品《京江送别图》卷。此图画成于弘治四年（1491）三月，沈周时年六十五岁。为送好友吴惟谦（愈）官叙州太守之作。吴为明末清初名

沈周 《京江送别图》

诗人吴梅村曾祖。画首有清王时敏跋书“名迹贻薇”四字，后幅为明文林书“送吴叙州之任序”、祝允明书“叙州太守吴公诗序”，及沈周等人跋。

这是沈周中晚年的代表作。从这幅画中可见沈周既有传统笔法，充分体现书卷气，又根据自然风貌，设置一定情节引人入胜，展现自己的面目。京江，当是镇江口的长江段，叙州相当今之四川宜宾。吴是苏州府太仓州人。如果从家中赴任，在苏州稍事逗留，即可乘舟沿古运河到镇江，由此向西直溯蜀地。这里对岸即是瓜洲古渡，正如长安的灞桥一样，常为古人惜别之地，唐李益诗云“明日巴陵道，秋山又几重”（《喜见外弟又言别》），这幅画恰切地表达了这一境界。

《京江送别图》构图简洁，水天一色。因受南宋画家构图的影响，此幅显得具有分外寥廓、无垠之意，对面的远山用披麻皴画出，多矾头和黑色苔点，显然是受董源、吴镇等画法影响，表现了关山重重和征途悠远。近处的树丛杨柳依依、槐桧掩映，用笔在郭熙和黄子久间，树下的泥石用笔豪放，这样就将它向观者拉近了距离。此为沈周常见的“粗枝大叶”的风貌。树丛后可见小桥桃花，渡口堤岸上四位送行的人（其中应有沈周）向舟中告别，舟上带官帽的自然也就是吴太守了。整幅画笔法苍秀，用墨浑厚，设色明净。此画具有文人画的雅致，没有元人那样岑寂和出世的意味，画面清隽可爱；又不像宋人那样刚劲，使人一望无余、一看就懂，觉得亲切又感到人事茫茫和友情之珍贵。是一幅文人画和世俗味兼而有之并相互融合无间的佳作。

我们再看沈周的作品《柳外春耕图》。这幅画一反传统山水的构图，中间一道长长的木栅栏，将画面一分为二。下图是院子部分，栏门正开，似乎主人刚刚走出，也许在田中耕作的正是此间的主人。一人正在刨地，两人正在田旁商量，上面便是树林，后面似乎是更广垠的农田。篱笆里杨柳吐绿，表示恰是阳春三月，忙于耕种的好时节。在过去的山水画中，也有经过文人笔下的劳动者，但似乎和现实隔了一层，而沈周笔下正在辛勤劳作的耕耘者，似乎给我们带来了真实的泥土气息，对农村生活进行了直接描写。

沈周还画过《稻畦》、《麦丘》之类的作品。后者用三分之二的画面来专画麦丘，这是文人画家从来不画的题材。他又喜欢画各种杂花和小动物，"台北故宫博物院"收藏他画的《写生册》，此册共十六幅，纸本水墨。计有：

1.《玉兰》　34.6×57.2厘米
2.《蝴蝶花》　34.3×56.9厘米
3.《萱》　34.3×58.1厘米

沈周《柳外春耕图》

4.《荷花蹲蛙》　34.7×57.9厘米

5.《蒲桃》　34.8×50.9厘米

6.《雁来红》　34.8×52.8厘米

7.《鸡冠花》　34.7×56.3厘米

8.《菊》　34.7×55.1厘米

9.《蟹虾》　34.8×57厘米

10.《蛎房蚌蛤》　34.7×50.9厘米

11.《蝤虾》　34.9×6.2厘米

12.《白鸽》　34.8×50.9厘米

13.《鸡》　34.8×53.8厘米

14.《鸭》　34.6×53.2厘米

15.《猫》　34.8×54.5厘米

16.《驴》　34.7×55.4厘米

这里画法别致，如《猫》，画一只团着身子的猫。采用俯视画法，将猫画成一个圆圈，盘着另一个小圆圈，就是猫的头部了。构图极佳，十分别致。加上新颖的笔墨，将猫的毛茸茸的感觉和机警憨厚的神态表现得活灵活现。如此画法就连文人雅士和乡村妇孺都会欣赏不已，这就是道地的雅俗共赏了。

我们再来欣赏文徵明这方面的代表作。他擅作“庭园画”，我们在这里需要介绍他的代表作《真赏斋图》卷，表明这类作品也具有雅俗共赏性质。此画于嘉靖三十六年（1557）画就，时年已八十八岁。为友人华夏而作，同样的画已画过几次，这当是最后一幅。华夏，无锡人。他收藏鼎、彝、金、石、

文徵明《真赏斋图》

文徵明《兰竹图》

缣素极丰，善品鉴，推为“江东巨眼”。他和文徵明、祝枝山友善，在无锡东沙建真赏斋，成为文徵明多次吟画的主题。此画原有题诗跋文，今均从略。画的右下方为巨大的太湖石，此为江南园林中常见，石旁古松矗立，枝叶盘虬，树间衬一草堂。在宽敞明亮的书斋里，几位雅士似正在玩赏书画，背后一片修竹。画面用笔纤美、精细而苍秀；树叶勾勒紧密，山石皴染一丝不苟，用色典雅明丽，表现出一种静逸和人间之美，但又全无半点尘俗意味。这是“细文”的代表作，又是雅俗共赏的代表作。

兰本为文人抒发雅兴的画种，首由苏轼、文同、赵孟坚开端，后苏州一地，前后就有郑所南、张逊、柯九思、顾安、夏昶、陈汝秩等名家。文徵明也善画兰、竹，人称“文兰”、“文竹”。嘉靖二十二年（1543）七十四岁时作《兰竹图》卷。他在此画背后题道：

> 余最喜画兰竹，兰如子固、松雪、所南，竹如东坡、与可及定之、九思，每见真迹辄醉心焉。居常弄笔，必为摹仿。癸卯初夏，坐卧甚适，见几上横卷纸颇受墨，不觉图竟，不知于子固、东坡诸名公，稍有所似否也。亦以徵余兰竹之癖如此，观者勿厌其丛。徵明题于玉磬山房。

此画是他一时兴起所作，作画时联想起以往一批大家，不知“稍有所似

唐寅《王蜀宫妓图》

否也”，其实他画的兰、竹已很有自己面目。最重要的是，他笔下出现的并不是富贵人家庭院和文人书院阶前之物，或只是用于发抒自己情感的载体，他画的不是无根无土、不食人间烟火气之物，而是正在山石崖边怒放的兰草，生机勃发，春意盎然，迎风摇曳。根下的小草，正在茁壮吐芽。兰花中还夹着长着刺的树枝，显得别有田园风味。文徵明画兰时还在兰丛中画鸟。总之，他不在兰的幽香、竹的倩影上下功夫，而在“阳春召我以烟景，大块假我以文章”（李白《春夜宴从弟桃花园序》），大大增强了传统文雅题材的通俗性。

唐寅的作品更具有雅俗共赏的特点。我们还没介绍过他的人物画。首先介绍他的代表作《王蜀宫妓图》轴。图中画盛装宫妓四人，分别着绿衣、白衣、蓝衣和红衣，相对闲话。一人回首盼望，一人手执酒食托盘，似欲翩翩起舞之状。人物衣饰都用精秀细劲的线勾出，设色妍丽明洁。画上自书：

> 莲花冠子道人衣，日侍君王宴紫微。花柳不知人已去，年年斗绿与争绯。蜀后主每于宫中裹小巾，命宫妓衣道衣，冠莲花冠，自寻花柳以侍酣宴。蜀之谣已溢耳矣，而主之不挹注之，竟至滥觞。俾后想摇头之令，不胜扼腕。唐寅。

此画原无题，有人曾名曰《孟蜀宫妓图》，后经考证，应名《王蜀宫妓图》。据史籍记载，前蜀后主王衍使宫人着道服，戴莲花冠，“咸康元年（925）九月，衍奉其母徐妃同游于青城山，驻于上清宫，对宫人皆衣道服，顶金莲花冠，衣画云霞，望之若神仙，及侍宴，皆免冠而退，则其髻髽然”

（宋薛居正等撰《旧五代史》）。宋欧阳修《新五代史》谓：衍“又作怡神亭，与诸狎客、妇人日夜酣饮其中。……又好裹尖巾，其状如锥。而后宫皆戴金莲花冠，衣道士服，酒酣免冠，其髻髽然，更施朱粉，号‘醉妆’”。唐寅在画上所题“蜀之谣已溢耳矣”几句，乃指王衍在位时，把政事悉委于宦官，一心沉醉声色。有人劝他“宜以社稷为念，少节宴饮”，他竟以“有酒不醉真痴人”相答。还作《醉妆词》，“者边走，那边走，只是寻花柳。那边走，者边走，莫厌金盃酒”，就是唐寅所说的“滥觞”。“摇头之令”即是这个“醉妆词”。“不胜扼腕”，是指王衍后来的悲惨结局：在位一年即亡，并在迎降途中不仅自己被杀，后唐庄宗还“尽杀衍宗族”。唐寅此画，表面上画的是一群佳丽，锦装素裹，即使是一般鉴赏者，也乐于欣赏，而不知其中深厚的讽喻之意在焉。在吴门画派时代，明代皇帝很有如王衍者昏庸荒淫者。在当时是多么辛辣的讽刺！相信连最斯文的人，也会意会到此，从而击节赞赏的。

唐寅《东方朔》

再推荐唐寅的另一幅人物画《东方朔》。按《列仙传》卷下：“东方朔者，平原厌次人也，久在吴中，为书师数十年。武帝时上书说便宜，拜为郎。至昭帝时，时人或谓圣人，或谓凡人。作深浅显默之行，或忠言，或诙语，莫知其旨。至宣帝初，弃郎以避乱世。置帻官舍，风飘之而去。后见于会稽，卖药五湖，智者疑其岁星精也。”按《史记》、《汉书》均有其传。《汉书》称其为“滑稽之雄”，“童儿牧竖，莫不炫耀，而后世好事者，因取奇言怪语，附著之朔”。唐寅画的就是这位为“童儿牧竖”所加工过的神话人物，一位睫眉很长的老者，他面含微笑，衣冠整齐，手执一桃，一面提衣弯腰行走，似刚刚做了什么见不得人的事。且看作者题曰：

王母东邻劣小儿，偷桃三度到瑶池。

群仙无处追踪迹，却自持来荐寿卮。

唐寅为守斋索奉马守庵寿。

下有“唐解元”、“六如居士”印章两枚。一看题跋，人们方恍然大悟。原来唐寅画的是这位有着荒诞神话故事的人物，正在偷着蟠桃献给“守庵”先生，不禁使人莞尔一笑。这一笑，“童儿牧竖”也可，文人雅士也可。前者之笑，因为它的滑稽有趣；后者之笑，也觉得诗画隽永。这不是雅俗共赏，这又是什么呢？

关于仇英，人们倒不是怀疑其作品能不能通俗，而是担心其能否免俗的问题。这里却有所误解。前面我们已经引过好几则古人对仇英作品的公正评价，下面再引几条对他作品的议论。张丑在《清河书画舫》说“仇英师王维，山林学李成，人物师赵伯驹，资诸家之长而浑合之，种种臻妙”。他的作品更具有雅俗共赏的特点。《无声诗史》这样说道：

英之画秀雅纤丽，毫素之工，侔于金玉。(其人物)发翠毫金，丝丹缕精丽艳逸，无惭古人。(其仕女画)神采生动，虽(周)昉复起，未能过也。

明谢肇淛说得更为中肯：

仇父虽以人物得名，然其意趣雅淡，不专靡丽工巧，如世所传汉宫春，非其质也。

——《五杂组》

说仇英“意趣雅淡”，富丽中包含通俗性，文人雅士既能欣赏，一般市民也会留恋不止。文雅而不流俗，高逸又能为市民所好。他的大幅画前面已有介绍，下面再举三幅小画，以示他这方面的画风。

仇英所画的人物故事图，构思巧妙，具体刻画都严肃认真，细致入微，使人物和环境十分和谐，每幅画都有很强的欣赏性和直观性。先看他画的

《人物故事册》(共十幅)中的《吹箫引凤》。

仇英《吹箫引凤》

这是一个群众面很广的神话故事。汉刘向写的《列仙传》卷上:“箫史者,秦穆公时人也。善吹箫,能致孔雀白鹤于庭。穆公有女字弄玉,好之,公遂以女妻焉。日教弄玉作凤鸣。居数年,吹似凤声,凤凰来止其屋。公为作凤台,夫妇止其上不下数年。一旦,皆随凤凰飞去。”这个故事已成为我国民间婚庆的成语,仇英现加以形象化表现:背后群山环绕,近峰山色如黛,远峰都在若有若无间,显示天宇辽阔,增添了神州的宏大气氛。中间筑一高台,秦穆公端坐其上,弄玉正作凤鸣之状。下幅为宫廷正门,庭阁金碧辉煌,高处正飞来一对凤凰,情景幽美,将本来就是极其优美浪漫的故事表现得更加美丽非凡。

仇英《南华秋水》

再看《南华秋水》,这幅画则又表现为不同意境。画意取自《庄子·秋水篇》。这是先秦的一篇优美的哲理散文,但它叙述的不是欣赏性极强的诸如“吹箫引凤”的爱情故事,而是一篇立意探索宇宙奥秘之道的哲理之作,仇英却将它所陈述的抽象道理加以提炼,转化为可视的观赏性很强的画面,这在人物画中是个独创。画面上河川四处漫溢，象征着“秋水时至，百川灌河”的洪水泛滥场面，由此而引发了河伯与北海、夔与蚿、蚿与蛇、蛇与风、风与目、目与心、公孙龙与魏牟、庄子与二大夫、惠子与庄子的一系列关于天地哲理的探讨。这些探讨非常深奥，而仇英则将探讨的双方画成一男（即“南华”，后为庄子的别称）一女（即秋水），男的儒生打扮，女则端庄少女。男的临流匍匐倚石静坐，女则亭亭而立，二手并举，似与隔河幼儿相语。男女是宇宙间的主宰，象征着世界万物都是阴阳相对，幼儿更表示宇宙的未来，也代表庄子本人正在夫子自道。远处众山隔水而立，树木都笼罩于薄霭之中。以这对男女面对河川和山野来表现自然天地，本身恰似在探讨并代表天地万物大小、多少、盈虚、有无之间的相对关系。这样的哲理表现纵使大智者不能责其为流俗，而一般观者也能从直观中欣赏到其美景，有心者还能领悟其哲理。

再看另一幅《浔阳琵琶》，这是取材于白居易的著名诗篇《琵琶行》。整个画面是浔阳江头，水天一色，正逢“枫叶荻花秋瑟瑟”时节。但画面并无白居易原诗那样悲凉气氛，迎面而是一艘豪华的官船，即诗中的“东舟西舫”的“西舫”，前舱窗口露出数位贵客，酒酣耳热，这时似乎正在“添酒回灯重开宴”之际，中间拥坐的正是“千呼万唤始出来”的风尘女子在弹琵琶，靠窗而坐的应是这位太守，正沉浸在有如“大珠小珠落玉盘”的乐声之中。靠豪华的官船并排的，则是一普通寒碜的小船，也就是诗中的“东舟”，是这位女主人公在去岁江口“守”的“空船”。初读这首绝唱千古的名诗，人们较多的是觉得乐声之美，和感受这位“老大嫁作商人妇”乃至白司马的悲哀。但一接触此画，才深深地感受这位“商人妇”的真正的凄凉，她才是贫贱和江湖漂泊中遭受折磨

仇英《浔阳琵琶》

的主角。如果说白诗的主旨本在于此，那么，现在才为人们所深切地感受。这就是这首诗的力量所在。再回头想象那“东舟西舫悄无言，唯见江心秋月白”，使人真正进一步理解了“琵琶行”。

这难道不是我国古代艺术中雅俗共赏的最好的典型之一吗？

陈道复《葵石图》

前面说的大多是山水画和人物画，现在还要补充些吴门花鸟画家的作品。一般说来，一画种具有通俗性是容易办的，但使它具有文雅之气则非同小事了。可是吴门画家的确做到了这一点。沈周首开其端，其他不少画家翕然从之，继续使之进一步发展。所以能够如此，首先由于沈周开创的花鸟画拓宽了画家们的思想境界，其次则是吸收了前辈画家的写实传统，如周之冕就常观察所养飞禽的动态，陈道复对师古和师造化的关系也有自己的见解，这些在前面已作了阐述，现只举陈道复是如何“胜于蓝”的。嘉靖六年（1527）十月，他画了《朱实》扇面，题曰：“丁亥孟冬，坐古石洞天，墙头过蔓藤，朱实垒垒可爱，因弄笔图之，当必社中一笑也。”现举出他画的《葵石图》轴，右上自题：“碧叶垂清露，金英侧晓风。道复。”钤白文“陈淳之印”、“陈氏道复”二印。图中秋葵一枝，枝叶飞舞，系用大笔挥毫而就，生动非凡。下衬嫩竹双勾，兰草数茎，亦扬亦劲。后有湖石飞白，亦豪爽淋漓，笔势洒落飞动，几同书法用笔，使文雅之气溢于画外，而又均贴切现实形态，毫无粗疏之处，古云“文章本天成，妙手偶得之”，确为“天成”和鬼斧神工之笔。看后使人精神为之一爽。实乃带有原创性的佳作。

第六节　明画终于出现了

在历数吴门画派艺术特点之后，人们可以发现：明画终于出现了。

所谓明画，它的艺术特点应该就是：兼熔宋元绘画之长于一炉，兼熔吸收古法与写真、文人画和雅俗共赏艺术于一炉——这就是吴门画派绘画的艺术特点，不妨说，这也就是明画。当然，所谓明画，也不是涵包明代一切的绘画，而只是鲜明的明代特点的绘画。

这样的绘画由沈周开其端，到文徵明笔下完成。艺术后来仍旧在发展，但吴门绘画起着承前启后的作用。

喜欢欣赏中国画的人们，只要一想，就会发现我国的绘画一直遵循着民族文化的发展轨道，过去每一个封建王朝，都要向整个绘画史贡献与自己的经济、政治乃至整个社会发展相适应的艺术，从而在艺术史上留下自己的烙印。

在我国卷轴画开始形成的魏、晋、南北朝时期，我们闭目想一下，就是顾恺之《女史箴图》、《洛神赋图》“以形写神”的仕女画，用朴素的线条勾就婀娜身姿，并有简单的道具或片山片水所构成，此为这一时代给人的绘画印象。

到了隋、唐时代，绘画已进一步发展，出现了更为成熟的画种。先是阎立本“丹青神化”的人物画，后为周昉雍容华贵的人物画；有真伪难辨的王维等人的水墨山水和另一风格的李昭道等华丽的山水；也有韩幹等人神采飞扬、栩栩如生的动物画；还有吴道子的线描天王像和《地狱变相》诸图；再加上唐代敦煌莫高窟恣意纵横、别具一格而分外动人的“经变”诸画，构成了我国最为辉煌年代的艺术。到了五代和北宋，山水画做了绘画的主角，荆、关等人气势雄伟、浑厚华滋的北方山水，还有董源和米芾等人另有别致的南方山水画，组成了我国山水画最为辉煌的年代。还不要忘记，以北宋画院为主所创作的工丽典雅的花鸟画，苏轼、文同等人兴起的文人画，也使得北宋的画面目鲜明，使人难以忘怀。

到了南宋，山水画随首都南移有了变化，马、夏之“一角”、“半边”山水，使人一下就想到那半壁江山的时代，但也不要忘记二赵的青绿山水和“减笔画”的出现，花鸟画还在继续发展，工笔和写意并用开始出现，并形成了自己的绘画面貌。

到了元代，中国绘画的面貌开始有较大的变化。画家大部分是远离朝廷的“隐逸”之士。这一朝代虽历时不久，但艺术特点却很鲜明，追求超凡脱俗的文人画则是元代绘画的主要面目。元四家构成了这一时代的绘画代表。他们或崇山峻岭，或湖石枯枝，将水墨技法推到了一个很高境界，绘画中充满高逸脱俗的意韵和文人式的遗世独立远避尘世的淡淡的悲哀。墨笔花卉也得到长足的发展。总之，和以前任何一个朝代的绘画都形成一个鲜明的对照。

总之，以上各个时代，都有代表本时代的绘画。那么，从明代开国到沈周绘画驰名时，已百年之久，明代究竟有没有自己的绘画出现呢？

回答是：可说没有。

当明王朝建立时，面对的是影响很大的元画艺术。作为一个号称“反元复宋”的新兴王朝，自然不会喜欢远离朝廷的以隐逸为乐的绘画，因为这不利于巩固自己的政权。朱元璋排斥元画而喜欢南宋绘画，当然不是全然由于他个人的癖好。但是，尽管元画家横遭杀戮（参照本书第二章第四节），但绘画的流传是无法遏止的，因此，在明初近一百年时间里，就出现了三种绘画势头：

一是大体仍然继承元人的山水画和花鸟画；

二是宫廷山水画和花鸟画；

三是浙派的山水画。

但这三种绘画都含有过渡性质，它们还不具有明画的全部特点。

第一方面的代表人物之一王履，昆山人，本身是位医师，也钟情于画，山水学南宋马远、夏圭。入明时，他未被朝廷征召，代表作为《华山图》册，共四十幅，此册页很注重写实，真实地记录了华山奇险秀绝的面貌，在当时即负盛誉，后来吴门画家陆治曾临摹一册。但王履仍不脱马远、夏圭的影响，自然不能算是明画。另一代表人物是王绂，他的山水以学王蒙为主，也是水墨竹石的名家，曾被誉为“国朝第一高手”。杜琼曾从他学艺，说他对吴门画派的先行人物有过影响作用是确切的，同样，他的画也不具备明画的所有特征。

第二方面是明初的宫廷画家。明代并无正式画院之设。开始只是征召

刘俊 《雪夜访普图》

边景昭 《三友百禽图》

画家，还授待诏之类职衔，后来还“特设仁智殿以处画士”（何良俊《四友斋丛说》），并有“武英殿待诏诸臣”，这两殿名义虽有，但画家只是等待皇帝下诏作画而已。洪武之后，宫廷画风向南宋风格转变，出了一些杰出的画家。其中画山水人物的有倪端和刘俊。倪端，生卒年不详，是宣德年代极负盛名的宫廷画家。他工道释人物。刘俊，大约生于成化、弘治间。现举出他的代表作《雪夜访普图》。画面上出现的是个雪夜，宋太祖赵匡胤于风雪中来拜访重臣赵普。看来是商量和策划如何结束当时十国纷争之事。赵为北宋开国元勋，历辅太祖、太宗两朝，有“半部《论语》治天下”的美誉。太祖面对炉火，气宇轩昂，从容兀坐。赵普则在下首侧座。门内侍女正欲捧茶而出。大门外马弁牵马掣伞偎坐苦待，看来他们在寒夜中苦待良久，增添了袭人的凉意。人物和庭院的画法都是继承北宋画院一路，属于精工巧密的一路。自然也不能代表明画。

明初宫廷画家中还出现了几位杰出的花鸟画家。其中有边景昭、吕纪、林良、孙隆等人。现介绍一下边景昭。他生卒年不详，福建人。永乐时供奉朝廷，为武英殿待诏。精花鸟翎毛，为明初花鸟画的鼻祖。代表作《三友百禽图》。画幅右上款识："永乐癸巳秋七月，陇西边景昭写三友百禽图于长安官舍。"画面上是松、竹、梅并植，祥禽百只齐集其间，多在树上栖息，有的喃喃对语，也有的在空中飞跃。假山上和草地上还有多种禽鸟行走啄食，各尽其态，气氛喧闹欢快。禽鸟用勾勒法，坡石用斧劈皴，画风承袭北宋黄筌画法和南宋院体花鸟，承袭富贵之气稍添妍雅的风貌。看了这一幅花鸟画，对明初的宫廷花鸟画也大致有个数，明初宫廷花鸟画自然也不能算是独立的明画。

第三方面则是浙派绘画。这可以说是经过改良的宫廷画派，他们几位主要画家都出入过宫廷。何谓经过改良的宫廷画派？是指浙派虽然仍然继承南宋院体画风，但一部分兼收元人画风，且稍具有世俗的倾向（如戴进），一部分则以粗犷豪放见称（如吴伟）。其代表人物戴进、吴伟作品本书前已引用，这里就不再引用了。

以上均不能算是明画的代表，只有吴门画家的作品，才填补了这一艺术空白。

代表一个时代的绘画，主要不是看"画什么"，它受绘画之外的客观条件的影响；而在于看它"怎么画"，也就是绘画自身内部的运动。对于中国绘画，即看它的线条、笔墨、色彩等等，如何与时俱进，与时代相适应，从而也为本时代所承认，并反射时代的折光。我们前已举了欧洲文艺复兴时期的艺术，人们并未看到那时绘画和中世纪绘画有多少内容的变化，只是看到新的绘画技术的出现。同样，元人的山水画和宋人的山水画在内容上并没有多少不同，只是技法上的改革，从而引起绘画面目的根本变化。反之，尽管绘画内容很出色，如果在绘画技法上还是面目依旧，则并不能引起新的变革。当然，由于艺术具有认识作用，一些重大题材也能在这方面获得不朽地位，如北宋张择端的《清明上河图》即是此例。但较多的如上引的《雪夜访普图》，内容上不能不承认确能切中当时的朝廷时弊，我们也承认它是古代一幅好画。边景昭、吕纪等人也是杰出的艺术大师，也基于同样理由，由于承袭老画法，因而它还没有走出南宋院体画的影子，不管它如何为朱元璋所称道，但这些总无法动摇倪云林在绘画史上的地位，虽然他只画了几棵老树一堆山石。元画，由于它的艺术走在当时的前列，已深入人心，尽管遭受摧残，人们已经过它的陶冶，感受到文人画的新颖，在多年之后，元人绘画仍为人们所喜爱。沈周在弘治三年（1490）八月十三日，年六十五岁时在仿倪瓒一小卷上题曰：

> 迂翁画为戏，简到存清癯。学者岂易得，纷纷堕繁芜。名家数百祀，所惜继者无。况有冲雅篇，数语弁小图。吴人助清玩，重价争沽诸……
>
> ——《珊瑚网》

沈周说的是倪云林当时受人欢迎的情况，即人们争相购藏，不惜高价以求，画家也纷纷摹画。这并不是当时购画者都有欣赏“高逸”画风的水平，而是已形成的一种风气，一些新贵和富豪为了卖弄风雅，装点门面。但也说明那时人们还念念不忘于元画，当然更希望有所发展，于是经过吴门画家的奋斗，终于出现了明画。

或许有人说，吴门画派也没有创造什么新颖的技法，这样说很不完全。吴门画家确也创造了不少新的技法，是在集各方面之长的基础上加以发展而成的。绘画发展到这个时代，绘画图式已经基本完备，所有新出现的艺术面目也只有在传统技法中组合、发展，即所谓“推陈出新”。严格说来，元画较之前人，也没有多少特异的新技法出现，但在他们的笔下，的确有了新的组合、新的艺术意向，人们能说他们没有创造元画么？

总之，我们看到吴门画家的作品，就会感受到那个时代。那个时代也承认了他们的作品，后人尊沈、文、唐、仇为“明四家”，也绝不是偶然的。任何所谓一个时代有几家之说也许总是跛脚的，但偶然中也有其必然性。即如唐寅成为我国妇孺皆知的代表性画家，也绝非仅仅依靠街坊小说或弹唱就能办到的，最根本的是他代表了为那个时代人们所欢迎的艺术。

不仅如此，吴门画派还具有承前启后的作用，他们的艺术开辟了一个时代。

第七章
吴门画派的历史地位和影响

第一节　全国最大的历时最长的画派

吴门画派是我国历史上人数最多时间最长的画派。据清徐沁的《明画录》记载，吴门画派画家有三百余人之多，显然他没有注意到它的地区限制，因而将一半并不属于吴门地区的人划入吴门画派，自然不能成立。这里是按照在本书第一章中叙述过的原则，并经对吴门画派艺术特点进行了分析之后，认为所谓吴门画派的成员应该是同时代的苏州画家，他的作品又能大致符合吴门画派总的艺术风格者，都应该列入此范围。由于艺术本身的多样性和个性，此间又存在着很大的空间。由以上的叙述可以得知，吴门画派的主要画风并不只是元人绘画的继续，而是具有更为丰富的又一时代的画家群。他们“同时同地，声气相通；不叹无牙旷之知，而多他山之助，都各臻其极”（清范玑《过云庐画论》）。因此，不应当对古人画地为牢，而应该尊重约定俗成，吴门画派正是在这种情况下出现的，我们也应该本此精神来认识这一画派的画家。除了在本书第三章介绍的吴门代表画家主要继承者十二人，沈周的家族中继承他的还有沈豳、沈召、沈轸、沈芦洲、沈恒（非沈周之父）、沈颢、沈湄，他的学生及传他画派的人除文徵明、谢时臣外，还有张复、项承恩、盛时泰、吴麟、周用、雷鲤、陈铎、陈焕、陆文、喻希连、孙艾、宗周、陈天定、杜冀龙、朱南雍、李著、徐宏泽等人。

文徵明的家人和继承他的人更多了。本书在第二章所举的吴门后继画家十二人中，他的学生就占十人，即陈淳、陆治、王穀祥、钱穀、周天球、陆师道、朱朗、周之冕、居节、钱贡，另外还有袁孔彰、王复元、王宠、殳君素、孙枝、陈裸、杜元礼、潘祖辰、周顺昌、张允孝、陆昺、黄昌言、李芳、王孟仁、严宾、王元耀、陈沂、张尧恩、王皋伯、朱谋鹤等人。

还要补充的是，文徵明的后人画家很多，如此情况不仅是在我国，也许在国外也是绝无仅有的。他有子二人：文彭和文嘉。文彭有二子：肇祉和从先，文徵明有曾孙定。文嘉有子元善，元善有子从简，从简有子柟，柟有子掞；从简有女俶，俶有女静玉。文徵明有叔子台，从子伯仁，伯仁有子从昌、从忠、从龙、侄英；从昌有子承光、世光。文徵明还有曾孙震亨，震亨有子果、点，点有子二训（自称后点）和赤，点子九皋，赤子泰和永丰。另一曾孙震孟，有冢孙珀（即释本光）。另外秀水还有文氏，也和文徵明有家族关系，也就不列了。

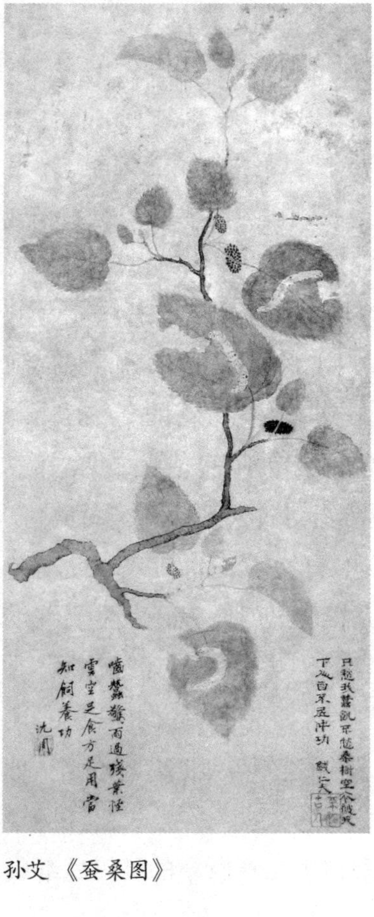

孙艾《蚕桑图》

上述这些人的时间跨度（早期的先行者如赵原、杨基、周砥、宋克、徐贲、谢缙以及更早的顾安、陆广、陈植等人这里也都不提，连有直接关系的杜琼、沈恒吉、沈贞吉、刘珏等这里也不包括），从沈周成名时（暂定为四十岁）即1467年算起，到结束的时期，看来要算到明王朝的灭亡，时为1644年，这样，共历时一百七十七年，这个年限应是很长的了。所以算到明末，因为这是一个大时代的结束；而且松江派已揭竿而起，事实上，这时吴门还有好多优秀画家。清初还有张宏（还可算明画家）、文点等名画家，但只能说是个别的，也就从略不提了。

值得一看的吴门后继画家的作品，本书在前面介绍吴门四大代表画家的同时，也介绍了和他们关系密切且艺术成就较高的后继者十二人。前面只介绍了其中数人的作品，此外很多人的作品也斐然可观。为得窥全豹，现将前文尚未介绍过作品的五人及原藏清宫现尚在故宫博物院的部分吴门画家传世作品介绍于后[1]，可见吴门风流的“尚未五世而斩也”。

王穀祥 《花卉图》

孙艾 字世节，自号西川翁。江苏常熟人。因他和吴门画派关系密切，现在此一并介绍。他学诗于沈周，亦工画。山水宗黄公望、王蒙，尝为沈周写照，并常伴沈周游常熟。他用没骨法画成的《蚕桑图》轴，用色典雅，简朴明洁，颇有农村意趣。无款印，上有沈周题诗一首：“啮桑惊雨过，残叶怪云空。足食方足用，当知饲养功。沈周。”钤“启南”一印。又有钱仁夫题诗：“只愁我蚕饥，不愁桑树空。衣被天下人，且不居成功。钱仁夫。”两诗均深谙蚕和蚕农辛勤之趣。孙艾，现代出版的《中国美术辞典》有传。

王穀祥事迹已见本书第二章。他师文徵明，尤精花卉。《花卉图》册中，一朵硕大的盛开的牡丹，用淡墨线勾就，深墨勾出花心，这种画花法在当时是少见的。花叶有序地分布四周，似群臣拥戴花王，整个画幅华丽而又端庄，娇艳而又大方。画上题道：“香凝金掌露，妆艳玉楼春。若比名花色，沉香亭北人。”后加“酉室”印一方。自署诗令人想起李白的“沉香亭畔倚栏干”之句，益增观者欣赏之兴。

陆师道，事迹见本书第二章。现介绍他的《溪山图》轴。画上自跋：“石山如画绕竹栏，玉涧飞流拂面寒；欲叩无缘避烦暑，卧游惟向画中看。师道写。”钤“陆子传”、“陆师道印”二印。画面给人以雅淡疏松之感，高处山壑高耸，多用淡墨皴擦，浓墨点苔，显然受文徵明影响。

---

①下列画家的作品，均采自故宫博物院紫禁城出版社、商务印书馆（香港）有限公司合作出版的《明代吴门绘画》（1990年版），有些说明也参照此书。

陆师道《溪山图》

居节《山水图》

居节，生平在本书第二章已有介绍。现介绍他的《山水图》轴。画深山访友，高山丛树，石壁飞泉。山用淡墨皴擦，笔法简劲，墨色秀润。树木挺拔茂盛，点叶夹叶并用。山坳间点映楼阁、茅屋、草亭。笔法师文徵明，但自成面目。画上题诗一首："绿封崇，婉转通，千峰叠翠拥芙蓉；不知访道携谁去，要听山风吟晓松。"注明为崇祯十三年（1640）作。

朱朗，生平在第二章已有介绍，现介绍他的作品《赤壁赋图》卷。此图系根据苏轼《赤壁赋》而作。画面上长江浩瀚，赤壁兀立，高山险峻，山路崎岖。湖上一叶扁舟，与辽阔的江面形成对照。此图所画已不限于原作中只是人在舟中寄兴，而着重于大的环境描写。在山道上还有两位清淡的高士，其中大约就有吟着"月白风清，如此良夜何"的东坡居士罢。画上署款为"辛未七月望朱朗写"。钤"朱朗之印"。辛未为明

朱朗《赤壁赋图》

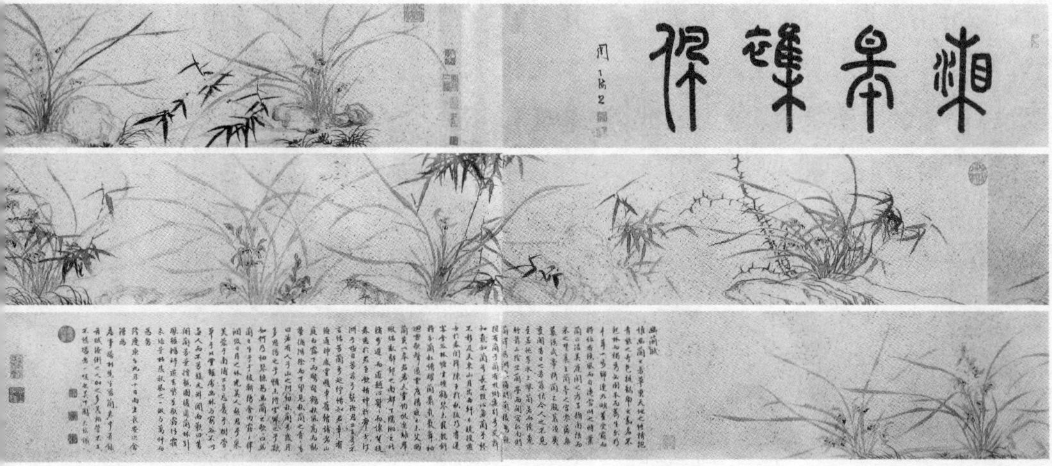

周天球《丛兰竹石图》

正德六年(1511),后幅上尚有王从龙《赤壁赋》全文。

周天球事迹在本书第二章中已有介绍。现介绍他存世之作《丛兰竹石图》卷,此幅兰叶飞舞飘逸,小竹披离潇洒。坡石中多飞白之趣,荆棘中亦见功力之笔。既见赵孟坚、赵孟頫之笔,亦可见文徵明之嫡传。此卷系周氏本人的佳作。画上有他的自书《幽兰赋》,并题"隆庆庚午(1570)九月十日雨,坐长安次舍,漫为詹事�村先生写兰,卷中并录兹赋。潦倒之人,加之多恙,搦管不工,不堪�老一笑也。吴下周天球识"。引首有"湘皋集佩"四个篆字,并周氏自书。卷上有清内府"石渠宝笈"、"宝笈三编"和嘉庆、宣统诸玺。

文彭《兰花图》

文彭(1498—1573)　字寿承,号三桥,别号渔阳子、国子先生。文徵明长子,授秀水训导,官国子监博士。工书法,尤精篆刻,为后世所宗,称为流派印章开山鼻祖。因而画名为其所掩，其实他善写墨竹，老墨纵横又生机盎然，实有很高的艺术韵味。现举他的《兰花图》轴，画面上有兰草一丛，潇洒飘逸，明显的书法笔意，笔力劲健，渴笔处有飞白之趣。兰花稍用淡墨，墨色极佳。画面上自题："月摇庭下珂，风递谷中香。三桥。"钤"文彭之印"、"文氏寿承"二印。

 陈粲《花卉图》

文彭尚有《桐阴避暑图》，隆庆六年（1572）作的《兰竹图》卷，图录于《隋唐明清书画集》。还著有《博士诗》。

文彭事迹见《画史会要》、《无声诗史》、《图绘宝鉴续纂》、《文氏族谱续集》、《珊瑚网》、《式古堂古画汇考》等。

陈粲 字兰谷，号雪庵，又号雪谷子。万历年间人。生卒年不详。善写花鸟，受宋人影响较大，笔墨甚佳。徐沁《明画录》说他“为人以道义自持，非仅以艺见称”。他的存世作品有《花卉图》卷。此图画折枝花十余种，分为兰花、牡丹、玉兰、绣球、桃花、秋葵、菊花、鸡冠花、秋海棠、百合、兰葵、水仙、梅花等。整幅花卉的花用细笔勾勒，花叶用浓墨勾勒，淡墨点叶，笔法灵活生动，雅淡相宜。将花之娇美，叶之反复转折，都表现得潇洒有致。卷末自署“万历戊寅（1578）腊月九日写于青萍馆中，勾吴陈粲”。下钤“陈氏道光”、“兰谷子”二印。画上有乾隆、嘉庆、宣统，清内府“石渠宝笈”诸玺。

陈粲传世作品还有《桃花鸳鸯图》轴，现藏辽宁省博物馆。事迹见《画引》、《吴县志》、《名画录》。

王中立 字振之（一作正之），号玄州道人。生卒年不详，约活动于万历、崇祯年间。他的存世作品《杏花春燕图》轴，整幅为一枝独立的梅花，笔势有力而有雅意，花朵用没骨画法画成，白粉上加微红嫩叶，一只燕子展翅飞翔，使得画幅顿生春意。画上自题“天启丙寅（1626）二月太原王中立写”。下钤“中立”、“玄州道人”、“正之”三印。

王中立事迹见《吴中人物志》、《铁珊瑚网》。

王维烈 字无竞。生卒年不详。周之冕弟子，工画花鸟，笔致工拙，落笔草草处，倒反而更有情趣。论者谓其在周之冕下，在高阳之上。现介绍他的《松鹤图》轴。图右一株高松，高出

王中立《杏花春燕图》

王维烈 《松鹤图》

画幅之外，中间两只白鹤，一引颈后盼，一绕颈向背，均系细笔勾就。均立于松根之上。左下有三只小鸟，顾盼生姿，显出白鹤更有“凌霄”意味。全画工整艳丽，风格典雅，似无周之冕意味。

王维烈存世作品尚有《猫石图》，藏中国美术馆；《寒雀争梅图》，藏南京博物院；《双喜图》，图录于《故宫名画梅集》；《芙蓉水鸭图》轴，图录于《中国历代名画集》。

王维烈事迹见《常熟县志》、《画史会要》。

程大伦　字子明，生卒年不详。工书法，善花卉，书画宗法文徵明。现介绍他作品《柳塘待客》册页。此为明人画册《方塘叙册》中的一页。此图上端为竹林，幽篁丛生。左下方为二人，大约是待客之人。右方为古松大树下茅屋水台一座，中有一人似在等待。全幅用短线若断若续勾就，假山石和树叶均以点组成画面上若明若暗的情调。左下角自署“大伦为方塘作”，下钤“程大伦

程大伦 《柳塘待客》

印”一方。

沈硕 《携琴观瀑图》

沈硕　字宜谦，号龙江。后流寓金陵。生卒年不详。曾三年学画不下楼。山水人物远宗赵孟坚、刘松年，近学唐寅、仇英。尤善白描翎翅。现介绍其存世作品《携琴观瀑图》轴。图中高山隐在远处，但高峰处绿草隐约可见。中间高松数株，华然挺立。左侧远山更为蒙蒙，但丛竹小溪，清晰可见。小童携琴，二人立桥上观瀑。桥下流水急湍，尽管未画出瀑布，但衬托出瀑布之声势，加上雾气迷漫，也就更加深了对主题的描写。整个画面多用细笔，工整雅秀，实集中了文徵明、唐寅诸家之长。

沈硕事迹见《图绘宝鉴续纂》、《无声诗史》、《金陵琐事》。

张复（1546—1631后）　字元春，号苓石，太仓人。少年时从钱榖学山水画，遍摹宋、元诸家，人物以沈周为宗，则更为工致。王世贞评其画说：“吾尝谓其功夫不及仇实父，天真过之。”现介绍其作品《虚阁深松图》，画中高峰叠峙，但山峦多为云雾所遮，清淡如洗，而一幢楼榭，却清晰可见。画幅下半部松柏森森，树干挺拔，涂染赭石，墨笔点叶，花青晕染，树隙中可见楼阁一隅，松树下三人伫立河边。此作充满空灵澹远意味。画上自题：“半空虚阁有云住，六月深松无暑来。乙丑（1625）秋月张复，时年八十。”钤白文印“张复之印”、“元春氏”二印。

崇祯四年（1631）张复曾作《山水图》，传世作品还有《桐庐山图》卷，图录于上海商务印书馆影印本；《溪山过雨图》，藏南京博物院；《秋山访隐图》，藏美国纳尔逊美术馆；另有《秋山行旅图》卷，著录于《石渠宝笈》。

陈裸（1563—1639）　初名瓒，字叔裸。后去“叔”字，以字行，更字诚将，号白室、道樗。善画山水，规摹宋元，宗赵伯驹、赵孟頫诸家及文徵明。所绘必深林叠嶂，曲径回塘，以扇面为多。善楷书，晚年遁迹虎丘，以吟咏

张复《虚阁深松图》

陈裸《深山群鹿图》

陈栝《为肯山作山水图》

自适。现介绍他的存世作品《深山群鹿图》。此图高峰耸立，下端山石起伏，山石多用披麻皴，青绿设色，以浓墨、青绿点苔，显得分外厚重，但云烟绕目，又显得景色幽闲。画中松林成行，与群山形成对照。下面又古树成林，使空隙处更为突出，鹿群也显而易见，更增添了画面的生动感。画上作者自题："渔樵不到处，麋鹿自成群。甲戌（1634）夏五月既望。陈裸笔。"钤白文"陈裸之印"、"白室"二印。

陈裸传世作品尚有《竹溪花坞图》轴，图录于《故宫书画集》；《孤山幽访图》和《山水》扇面等，均图录于《明代名人书画扇集》。

陈裸事迹见于《吴县志》、《无声诗史》、《图绘宝鉴续纂》。

陈栝　本书第二章在介绍其父陈道复时已有涉及。这里只介绍他传世之作《为肯山作山水图》。此图重峦叠嶂，林木连天，中间有屋宇数间点缀其间。山石均施以淡墨和披麻皴。全幅统一作小笔触，遍及整个画面，丰满已极。画底画上树丛，枝叶婆娑，也都用淡墨画出，中间偶露一些效果，实有一种少见的山水画之美。款署“嘉靖壬寅（1542）仲夏为肯堂先生写。沱江子陈栝”。

侯懋功　字延赏，号夷门。工山水，初从钱穀学画，得文徵明画法。后又宗黄公望、王蒙，窥元人画法。现介绍他的《山水图》轴，图中连陀群山，直插江水连天之处。山顶为一古塔古寺，水中船帆点点，下一长桥，二人似肩空担而归。路旁山寺古松，笔触老拙有致。细笔勾勒，似有实景所本，继吴门绘画之风。画上“庚午九月夷门侯懋功写”。钤“夷门”、“侯懋功印”二印。

侯懋功《山水图》

侯懋功存世作品尚有《溪山高逸图》卷，图录于《石渠宝笈》；还有《仿惠崇松山图》，藏故宫博物院。

侯懋功事迹见《吴县志》、《画史会要》、《图绘宝鉴续纂》、《明画录》。

孙枝　字叔达，号华林、华林居士。善山水，师法文徵明，笔墨间有超然脱俗之气。花卉、人物画亦佳，曾学唐寅而气力不逮。现举他的作品《九龙山居图》卷。九龙山位于无锡北门五六里，时亦称慧山。山有九峰，随山形蜿蜒起伏，故名九龙山。山中有泉，水质甘重滑，宜煮茶，唐陆羽《茶经》谓之第二泉。本图淡墨勾线，水墨晕染，通幅清淡如洗，一副江南秀丽的景貌跃然纸上。大树绿叶如茵，在茅榭中一人静坐。笔法多用短线，秀润清逸。画法近似唐寅，而又有自己面目。自题“辛未（1571）夏四月七日写”。后幅有俞允文撰并小楷书《九龙山居记》。

孙枝传世作品有《梅花水枝图》轴，现藏故宫博物院；《清溪放棹图》轴，藏北京市文物院；《踏雪访友图》轴，藏苏州博物馆。

孙枝事迹见《明画录》、《无声诗史》、《画史会事》、《珊瑚网》。

孙枝 《九龙山居图》

刘原起 《雪景山水图》

刘原起（1555—？） 初名作，一作祚，后以字行，更字振之、子正。工画山水，师法钱榖，得其神。现介绍他的《雪景山水图》轴。此图为描写隆冬时节的山村雪景。山村背后为大雪覆盖的高山，村中大树成林，现都银装素裹。村中道路也是冰雪，中有居楼及远处的茅舍。河上一小舟，有两人问答，一红衣老翁似在缩瑟，使人觉得寒气袭人。确是一幅冬日山景的写实画图。上题“崇祯辛未（1631）立冬日写，至闰冬仲廿又九日，对雪设色乃竟。刘原起，时年七十有七”。钤白文印三：“刘氏振之”、“原起”、“醉月居”三印。

刘原起存世作品尚有和陈元素合作的《兰石图》，藏故宫博物院；《憨憨泉图》，藏南京博物院；《岁寒五友图》，藏天津市艺术博物馆。

刘原起事迹见《明画录》、《吴县志》等。

徐弘泽 字润卿，号春门，自号竹浪老人，嘉兴人。善山水，出入黄公望、吴镇、沈周、陈淳及元明诸贤，笔法不失法度，其名与李日华、陈继儒相埒。现介绍他的《山水图》轴。画面简洁而有装饰感，笔法工整，用色淡雅。最高处的太湖石，用淡墨渲染。树木用线勾勒填以淡赭，房屋都以单线勾勒，山石也用皴很少，形成简洁别致的庭院画。自署“天启乙丑（1625）三月望日，作于白苎草堂之远阁，竹浪老人徐弘泽，时年七十有五”。钤白文“徐弘泽印”、朱文“润卿”二印。

徐弘泽 《山水图》

杜冀龙 字士良。山水宗沈周，稍有变化。现介绍他的《后赤壁赋图》轴。此幅本苏轼《后赤壁赋》而作，用竖幅，峭壁高岭，呈压倒之势。山头树木斜坠，江畔一叶扁舟，江面出现不多，但给人辽阔之感。下端枯树高耸，和高山形成对比。草庭中空寂无人，却引人无限遐想。自署“杜冀龙”，钤“杜冀龙印”、“士良”二印。

杜冀龙事迹见《画史会要》。

陈焕 字子文，号尧峰。工山水，取法沈周，私淑侯懋功，侯早卒，陈焕继其业。用笔苍秀茂密，得米元气脉，以画著称于万历年间。现介绍其作品《临溪观泉图》轴。本画大部为山石瀑布，山石用淡墨渲染，多处施以简明的披麻皴，蔚为一体。下部古木成林，均系小墨点叶，点点成趣。图中瀑布及底部山石处豁然开朗，山间处一平石，上有二人敞胸赤足，席地而坐，自有田园之乐。自署“壬寅（1602）五月望写。陈焕”。钤“陈焕”（白文联珠方印）。

陈焕事迹见《吴县志》、《画史会要》、《画引》、《图绘宝鉴续纂》。

杜冀龙《后赤壁赋图》

陈焕《临溪观泉图》

陈元素《兰石图》

陈元素 字古白，也为明文学家。万历三十四年（1606）应乡试不第。工诗文，诗画俱精。也工山水，意致清远。尤擅画墨兰，有楚畹清芬之致，得文徵明之气挺，而又气厚力沉，为王穀祥、周天球所不及。寸缣尺素，人争宝之。一时名辈，多从之游。殁后，同人私谥贞文先生。这里介绍他的《兰石图》轴，图绘坡石兰草一丛，用笔简劲，流利秀挺。坡石也以淡墨和重墨一气呵成，恰到好处。署名“陈元素似重甫先生”，钤“陈元素印”、“古白”二印。本幅上有沈灏题跋。万历四十三年为沈周《石田先生集》作序。

陈元素画迹有《墨兰图》，图录于《知鱼堂书画录》。传世作品尚有和刘原起合作的《兰石图》轴，崇祯元年作的《墨兰图》轴，均藏故宫博物院；另和邵弥合作的《兰竹图》轴，流入日本。子适，字孝远、孝规，能继父艺，康熙六年（1667）与归庄、金陵明合作《三友图》轴。

陈元素事迹见《明史本传》、《苏州府志》、《图绘宝鉴续纂》、《画引》等。

袁尚统（1570—？） 字叔明，工山水人物，画风受宋人影响较多，但仍属吴门一派。现介绍他的《岁朝图》。岁朝为农历正月初一，是中国传统节日。一群儿童在山村庭院中游嬉，他们在敲鼓、放鞭炮，几位老者在屋中静坐闲谈。中间大树连天，两株古松更森森挺立，气势雄伟。树枝都用细笔勾成，树木用勾勒填色法，远山轻描淡染，近处用细笔勾勒，浓墨提醒。自题“丙申（1656）春日写竹深处，袁尚统”。下钤“尚统私印”、“袁氏叔明”二印。

袁尚统 《岁朝图》

袁尚统传世作品尚有《孤树群鸦图》轴，图录于《历代名人书画》；《岁朝吟兴》轴，藏中国美术馆；《晓关舟济图》轴，图录于《中国绘画史图录》下册；《洞庭风浊图》轴，图录于《中国绘画过目图考》；九十二岁时作的《岁朝围炉图》轴，藏故宫博物院。

袁尚统事迹见《图绘宝鉴续纂》。

文从简（1574—1648） 字彦可，号枕烟老人。文徵明曾孙，元善子。崇祯十三年（1640）拔贡，入清不仕。山水画似文徵明、文嘉，能传家法，兼学

文从简 《云和高隐图》

王蒙、倪瓒，喜用枯笔皴斫。现举他的《云和高隐图》卷。图中央是一泓湖水，远山若有若无。左上为林掩映的读书之处。书斋建于山坡之上，一人正在读书，近处泊一小舟。画面宁静幽旷，笔法幽逸简淡，敷色清妍，深得家传而又有所变化。款署“方起予先生读书谈道，内行真挚。秘迹云和里，与世相违，世亦无知之者。先生高政在此，为作云和高隐图。丁丑（1637）仲冬，文从简并记”。文氏时年六十四岁。

文从简存世作品尚有《鄞州风物图》轴，藏故宫博物院；《潇湘八景图》册（八页），藏中国美术馆；《松江高士图》卷，藏天津市艺术博物馆；《江山平远图》轴，藏日本大阪市立美术馆；另有《寒山图》著录于《石渠宝笈续编》。

文从简事迹见《画史会要》、《无声诗史》、《文氏族谱续集》、《清朝画征续录》。

文震亨（1585—1645）　字启美，文徵明曾孙、震孟弟。崇祯元年（1628）官中书舍人，给事武英殿，工诗，书画均有家风。山水兼宋元诸家，风格韵致俱佳。明亡，绝食死。现《唐人诗意图》册（共八幅），现举其一，为画白居易诗意的一幅。原诗书于画上端：“乱峰深处云居路，共踏花街独惜春；胜地本来无定主，大都山属爱山人。为白居易诗意，震亨。”画为细笔青绿山水，山峰在路旁或路中兀立，茅堂紧贴其旁。中有二老者相与对话，一小僮在池边汲水。通幅笔法工整，构图简洁，敷色研丽，韵味雅洁，与原诗融合，画意境盎然。表现了文士向往远离尘世的世外之境。画上有咸丰、宣统之印。

文震亨《唐人诗意图》之一

文震亨传世作品尚有《杏花图》扇面，藏故宫博物院；《山水图》扇面，藏美国加州大学伯克利分校美术馆。著有《长物志》等。

文震亨事迹见《文氏族谱续集》、《殉节传》、《苏州府志》、《列朝诗集小传》、《明画录》。

文俶（1595—1634）　字端容，文徵明玄孙女，从简女，寒山赵宧光子赵均（字灵筠）之妻，因而常署“寒山兰闺画史”。性聪颖，伉俪情深，夫妻偕隐。所见幽花异卉，小虫怪蝶，信笔点染，颜色鲜艳。论者谓其“深得迎风浥露之态，溪花汀草，不可名状者，皆能缀其生趣”。曾图千种，名曰“寒山昆虫草木状”。又摹内府本草千种，千日而就。亦画松石，笔迹老劲，兼工仕女。吴中传摹者伪笔很多，真迹罕见。画扇面必画前后，恐为人浪书。现介绍她的《萱石图》轴，用浓墨擦晕湖石，衬萱花数枝，设色协调，相映成趣。画法已出文门之外。款“庚午（1630）仲廿又九日，天水赵氏文俶画”。钤白文“赵文俶印”、“端容”、“寒山兰闺画史”，朱文“端操有纵，幽闲有容”等印。

文俶《萱石图》

文俶传世作品尚有《石榴花图》扇面，藏上海博物馆；《花蝶图》轴，藏辽宁省博物馆；《墨梅图》，著录于《爱日吟庐书画录》。澄江周淑禧、周淑祜姐妹皆文俶女弟子，善画佛像。

文俶事迹见《清朝画征录》、《无声诗史》、《图绘宝鉴续纂》、《池北偶谈》、《初学集》。

文柟（1596—1667）　字曲辕，号溉庵（一作慨庵）、端文。文从简子，邑庠生。山水宗家法，提笔成文，岸然孤异。甲申后，奉亲隐居寒山。父殁，尽却赙赠，负土成坟。大江以南，称文章节义士。及卒，门人私谥端文先生。现介绍其《山水》扇面，图中为山角水榭，其中一人静坐读书。门外水天无际，芦花似雪，一人泛舟中流。用笔细谨刻露，用色淡雅相宜。自题“暂时花载雪，几处叶沉波。庚子（1660）秋九月写”。钤朱文“柟”、白文“文曲辕”二印。时年六十五岁。

文柟事迹见《长洲县志》、《文氏族谱续集》、《清朝画征续录》。

文柟《山水》扇面

综上所述，可见吴门画派在近二百年长河中，画人仍不绝如缕。按《中国美术辞典》一书来统计，自文徵明之后到明末，该书收录这时全国画家共一百六十四人，其中苏州画家达五十四人，占33%。这是一个庞大的艺术家群，他们大体上仍继承兼收宋元的画风，并都为历史所承认，这在各地画派中是罕见的。那种认为“高手在吴门，最差的也出在吴门”的评价有失公允。一个画派或一个地方不可能个个都是高手，高手总是少数甚至是极少数，有高手必有低手，没有低手便不能显出高手，何况像吴门这样的大画派，何况这里从事美术行业不同层次的人数很多。重要的是，有了沈、文、唐、仇四家，并有了一大批以陈道复、文伯仁等人组成的后继者，纵横二百年，这也就足够了。这里，得引由明入清的钱谦益的一段话了：

> 吴门前辈，自子传（陆师道）、道复，以迄于王伯穀（稺登）居士贞（节）之流，皆及文待诏之门。上下其论议，师承其风范，风流儒雅，彬彬可观，遗风余绪，至今犹在人间，未可谓五世而斩也。
>
> ——《列朝诗集小传》

应该承认，在钱谦益那时，吴门画派早就开始走下坡路，这是必然的发展规律。但它不像普通人一样，“尔曹身与名俱灭”，它的艺术还在那里，仍对中国美术史的发展起着重要影响。

第二节　吴门画派在山水画方面的影响

吴门画派出现在中国封建社会由盛到衰的时期，也是中国绘画大转变的时期。它对后世的艺术影响很多是开创性的，因而影响是巨大的，尤其是它的奠基者，沈周、文徵明等人对后人的影响。

吴门画家的影响是多方面的，分好几个层次，有较浅的层次和较深的层次，每一层次中又有积极和保守之分。先说在山水画方面较浅的也就是仅限于绘画技巧方面的影响。第一位受影响的画家是蓝瑛（1585—约1666），他字田叔，号蜨叟、石头陀。杭州人，擅画山水。从地域上说，他应属浙派画家，也就是被吴门画家取代的画派中人。但他追慕唐、宋、元名家，追求入古，开始对黄公望尤为心折。他的青绿山水仿张僧繇法，后漫游南北，风格为之一变。中年遂有自己面目，而画风则近似沈周，不过稍刻露而已。后来秦祖永评其“如能以浑融柔逸之气化之，何尝不可与文（徵明）、沈（周）诸公争胜也”（《桐荫论画》）。他也善花鸟，人称他为“浙派殿军”，也称“后浙派”。他的学生众多，包括后来以人物、花鸟画驰名于世的陈洪绶（1598—1652）。也有人称他们为“武林画派”。

第二位为龚贤（1618—1689），一名岂贤，字半千，号野遗、柴丈人，江苏昆山人，幼即迁居南京。稍大后和复社文人交往，南京为清攻陷后，离开别去。后来写诗云：“短衣曾去国，白首尚飘蓬；不读荆轲传，羞为一剑雄。”后又流落到扬州、海安。在扬十余年中，得观古代名画并“百遍摹之”。五十年后又回南京，在清凉山筑“半亩园”而居之，以卖字、卖画、卖文为生。他的画主要学董源，参以米芾、元四家和沈周画法。他在《龚贤书画合璧册》中，十分推崇沈周。称他是“画苑尼山”。在一幅《仿沈石田》轴中，称赞沈周画“笔丰墨健”。他主要学的是“粗沈”一路，浓墨阔叶大点，使得他在笔法和神韵上和沈周最为近似。龚贤和樊圻、高岑、邹喆、吴宏、叶欣、胡慥、谢荪合称为“金陵八家”。

吴门画派画家和徽州画家关系历来甚密，清初这里出现了著名的“新安画派”，当时很有影响。新安派画家主要从学倪云林画入手，而对于倪云林画的诠释，则主要来自苏州。苏州画家的“写景画”，不能不对徽州画家产生影响。首先，早在弘治十八年（1505），唐寅就路过徽州，交友卖文，后来，徽州地区文人和苏州地区往来逐渐频繁，周天球曾于1559年和1580年两次赴徽州，所作《墨菊图》卷上有十余徽州人题跋；陆治曾为徽人作《溪石图》卷、《溪山余霭图》卷；文嘉和刘上延相交；徽州制墨名商程大约和方于鲁，在《程氏墨苑》及《方氏墨谱》中采用了许多源自吴派画风的图案。其次，在新安画派诸大家画风中，均有吴门画派的影响，如程喜燧作的《柳岸饮马图》轴，狭长的构图和淡雅的笔墨就出于文徵明；李永昌画风“似石田仿倪云林”；汪之端的仿倪作品注重平面装饰效果，画风简练、明净，与文派有直接关系；孙逸曾仿唐寅《鹤林玉露图》册、《暮春花事图》轴和文徵明的《两余春事图》，极为接近，这是十分引人兴味的事。

但吴门山水画还有深层次的影响。上面说过，“写景画”和“庭院画”在画苑中独树一帜，这是由于“以画养画”机制的建立和山水名胜的客观条件所形成的，也是画家对写实作画的本能需求的结果，不能不对后来者产生远大的影响。首先令人感兴趣的是围绕“黄山画派”的兴起。黄山，古称黟山，传说黄帝和容成子在这里炼过丹，因此唐玄宗下令改名为黄山。历代文人墨客对黄山无不向往，李白《送温处士归黄山白鹤峰旧居》诗云：“黄山四千仞，三十二莲峰；丹崖夹石柱，菡萏金芙蓉。”由于黄山过于险奇，明亡之前声名并不太大。直到万历中，普门和尚募款开凿山路，皇帝又亲点“护国慈光寺”寺名，尤其是近在咫尺的徽州商业繁盛，更促进很多画家来游此山，从而带动了很多画家在附近出现。就是因为黄山所在的徽州，也主要是歙县“自嘉隆以来，巨室云集，百堵皆兴，比屋鳞次，无尺土之隙”，“舆马辐辏，冠盖丽都”（乾隆刻本《岩镇草志·发凡》）。徽州商人不仅大力收购书画，还出现著名的书画收藏家，商人们还出资召开诗、书、画会，请文人参加，延请画家们交游应酬。这样，为出现众多画家提供了条件。清代开国以后，此山附近地区空前出现了新安画派、姑熟画派、宣城画派，等等，也拥有不少名家。清初四大画僧即渐江、髡残、八大山人和石涛，其中除了八大山人以外，其他三人都和黄山有直接联系，反复在黄山游览、写生，吸取艺术营养，黄山焕发了他们的艺术创造力。四僧一时姚红魏紫，云蒸霞蔚，生气勃发，出现了中国山水画又一高峰。一般说来，他们程度不同地继承倪云林的画法，但也从吴门画派那里得到了关于倪画的诠释；也有不少人直接学习沈周、文徵明和唐寅的画法，尤其是吴门画派重视写实之风，成为形成这一绘画高潮的重要滥觞。

我们现举其中几位画家为证。

渐江（1610—1664），本名江，名韬，法名渐江。安徽歙县人。最初参加抗清复明队伍，失败后削发为僧，法号弘仁。他深爱黄山，治一印曰："家在黄山白水之间。"后来，渐江"岁必数游黄山"。他善画山水，神韵逸趣似元，风骨法度似宋，可以说走的仍是当年吴门画派开辟的"变宋化元"的道路。由于他寄情于黄山，常年游览于黄山之中，忠于描写黄山，因而形成了自己独特的艺术风格。他曾画《黄山图》六十幅，每幅都注明黄山一个地名。另外还有《黄山天都峰》、《黄山蟠龙松》、《黄山松石图》等等。其他的画虽未标明黄山某峰某山，但人们也可见到画的依约都是黄山。人们由此可见当年苏州画家画吴中山水的再现。渐江也曾仿王绂画风，在宗主倪云林的画中，主要通过吴门画派和沈、文的诠释来实现的。画中出现的装饰风格可说即来自吴门画派，尤其是文徵明，如他的《古木寒泉图》轴，也就很注意具有近似音乐韵律的表现。

髡残（1612—约1692），也称石谿，号白秃、石道人等。湖南武陵（今常德）人。也曾参加抗清斗争，失败后为僧，云游后即在南京寺院定居。顺治十五年（1658），在黄山游览了一年多，回来后作大幅黄山图，并题诗云："我来黄山已年余，登顿苦无缘壁拔。掣笔寄食法海庵，一榻又我奇中奇。仰瞻嵯峨不敢攀，岩石突兀势若坠。他山一日尽能收，此山幽奇难思议。我今画得此山灵，却藏庵侧……"康熙五年（1666）又画黄山，题曰："余向畅游黄山，见朝夕云烟幻景，林木翳然，非人世也。"髡残笔墨苍莽荒率，境界奇辟，气韵浑厚，自成风格。在传统技法上，除得元四家技法外，也受沈周、文徵明影响。至于从师自然中得益，也就更不在话下了。

再说第三位石涛（1642—约1718），俗姓朱，字若极，广西全州人。他和上面二人不同：他是明藩后裔，明亡时才五岁，即削发为僧，得以存活。说不上参加什么抗清斗争。但他也钟情黄山，在黄山脚下宣城居住了十余年，多画黄山，或依据黄山而画。他自称"黄山是我师，我是黄山友"，人们甚至称他为"黄山派"。他在老年还同老友黄燕思同游黄山，在赠黄的山水册中写道："余得黄山之性，不必指定其名。寄上燕思道兄，凡昔日所游之处，神会之也。”他自称“搜尽奇峰打草稿”，可见其“师造化”的程度。他的作品构图新奇，笔墨雄健纵姿，淋漓酣畅，尤以小品为佳。后曾两次迎接康熙，还应辅国将军博尔都、大司农王骘之邀，到北京做客三年。晚年定居扬州，卖画为生，作品比之前两位更具有雅俗共赏的意韵，可说在这一方面，不自觉地走上类似吴门画派的道路了。

此外，不妨再举出宣城画派的代表人物梅清（1623—1697），他字渊公，号瞿山。安徽宣城人。他画黄山景物的画很多，有《黄山十景》、《黄山十二景》、《黄山十六景》、《黄山十九景》、《黄山二十景》等，而单独之景，如《西海门》、《莲花峰》、《文殊台》、《天都峰》、《炼丹台》等，不可胜计。他在自己作品中标明仿某家笔意，就有宋、元、明诸家，其中就有沈周、唐寅、仇英诸家。直接受吴门画家影响的，还有孙逸，也曾临过唐寅的画，查士标也学过沈、文、唐的画，也就不一一介绍了。

但关于吴门画派所起的承前启后的作用，这里必须说明两点：

第一，所谓承前启后作用，并不意味着后来画家一定要全部或大部承袭前人画家的艺术风韵及其技法。前后时代不同。例如四大画僧中的三位（包括前面不曾引用的八大山人），都生于明祚覆亡、清兵入关之际，他们都参加过保明抗清的斗争。失败后，削发为僧，内心都充满悲愤和枯寂。即使当年年龄较小并能在生活中逢迎应世的人（如石涛），内心也被矛盾一生纠缠。而吴门画派画家则生活在明代中期，基本上是太平盛世，苏州又是繁华之都，画家们都能丰衣足食，在明窗几净中安心作画。焉能同国破家亡愤而出家的人同日而语？

第二，所谓承前启后作用，也并不表示前人的艺术一定要比后人高明。因为时代不同，四大画僧等人都生活在血与火斗争的年代，反而倒是容易出好画。一般说来，因为忧愤，往往会出悲壮深沉的艺术。这是四大画僧及其同命运的人所能做到而吴门画家很难为的。加上个人阅历不同，才具各异，后人更容易吸收前人的成果，借鉴前人的兴衰教训，而产生更好的艺术。清初围绕黄山出现的画家特别是四大画僧艺术，比之当年吴门画家的艺术，更为苍茫浑厚，丰姿自来。但这些毕竟是在吴门画派所走的宋元兼收和写实画风等基础上进行的。

吴门画派的影响不止于“黄山画派”，也不止于上述这些画家。

现在再介绍吴门画派山水画另一方面的影响——仿古之风的出现。

上面说对“黄山画派”包括后来出现的扬州和上海等地画家、画派的影响，不妨说是吴门画派积极的影响，现在则要说到它的消极影响了。

松江画派（包括云间、苏松、华亭等派，下同）继承吴门而起，或者说是它逐步代替了吴门画派。按理来说，它应是吴门画派的对立面和参照系，但人们恰恰将它看成是吴门画派的分支，甚至合称为“吴派”或“后吴派”。所以有如此看法，未必是彼此地域相近或松江曾是苏州府的管辖地（新中国成立后也长期属于苏州地区）的缘故，而是两者在艺术上有着相近的地方，才是真正的问题所在。两地画家都是文人，更重要的是吴门画家继承元人（尽管在同时学习宋人）在先，松江画家继之而起，而且学得更为专一，还连带影响了后来出现的娄东派、虞山派，造成了后来复古倾向的流行，人们一股脑儿将这加在吴门画家的头上，造成了吴门画派的负面影响。

我们上面已说过临摹古人作品的正面意义，并且反复证明吴门画家的写实倾向，更举出沈、文二人在《佩文斋书画谱》、《石渠宝笈》和《过云楼书画记》三书中所录的存世画目，证明他们临摹古画的数目只占全部作品的7%—10%，何况这些临摹也不全是“照葫芦画瓢”。吴门画派赢来复古之恶名，得要从后来的关键人物董其昌说起了。

董其昌（1555—1636），字玄宰，号思白、香光居士。华亭（今上海松江）人。神宗万历十七年（1589）进士，除临时受皇帝委任考官、视学外，又出任几次地方官，直至礼部尚书。他曾为皇帝侍讲，又能与大权在握的魏忠贤周旋，和东林党也有往来，时官时隐，在书、画及理论方面均大有建树，地位显赫，一时声名极大。擅画山水，渊源董源、巨然、二米，以黄公望、倪瓒为宗，讲究笔致墨韵，风格清润，自谓精工具体，不如文徵明，“至于古雅秀润，更进一筹矣”。他正是以笔墨水韵秀气，逐步压倒后来吴门画家们越来越干枯的画风，也使这里的华亭、苏松、云间诸派悉归于以他为首的松江派名下。与董其昌同郡并一同驰名的还有陈继儒（1558—1639），也擅山水，空远清逸，并创水墨画梅，甚至有人评其画在董其昌上，但他屡征不赴，以隐逸为乐，使得董独享盛名，对中国画坛有着重大影响。

本来，董其昌和吴门画家在继承古人这一点上，很多还是相同的，但在社会生活和为人处世上，分歧就很大了。董其昌除了在官场上长袖善舞，时官时隐，还有如下处世态度：

第一，吴门画派当时生活在明代中期，这个朝代的衰败之气尚未显现，而董却生活在明祚覆亡之际，阉宦当道，内外交困，有大厦将倾之感，董其昌不能不觉察到。因此，他不是一般文人那样兼学佛老之道，而是思想上充满幻灭，十分潜心于老庄之学，后来更醉心禅学，艺术上倾向摹古了。

第二，董其昌原来只是中产人家，一变而为“膏腴万顷”，妻妾成群，奴仆列阵。周亮工《读画录》曾记：“钱虞山尝言，董文敏最矜慎其笔墨，有请乞者，多请他人代之。或点染已就，僮仆以赝笔相易，亦欣然为之题署，都不之计。家多侍姬，各具绢素索画，稍倦则谣咏继之，购其真迹者，得之闺房最多。”

第三，为富不仁，纵子在乡里一带为非作恶，以致“敛怨军民，已非一日，欲食肉寝皮，亦非一人”。六十一岁的董其昌，使子带二百多人抢占被他看中的年轻民女，还致死人命，激起民愤，上万群众包围董宅，最后举火焚毁其宅，暴发了上海、青浦、金山几个地区的群众示威。“今三吴世家，人人自危，恐东南之变将在旦夕”（见《权斋老人笔记·附录》）。后来，董其昌最终不敢安葬在故里，他的墓远在苏州西郊胥口，大约和他不敢在家乡入土有关吧。写到这里，不能不想起当年沈周每到一地，群众欢呼“沈先生来矣”，是何等强烈的对比。

在这种情况下，董的作品中自然具有离开现实、保守和自尊倾向。他自己坦白说：“岂有舍古法而独创者乎？”当然也说过“画家以古人为师，已是上乘，进此当以天地为师”，但他思想上明显以“一代宗师”和精神贵族自居，明确规定画山、丘壑、老树、枯树、小树应学何人。他的画自是柔雅温润，呈现一种极端的文人画之形态。他虽然也吸收了吴门画家重视形式美和绘画手段的自律化，但却更恢复元人那样超凡脱俗之气，而且还不是隐士式的，而是带着禅意和文人意味相融的超凡脱俗，是那样纯粹和极端，和凡俗完全划清界限，也将元人还带有的尘世之情扫荡殆尽，更具有虚无和冰冷的文儒意境。由明入清的曹溶曾说：“有明一代书画，结穴于董华亭，文、沈诸君子虽噪有时名，不得不望而泣下。”明代书画“结穴”于董其昌，是可以这样说的，但文、沈是否“望而泣下”则未必。因为艺术现象很复杂，各有千秋、难分轩轾的情况是经常出现的。而对董引发出复古画风，后人还将其算在文、沈头上，确可“望而泣下”的。实际上正是董其昌直接影响了继而出现的“四王”，也就是娄东派和虞山派，“四王”又将临古之风加以发展，将我国山水画引向了一个整整的具有复古倾向的时代。

“四王”即王时敏、王鉴、王原祁和王翚。前三人为太仓人，称娄东派，后为常熟人，称虞山派。

王时敏（1592—1680）　字逊之，号烟客，太仓人。他的祖父王锡爵，官至宰相，在明末朝廷中权势很大，也是董其昌需要周旋的大人物。董出入王府，王锡爵指其要为其孙授艺。清兵进入太仓，王时敏“遂与父老出城迎降”，子九人都在清廷为官，八子王掞，还贵为相。王时敏不仅在政治上与渐江、髡残等相反，艺术上也另向追求。他擅山水，虽遍学古人，但刻意嗜古，他认为“画家正脉，自元季四大家、赵承旨外，吾吴文、沈、唐、仇以及董文敏，虽用笔各殊，皆刻意师古，实同鼻孔出气”。多次提到“力追古法”，“一树一石，皆有所本”，以能闻“古人脚汗气”为荣。他的画全出于模仿古人，现在他的存世作品，几乎每幅都有“仿董北苑”、“仿小米笔”、“仿倪高士”、“仿梅道人”、“仿黄大痴”之类，和吴门画家的存世作品大不相同了。

王鉴（1598—1677）　字玄照，后改字元照、圆照，号湘碧、染香庵主，太仓人。他是《艺苑卮言》作者王世贞之孙。王世贞既精于鉴赏，又收藏古画很多，思想上也倾向摹古，这给王鉴创造了一个很好的临摹古画的环境。他在明时就考中进士，官至廉州太守，故人称“王廉州”，入清时可能又做过一些官，但并无记载，最后以画家终其身。他善山水，和王时敏一样，也是“摹古见长”，他的画自然也属王时敏、董其昌一路。但他善画青绿设色画，以烘染见长，色泽华润。和王时敏不同，他善摹多家画法，他仿董、巨、江贯道、元四家、文、沈的画很多。他和王时敏年龄相仿，当时人们并称“二王”。在清朝所谓正宗的画系中，认为“以两先生有开继之功焉”（《国朝征画录》），可见其影响非同一般了。

王翚（1632—1717）　字石谷，号耕烟散人、耕烟外史，又号乌目山人、清晖主人、剑门樵客等，常熟人。生于世代文人之家，祖上四代均有画名，沈周就曾称赞过他四世祖王伯臣的画。后来得识王鉴，王鉴很惊异他的才能，教授他临摹名迹稿本，果然艺有大进。又引他见王时敏，王时敏见了他的画也大为惊叹说：“此烟客师也，乃师烟客耶？”王翚虽然仍以摹古为主，但学古而不泥古，其精品能在元四家的基础上掺杂宋人画法。故有人评有“画分南北二宗，至石谷合而为一”（《读画辑略》）之说。他也能观察自然，悉心感受，故其作有一定的灵动之气，成为“四王”中之佼佼者。但总的来看，他的作品始终脱不出“摹古”窠臼。六十岁左右，康熙命他去主持《南巡图》的创作，前后画了六年，很得皇帝识赏，赐题“山水清晖”四字。他引以为豪。但他不愿久恋帝乡，志在丹青，回虞山后，吟诗曰：“丹青不知老将至，富贵于我如浮云。”吴梅村称“石谷，画圣也”。论者还将他比作王阮亭诗，王阮亭即王士祯，当时他的诗被称为“一代正宗”，可见王翚的影响何等巨大了。

王原祁（1642—1715）　字茂京，号麓台，别号石师道人，王时敏之孙。康熙九年（1670）进士，任河北任县知县等职，有政声。四年后，被擢为端谏，又改翰林，补春坊，可在南书房行走。但他仍不忘绘画。玄烨很喜爱他的画，赠他诗中有“图画留与后人看”之句，王原祁为之刻成印章。后来他“供奉内廷”，又晋少司农，即户部左侍郎，故后人称“王司农”。后奉命编辑《佩文斋书画谱》，七十四岁时，奉命主持绘制《万寿盛典图》，后于任上病故。王原祁也以临摹古人作品为归宗，画风秀润苍浑。他的主要思想是“仿古”。他的《麓台画跋》，共五十三则，则则皆“仿”。“仿黄大痴笔”、“仿黄子久笔”等等就有二十六则，其余“仿梅道人”、“仿叔明”、“仿淡墨云林”、“仿董笔”、“仿小米笔”等等。他虽不是完全不师造化，但始终挣不出“仿古”泥潭。他地位高，不仅是户部侍郎、翰林院侍读学士，还任书画院总裁，也就使得“仿古”风气影响更大更深。这时遗民画家和有创新画家差不多皆已去世，年纪最轻的石涛也辞世多年，这样，“四王”又为清廷所赏识，被当作画坛正宗的仿古画风，便从这时开始形成了。

不仅如此，“四王”还后继有人，康熙、乾隆年间还出现了“四王”的族人和子侄辈组成的“小四王”，即山水画家王昱、王愫、王玖、王宸，以后又出现了王三锡（字邦怀，号竹岭，王昱侄）、王廷元（字赞明，王玖长子）、王廷周（字恺如，王玖次子）、王鸣韶（字夔律，号鹤溪），组成“后四王”。尽管他们影响了几百年时间，但在“四王”之后并没有出现堪与“四王”齐名的画家。

“一代正宗才力薄”，用清袁枚这句诗来形容“四王”之后的画家是极其恰当的。他们只是偏安一隅，不久仍为清初“四大画僧”画名所掩。后世还涌现一批有创造力的画家，其中花鸟画家很多，山水画家仍然和我们上面所说的积极的山水画法相呼应，表明这种宋元并收、面向自然、雅俗共赏的艺术正逐步成为我国画坛的主流。

第三节　吴门画派花鸟画及其他的影响

人们常常注意到吴门画派的山水画，其实它的花鸟画的影响并不比山水画差。本书第四章中曾引明孙鑛在《书画跋跋》中评价《石田写生册》中一段话，说得很有价值。他说，我国的花鸟画“按五代徐、黄而下自宣和”，就是说，五代徐熙、黄筌至北宋赵佶，使我国花鸟画开始成熟和繁荣，这时大家作画都“设色粉绘，隐起如粟，精工之极儆若生肖”，这样的艺术自然是好的。但沈周却以“浅色作之”，而且达到“妙而真”的艺术高境界。说“妙而真”，自然也不是像南宋僧法常那样“随笔点墨”，而是讲究“谨毛”不“失貌”，仍然“神采更具自翩翩”，这就是艺术上伟大的创举了。

沈周的花鸟画首先影响了本画派的陈道复，他进一步掺以书法入笔，而又严谨作画，还和浙江徐渭（1521—1593）合创“大写意”法。徐本来就很佩服沈周，他在《书沈征君周画》中写道：

> 世传沈征君画多写意，而草草者倍佳。如是卷者乃其一也。然予少客吴中，见其所为，渊明对客弹阮，两人躯高可二尺许，数古木乱云霭中，其高再倍之，作细描秀润，绝类赵文敏，杜惧男。此又见《姑苏八景》卷，精致入丝毫，而人渺小止一豆，惟工如此，此草草者所以益妙也。不然将善趋而不善走，有是理乎？
>
> ——《徐渭集》卷二十

徐渭是画花鸟画的，对沈周的粗、细两道都推崇如此。他和陈道复合创“大写意”画法，世称“青藤（徐渭曾号“青藤”道士）白阳（陈道复号白阳山人）”，为世所宗。“大写意”画法的出现，是花鸟画的一个重大革新。在此之前，花鸟画主要是以工笔敷粉为表现手段，沈周在这方面打开了一道口，陈道复继而以娴熟的书法修养，对大自然的细致观察，浪漫的激情，也受到文徵明的启发，大胆迈出了开创性的一步。这里，得介绍一下徐渭，初字文清，改字文长，浙江绍兴人。九岁能诗文，二十岁为生员，七次乡试不中。中年参加抗倭军事幕僚，后被牵连入狱。一度癫狂，杀其后妻，又被系狱。他才华洋溢，修县志，注释古籍，写戏曲剧本。中年始学绘画，六十岁左右则是他的绘画创作盛期（他本比陈道复晚生三十八年，这时陈已逝世多年），书画俱佳，行草纵抑飞动，绘画涉笔潇洒，天趣抒发。陈道复的画给他极大启发：

> 陈道复花卉豪一世，草书飞动似之……盖余尝见闽楚壮士裘马剑戟，则凛然若罴；及解而当绣刺之绷，亦颓然若女妇，可近也。此非道复之书与染耶。
>
> ——《跋陈白阳卷》

由此可见，“大写意”法实由陈道复开其首，徐渭与他心心相印，殊途同归，共同创造此法。这并非南宋“减笔画”那样甚至甘蔗根都可作画，只是“妙”非“真”。这里却与之相反，下笔放纵而又笔笔妥帖，使笔墨情趣和花之芳妍融合在一起，花之精灵和人性之浪漫融合在一起，不仅将花鸟画推到新的艺术世界，还对其他绘画，例如后来的人物画也产生影响，也为一部分山水画带来了新的格调。“青藤白阳”，为后来画人所崇拜、所师法，清代郑板桥则自称为“青藤走狗”，近世黄宾虹有诗赞曰：

> 青藤白阳才不羁，缋事兼通文与诗；
> 取神遗貌并千古，五百年下私淑之。

可见其对后世的影响了。

沈周的花鸟画法很多，当时的周之冕、周天球、王穀祥等人在他和文徵明的影响下创“勾花点叶法”，即线勾勒花朵，用大笔点叶。我们不能认为这只是小的变动，而是包含大文章。我们今天所见到的唐、北宋画家，五代的滕昌佑、徐熙和北宋赵佶等人的作品，对花鸟画有很大的贡献，但这固定了绘画图式，也限制了画家的手脚。现在，沈周首先有了突破，陈道复开创了豪放的世界，同时人们还需要一种既突破前人束缚又不失文静悠闲的笔调，这就是“勾花点叶”画法。后世在此基础上又发展为“兼工带写”画法，为很多不同风格的花鸟画所沿用。

沈周在花卉中用“没骨法”，这对清初的恽寿平（1633—1690）有较大影响。恽名格，字惟大，改字寿平，号南田，他是常州派（又称毗陵派和武进派）的首领，对明末清初的花鸟画坛有“起衰之功”。沈周对他的影响是显而易见的，他的作品上常有“临白石”、“仿白石翁”、“似白石法”、“抚白石翁”等字样，以至很多作品几乎和沈周作品难以辨别。他还多次写道：

画菊难，墨菊尤难，元人王澹轩之工秀，周草窗之清妍，不若白石翁之高逸……

在《南田画跋》中，他又写道：

墨花至石田、六如，真洗脱尘畦，游于象外，觉造化在指腕间，非抹绿涂红者所可概论。

他又将文徵明花鸟画与沈周、陈道复作品相比较：

待诏写生，虽极工整，犹有士气，与士俗所尚大有径庭。然视白石、白阳随意点染，得生动之趣，又隔一层矣。

当然，恽南田在沈的基础上又有所发展，他画的花卉有一百多种，要求画得“绰约便娟，因风拂舞，乍低乍扬，若语若笑”，形成了自己的艺术风格，一时出现了“家家南田，户户正叔”盛况，使得他成为“清初六家”之一。不仅他的艺术风格可以追溯到吴门大家，整个的常州派都是如此。受恽影响大的又有清代中叶的花卉大家华喦（1682—1756，号新罗山人），论者谓其“领异标新，穷神尽变”，“机趣天然”，和其他一些“扬州八怪”一样，可说都是沈周的再传派。再远又及海上画派的赵子谦、张熊及倪墨耕等人。吴派的花鸟画艺术和当代花鸟接轨，可见其更源远流长了。

还有清初八大山人，即朱耷（1624或1626—1705），即清初“四大画僧”之一，他是四僧中唯一多画花鸟画而又擅山水的人。他的画着墨不多，构图新颖，所创意境，别具灵奇。他的花鸟画自然是在“青藤、白阳”大写意的基础上发展的，但也明显找得到受沈周影响之处。沈周在画法上有些以“没骨画”法画成，或勾勒画就，或没骨勾勒兼而有之，或以墨线和点组成，在八大艺术中都能见其端倪。沈周之花鸟画不仅所画品种很多，除了多种花卉，还有驴、鸭、蛙、猫、蟹，甚至几片蚌壳、芋头，也成为其笔下精品，洋溢着民间的天然之趣。这在八大艺术中也得到生动发挥，他画鱼、鸟多用白眼，这是和他怀有国仇家恨有关，这在沈周画中，当然也就很难见到了。

近人还发现了沈周对齐白石的影响。陈传席在《沈周划时代意义及其花鸟画》一文中讲了一个有趣并颇有见地的发现：

> 受沈周影响更深微妙的大画家，还有一人尚没有引起学者们的注意，那就是近代的齐白石。齐白石喜欢画虾、蟹、蛙类题材，继之者寥寥；虽然白石衰年变法，而且一变再变，但只要细心研究，他从沈周那里得到的启示仍很清晰，尤其是蟹爪画法，尤为明显。……沈周以粗笔画柳枝，细笔点染鸣蝉，同样也是齐白石的画风。蝉的身翼，沈、齐二家，几无区别，这未必是一种巧合。齐白石画的小鸡造型亦类似沈周。其次，齐白石爱画的蔬果菜瓜之类，也可以看出从沈周那里演变的痕迹。不过齐白石变得较多而已。白石的诗风亦颇类沈周，皆清新自然朴实。沈周晚年自号白石，或白石翁。齐白石原名纯芝，字渭清，后改名璜，字濒生，亦号白石、白石翁，其后则以字行，这显然是相如慕蔺之故了。

还要补充的一点是，这位同样身负诗、书、画三绝的齐白石老人，生前还有一句常吟的诗句：“犹喜逢人说沈周。”

可见沈周影响之深了。

附带再说一下吴门画派的人物画。这个画种自五代之后，日见衰微，但南宋的优秀人物画家，仍不绝如缕。元人有此种说法：“方今画者，不欲画人事，非画者不识人事，是乃疏于人事之故也。”到了明代，谢肇淛也说：“今人画以意趣为宗，不复画人物故事。”其实当时宫廷画家也有画皇朝所需的人物画的。唯有沈周，在山水画中之人物不仅为雅士高人，而且还画了农民务农、渔夫捕鱼之景，沈周还不止一次画了自画像或由别人为其画像。唐寅和仇英，则起人物画之衰，启雅俗共赏的情韵，画了多种仕女画，并形成一定的艺术图式，不仅能提供美的欣赏，有些还赋予深刻的社会内涵。这样的图式一直流传后世，影响了明末的陈洪绶，而且还影响了清的改琦（1773—1828）、费丹旭（1801—1850）和钱慧安（1833—1911）等人的画，使得有清一代竟然基本上没有满装妇女入画，仍然以唐装仕女为美，广大的民间美术和工艺美术各种绘画，无不以此绘画图式为滥觞。可见这方面的影响，也同样不可忽视，也不应忽视。

第八章
论吴门画派“以画养画”的影响

第一节　一条重要的人类历史发展规律

吴门画派画家特别是几位主要画家基本上都是“以画养画”，文雅地说，是“文人画家职业化”，通俗地说，是“卖画为生”，前面已有介绍。但他们都是封建时代的文人，一向谨守孔、孟之道，孟子曰：“焉有君子而可以货取乎。”（《孟子·公孙丑下》）连苏轼这样的书画大家，也说：“临文而不求举，善画而不求售。”（《书朱象先画后》）。但吴门画家确是大批要“求售”的。尽管这样的卖画方式还是初步的，带有原始性的，但也成为中国绘画史上一件大事，足以引起一种巨大的变革。关于这一点，美术史家们对此都不屑提及，偶有涉及，也认为这是吴门画派的最大弊病，是造成吴门画派凋谢之重要原因。本书作者另有看法。这里将用一定篇幅来一陈管见。

首先得引马克思主义的重要论述。

1883年3月17日，头发斑白的恩格斯在伦敦海格特公墓安葬马克思时，用英语发表了讲话。其中一段是：

> 正像达尔文发现有机界的发展规律一样，马克思发现了人类历史的发展规律，即历来为繁茂芜杂的意识形态所掩盖着的一个事实。

这个“达尔文发现有机界的发展规律”是什么呢？原来是：

> 人们首先必须吃、喝、住、穿，然后才能从事政治、科学、艺术、宗教等等，所以，直接的物质的生活资料的生产，因而一个民族或一个时代的一定经济发展阶段，便构成了基础，人们的国家制度、法的观点、艺术以至宗教观念，就是从这个基础上发展起来的。因而，也必须由这个基础来解释，而不是像过去那样做得相反。
>
> ——《马克思恩格斯选集》第三卷574页

恩格斯揭示这条规律，是十分清晰明白的：人首先必须要吃要喝要穿，然后才能生存下去从事各种活动，这也是一说就能懂的。接着人们很自然地要问，这些吃、喝、穿的东西是从哪里来的，是天上掉下来吗？我们都知道，天上是掉不下馅饼的。只有一个来源，即是“直接的物质的生活资料的生产”。虽然人们接触到的，可能不是那么直接，但总归是这样的来源，而且归根结底，也只有这样的来源。如果同意这两点，下面一点就好办了，包括人们的艺术也就是在这样看起来简单的基础上发展起来的。关于经济基础和上层建筑这方面的道理，这里可以不去涉及，我们只是要弄清简单的问题，即画家既然要吃饭，而吃饭总得有个来源。我国历史上的画家们是怎样取得这个生活之源的？这个来源通俗地说也即是谋生手段。

我们必须以这样的原理来观察问题，再来探讨历史上的中国画家是如何取得生活资料的。

荆浩曾说：“书画者，名贤之所学也。”（《笔法记》）但“名贤”之称还嫌含混。倒是唐张彦远在《历代名画记》中有两句重要的话，他说“自古善画者，莫非衣冠贵胄、逸士高人”，说明我国古代画家两种基本构成，不是“衣冠贵胄”，就是“逸士高人”。所谓“衣冠贵胄”，当然是王亲贵族，甚至皇帝本人，自然也包括政府官吏；所谓“逸士高人”，也就是指品德高尚和学问深邃的有身份之人。张彦远这样表述是否符合实际呢？我们现引王伯敏著《中国绘画史》（上海人民美术社1982年版）为本（此书出版前经文化部多次审议，并经俞剑华、潘天寿、黎冰鸿、史岩、徐邦达、金维诺及傅抱石、伍蠡甫等名家意见，应是具有权威性的），该书所列的从魏晋南北朝直到吴门画派出现前的有专门介绍的代表性画家共五十八人，自然都是我国历史上的绘画精英，我们这里列出他们的具体职业情况：

三国吴	曹不兴	尝奉命为孙权画屏风
西晋	卫　协	不详
东晋	戴　逵	太宰武陵王曾召之
东晋	顾恺之	任桓温、殷仲堪参军，后任通直散骑常侍
南朝·宋	陆探微	明帝刘彧时常侍左右
南朝·梁	张僧繇	武陵王国侍郎、直秘阁知画事、右将军、吴兴太守
北魏	蒋少游	补中书博士，后在孝文帝朝任事
北齐	杨子华	任直阁将军、员外散骑常侍，常居禁中
	曹仲达	官至朝散大夫
隋	展子虔	入隋任朝散大夫、帐内都督
	郑法士	北周时为大都督左员外大侍郎，建中将军，封长社县子，入隋为中散大夫
唐	阎立本	代工部尚书、右相
	尉迟乙僧	宿卫官，袭封郡公
	吴道子	内教博士，“宁王友”
	张　萱	史馆画直
	周　昉	越州、宣州长史
	韩　滉	右丞相、晋国公
	李　真	不详
	孙　位	随僖宗奔蜀，封“文武殿下道院将军”
	张素卿	道士，上赐紫袍，封希夷真君
	李思训	江都令、右武卫大将军
	王　维	尚书右丞
	张　璪	检校祠部员外郎
	郑　虔	广文馆博士
	王洽（墨）	布衣
	薛　稷	昭文馆学士、太子少保礼部尚书
	曹　霸	曹髦后裔、左武卫将军

	韩　干	太府寺丞
	韦　偃	给事中、京兆少尹，左庶子
	边　鸾	右卫长史
	滕昌佑	随僖宗入蜀，官职不明
	刁光胤	不明
南唐	周文矩	翰林待诏
	顾闳中	翰林待诏
后蜀	黄　筌	任前、后蜀检校户部尚书兼御史大夫，入宋任太子左赞善大夫
南唐	徐　熙	布衣，受黄筌排斥未进画院
前蜀	贯　休	僧，蜀主赐紫衣，号禅明大师
后梁	赵　嵒	驸马都尉
	荆　浩	隐居太行
	关　仝	不详
南唐	董　源	北苑副使
北宋	赵　佶	皇帝
	李公麟	南康长垣尉、泗州录事参军、御史检法至朝奉郎
	苏汉臣	画图待诏、承信郎
南宋	李　嵩	任三朝画院待诏
	梁　楷	画院待诏
北宋	巨　然	僧
北宋	李　成	乱世，隐，赴任时死
	范　宽	隐
	郭　熙	翰林待诏直长
宋	米　芾	礼部员外郎、太常博士、书画学博士
	米友仁	兵部侍郎、文渊阁直学士
	李　唐	画院待诏，成忠郎，赐金带
	刘松年	画院待诏
	马　远	画院待诏
	夏　圭	画院待诏

	赵伯驹	浙东兵马钤辖
	赵伯骕	和州防御史
	黄居寀	画院待诏
	赵　昌	布衣
	易元吉	供职画院
	崔　白	画院艺学
	李　迪	画院任职
	法　常	僧
	文　同	军事判官，大邑政事，湖州太守
	苏　轼	祠部员外郎、翰林学士、礼部尚书等
	杨无咎	隐
元	赵孟頫	兵部郎中、翰林院承旨
	高克恭	刑部尚书
	黄公望	曾任“浙西宪吏”中台察院椽粮
	王　蒙	理问、泰安知州
	倪　瓒	原家富，可能做过小官后漂流，曾做过小生意
	吴　镇	以授徒卖卜等为生
	钱　选	宋进士，入元隐
	王　渊	隐
	李　衎	吏部尚书、集贤阁大学士
	管道昇	封魏国夫人
	顾　安	泉州同安县尉
	柯九思	奎章阁学士院鉴书博士
	王　冕	卖画，明荐任翰林院
	刘贯道	禁中任事
	颜　辉	尝为辅顺宫壁作画
	张　渥	科考不中，不明
	王　绎	不明

引了以上这样冗长的名单和职位，究竟说明什么问题呢？说明了我国

古代画家基本上不是“以画养画”，而是“以官”养画。官吏一途，即是他们的谋生之道。以上统计中担任各种官职的人总计为66人，占总数的78%，应是张彦远所说的“衣冠贵胄”之人。其余释道3人，占总数的3.6%，隐逸和身份不明的16人，占总数的19%，两项共占22.6%，也就是所说的“逸士高人”。这统计当然极不精确，官职有大有小，待遇有高有低，任职时间有长有短，“逸士高人”中也不乏和官府有联系的。但仍然不能改变前一种人占大多数的情况，这是完全可以肯定的。也就是说，我国古代画家主要是从朝廷那里得到“生活资料”，可能兼有地租收入，而后一批人当然更主要依靠地租或寺庙（指释道）收入。此外，有没有其他收入呢？古人有所谓“躬耕”之说，其实并不是指画家或一般读书人可以一面种田，一面又从事绘画或著书立学，这是不可能做到的事，充其量至多只是管理田务而已。那么，我们现在进一步问一下，为官之人的待遇一般如何呢？我们这里虽没有画家为官时收入的资料，却有为大家所知的唐代大诗人白居易为官时的工资收入，并有诗纪其事。他开始为政府机关的校书郎，是抄抄写写的文秘，“幸逢太平代，天子好文儒，小才难大用，典校在秘书。俸钱万六千，月给也有途。遂使少年心，日日常晏如”。不久，升为左拾遗，管群众来访，工资翻了一番。“月惭谏纸二千张，岁愧俸钱三十万”。接着，又任苏州刺史，大致等于地县专员之类干部。“十万户州尤觉贵，二千石禄敢言贫”。随后调回京城，为宾客分司，负责接待工作。工资已是最初的十倍。“俸钱八九万，给受无虚月”。最后任太子少傅，“月薪百千官二品，朝廷雇我做闲人”。一直到晚年，退居洛阳履道里颐养天年，可领百分之五十的养老金。“寿及七十五，俸占五十年”。由此看来，这样的待遇是优厚的（有些朝代官吏还可另得田亩），当然可以安心作画了。苏轼基本上为官一生，难怪他可以闲情自适地说：“文以达吾心，画以适吾意而已。”当然，为官的收入情况悬殊很大，有些画家之官定会比白居易收入要低，但封建统治者一般总是优待他们的官吏，历代如此。这就是我国古代画家大致的经济收入情况。

由此可见，我国古代画家和欧洲古代画家不同。欧洲中世纪时期，画家只是家奴身份，到了文艺复兴时代，画家先是像手艺人那样开画铺、卖画，后来独立接受订货，少数作为宫廷画师，很快就进入“以画养画”绘画机制的轨道。我国古代画家的地位比他们高得多，封建社会时间又特别长，他们走上“以画养画”这条道路，看来是很困难的。但在上列名单之外、不太著名的画家中以卖画为生或稍作补贴的人恐早就有之，并不断出现，可是在上列画家中有记载这样做的也仅有四五人：

一是唐之吴道子，他在被唐玄宗召入宫之后，专为皇室贵族服务，“非有诏不得画”（《历代名画记》）。但他仍在长安、洛阳一带寺观内画了大量壁画。段成式《京洛寺塔记》称“吴生嗜酒且利赏”，可见他是个直接卖画之人。但吴本来就是画工，情况是特殊的。

二是唐末的孙位，曾随唐僖宗奔蜀，地位是很高的。入蜀后被封为“文武殿下道院将军”（见《德隅斋画品》），“豪贵相请，礼有慢，纵赠千金，难留一笔，惟好事者，时得其画焉”，还不能说是真正的卖画。

三是李唐，原为北宋画院待诏。南渡后，“唐初至杭，无所知者，货楮画以自给，日甚困”。原来他一时流落街头，像江湖艺人一样卖画。自咏：“雪里烟村雨里滩，看之容易作之难。早知不入时人眼，多买胭脂画牡丹。”但不久又补入画院，自然也就不这样卖画了。这个情况也特殊，不能作正常情况来看。

正式卖画的在元代已经有了。

一是王冕，试进士不第，并拒绝进入翰林院后，携妻孥归隐九里山，卖画自给。“以缯幅短长为得米之差”，他竟以尺幅大小来计算画的价格，应算是正式卖画了。

二是盛懋。董其昌《容台别集》中记：“吴仲圭本与盛子昭（懋）比门而居，四方以金帛求子昭画者甚众，而仲圭之门阒然，妻子顾笑之。仲圭曰：‘二十年后不复尔。’”

以上可以了解，元代已开始有了润格卖画。盛懋因世代画工，直接卖画也就不算稀罕，他也未被列入上述名单。而吴镇，看来也很想卖画，但他后来宁可漫游来从事宗教生涯，始终未以卖画为生。是不是因为“二十年后”并未“不复尔”，还是思想有了反复，倒是后一点最有可能。总之，看了以上事实，我们可以看到在吴门画派出现之前我国画家取得“生活资料”的大致情况。不妨说，我国古代绘画就是建立在这样的基础上的，也就决定了我国的古代艺术都是围绕着皇宫御苑进行，很大部分的艺术总反射着禁宫深苑的折光，也就是理所当然的了。

第二节 “以画养画”意味着什么

对于吴门画家来说，走上“以画养画”的道路，也是事非得已的。本书第三章最后一节中已说明他们既不能做官，又无田租或虽有而不敷所出，他们又喜爱作画，唯一出路就是走上“以画养画”之途。但他们也并非仅为稻粱之谋，唐寅有首诗：“不炼金丹不坐禅，不为商贾不耕田；闲来写就青山卖，不使人间造孽钱。”（《言志诗》）他们不走歪门邪道，自食自力，还是引为自豪的。这样他们将面对新的世界，不用进入御用画院，或求得一官半职，也不必在侯门豪宅中逢迎挥毫。以前，绘画主要供贵人、官员、文人和收藏家们欣赏，现在，又出现了新的艺术的欣赏者和消费者，这就是本书第二章第五节中提及的郑灏、潘守谦等“富至百万”的由“机房织手起家”的富豪，事情还不止于此，明史专家吴晗又指出：

> 原来明朝有个规定，禁止四品以上的官员开各种各样的铺子，有的发了大财成了百万富翁。官员经商过去也有，但是在明初还多半是武官，到了明朝中叶这种情况就改变了。不但武官经商，文官也经商，不但小官经商，大官也经商；不但经商，而且还经营手工工场。
>
> ——《明史简述》

吴门画家们也必须面对这些新兴的绘画消费阶层。尽管当时人们的艺术欣赏仍然受传统的艺术束缚，但这些商人、市民毕竟和宫廷的欣赏习惯不可同日而语。

“以画养画”的机制，对画家提出新的机遇。

第一，画家可以摆脱宫廷艺术的影响。过去它曾经促进艺术的发展，现在，却成了艺术创作的束缚。画家只有不为所囿，才能自主地作画。当然，这样也就必须适应新的艺术欣赏阶层的需要，而且愈得到这些新的阶层的承认，作画自主性也就愈强。而承认的标志是这一画家的“知名度”，“知名度”便成为绘画“价值”的杠杆。

第二，一定程度上也同样出现“市场”的“价值法则”，并出现一些竞争机制，这会有利于画家创造性的发挥。

第三，画家必须勤奋作画，而且最好能是多面手，适应多方面需要。这同样也具有正负两方面结果。

总之，这样的艺术机制的正面作用，是促使艺术家努力创新，鼓励艺术家贴近生活，鼓励绘画的“雅俗共赏”和多样化。在吴门画派时代，尽管这样的机制还很初步，但已经帮助铸造出这一画派的艺术，它将继续对我国画坛产生巨大的影响。当然，不可避免地随之而来的便是它的负面影响。任何新事物的出现，总会带来新问题，但这只是“支流”，居于次要地位。

吴门画派“以画养画”的举动，自然会招来一片非难之声。万历二十年（1592）进士范允临这样写道：

> 今吴人目不识一字，不见一古人真迹，而辄师心自创。惟涂抹一山一水，一草一木，即悬之市，以易斗米。画那得佳耶？
>
> ——《输蓼馆集》

时间过去二百年，吴人继续挨板子：

> 画既不求名又何可求利？每见吴人画非钱不行，且视钱之多少为好丑，其鄙已甚，宜其无画也。余谓天下糊口之事尽多，何必在画？石谷子（王翚）画南宗者极苍莽，而以卖画故降格为之。设使当时不为谋利计，吾知其所就者远矣。且画而求售，骇俗媚世，在所不免，鲜有不日下者。若以董、巨之笔，悬之五都之市，苍茫荒率，俗士无不厌弃之，岂复有人问价乎？
>
> ——华翼纶《画说》

前者的批评，大约是指在铺中卖画的民间画工，还有类似今天苏州十全街上一部分画铺中低劣制品的“乔人”，自然说得在理。这正是上面所说的“以画养画”机制的负面影响。但不知这位也是“吴人”的范允临，如何竟将这加到全体苏州人（自然包括吴门画派在内）头上。而后来的华翼纶，是清道光二十四年（1844）举人，距离吴门画派盛期已三四百年之久。他批评“吴人画非钱不行”，更是在说一切“吴人”，吴门画派当然也不能幸免。但问题还不在于批评什么人，而是在于他坚持这样一个道理：画是不能卖钱的，如果卖了，则“鲜有不日下者”。看来华翼纶是不尊重事实的人。在他之前，吴门画派之后几百年时间里，以画卖钱甚至赖以谋生的画家甚多，这些人偏偏不懂“天下糊口之事尽多”，天生爱画，却来亵渎这样神圣的殿堂。石谷子的画也未必不好，他是“四王”中绘画成就突出，并是唯一被人奉为“画圣”的人。至于华翼纶所问的“若以董、巨之笔，悬之五都之市，苍茫荒率，俗士无不厌弃之，岂复有人问价乎”，这倒是有可能的。这是过去有，将来永远会有的艺术创造与观众接受能力之间的既统一又矛盾的关系。可是董、巨长期被冷落，并不是在大量卖画的年代；而他们的艺术得到发扬，恰恰是从元、明逐步出现卖画的时代，而尤以“非钱不行”的“吴人”之地尤甚。这又怎样解释呢？

以上范允临和华翼纶这样不分青红皂白地对卖画行为责难，是一副道地的封建卫道者的面孔。在今天，从特定角度说来，一大部分艺术作品的实质，也不能离开商品生产的范围。凡劳动者创造的产品不是为了自己消费而是为了交换的，都属于商品生产。艺术家自己创造出的作品当然不是专供自己消费，而是要交换自己所需的生活资料，自然也就是商品，不过由于它是精神产品，是一种特殊的商品罢了。封建时代画家身为官吏或以画院待诏的身份来作画，其实也是一种交换。不过蒙上一层君君臣臣的外衣而已。当我国封建制度向前发展的时候，这种交换方式促进了艺术的发展，出现了一代代艺术大师和辉煌的国宝级的艺术精品。可是当封建社会开始走下坡路，而资本主义开始萌芽的时候，皇宫禁苑已无法吸引和容纳画家来挥毫作画，人们也开始厌烦了这种艺术，这种交换方式开始束缚了艺术的生产力。画家需要建立一种新的艺术机制，来使艺术得到进一步发展。这种机制便是“以画养画”，从而开辟了一个新的艺术时代。可惜我国从吴门画派之后，资本主义萌芽并未得到进一步发展，使艺术发展也有了反复，但总的趋向仍然是向前发展的。

当然，“以画养画”的艺术机制对于画家说来，是一把双刃剑。即是说，它一方面可以促进艺术的发展；另一方面又可使胸无大志的画家见利忘义。好在凡是杰出的画家，总是极其热爱艺术，视艺术如生命。他们有极高的责任感、荣誉感和敬业精神，纵使在极大的荣誉面前，对艺术仍是兢兢业业。吴门画派的画家们有时仍如老杜所吟咏的以“十日画一水，五日画一石”（杜甫《戏题画山水图歌》）的精神来作画，文、沈等人有些画要数年才能画完。当然，一些末流画家为了生计，或为了单纯谋利，潦草搪塞亦有之。也有画得水平不低很有发展前途的人，因忙于作画谋利，限制了他的艺术成就也是有的。但是，以往那种“以官养画”难道没有弊病么？不过时代久远，一些滥竽充数的作品早就消失在历史长河之中，我们今天有幸见到的只是经过岁月侵蚀、兵燹人祸后所幸存的极少数的珍珠宝石罢了。

以上说了这样多，并不仅是正确对待画家卖画问题，而更重要的是对待马克思主义这条“正像达尔文发现有机界发现规律”一样重要的“人类社会历史规律”的问题。

第三节 “以画养画”后的中国画坛

“长江遮不住，毕竟东流去”，尽管人们对吴门画派有种种责难，但由于“以画养画”符合美术发展规律，因而在吴门画派之后，中国绘画愈来愈由此向前发展，绘画也程度不等地带有雅俗共赏和以自然为师的清新意韵。中国绘画从此也不再以宫廷为中心，而是民间职业或半职业画家占据了中国绘画的主流。

我们已说过吴门画派画家的山水、花鸟和人物画的影响，但“以画养画”的影响却更具有普遍的意义，而且绘画的影响，还是借助这方面而相得益彰的。

本文开始就说过，一个画派的出现，必须以经济发达，一地能养活一大批画家为前提。吴门画派的出现，和当时苏州的经济繁荣，能为画家“以画养画”创造了物质环境一样，“四大画僧”中以渐江为首，除在黄山附近生活外，他和髡残后来都定居在繁华的南京附近的寺庙，和这里利于解决生活供养大有关联。杨自发称：“渐师画流传几遍海宇，江南好事家尤为珍异，至不惜重金者购之。”许楚《画偈序》谓渐江“遂尔称宗作祖。江表士流，获其一缣一箑重于球璧”。看来渐江也要卖画的。石谿（髡残）身弱多病，长期坐禅，也不能排除有这样的可能。至于八大山人，晚年定居南昌，这是作画最多、也是卖画最多之时。石涛常住扬州，用意更是明确。他在张潮《幽梦录》的一段话后写：“我不会谈禅，亦不敢要求布施，惟间写青山卖耳。”他不仅卖画，也为人设计园林假山，得到钱很多，建了“大涤堂”，又在扬州蜀岗之麓自营生圹，也给自己的作品保持雅俗共赏的意韵。

再说继吴门画派而起的松江画派。松江当时经济也很繁华，商业兴旺，棉织行业首先在这里发展。当时从商者很多。吴晗指出，甚至像徐阶这样贵为首辅的大人物也“家中多蓄织妇，岁计所值，与市为贾”（《明代简史》）。从而为出现众多画家创造了物质条件。董其昌既为显官，又是敛财有方。原来“玄宰家甚贫，至典衣质产”（陈继儒《白石樵真稿》），忽而富至“膏腴万顷”。他做的不过是学政、编修之类差事，收入应该有限，但画商、收藏家“造访无虚日，尺素短札，流布人间，争购宝之”。尤其上面已引的“购其真迹者得之闺房者为多”（《列朝诗集小传》）的做法，实是很高明的卖画之举。受董其昌影响的“四王”，他们也不是人人都得要卖画为生。首先是王时敏和王原祁，都生于宰相之家，他们府邸为太仓一大世家。王时敏在万历年间任尚宝丞，奉旨巡视山东、湖广、福建、江西，又抉为太常寺少卿。王原祁先中了进士，先任河北任县知县，后抉端谏，又改翰林，补春坊，可在南书房行走，以后又奉命编《佩文斋书画谱》，主画《万寿盛典图》。再有王鉴，为王世贞之孙，也是太仓世家，并官至廉州太守。看来，他们都不需要卖画。因此，他们既不是民间职业画家也不全然是宫廷画家，其身份大致和董其昌相仿，因此他们也就和“以画养画”的人们大不一样。只有最后的王翚，世代画画，后来他也一直在家乡作画。他的画虽同样是摹古为主，但还能宋元并收且注意观察自然。后来他“应酬尝焚膏以继日”，看来求他画的人很多，卖画至少也是家庭收入的很大部分。因此遭了华翼纶的非议。但王翚却有很好的绘画成就，盛大士称他“耕烟资性超俊，学力深邃，能合南北宗于一手”（《溪山卧游录》）。恽南田见了王的画，竟不敢措手其间，直称“神哉技乎”。我们不能将他的全部成就归功于“以画养画”，但也不能说其成就与此绝无关连，更不能设想不卖画他的艺术成就能更高。这不是很明白的事么？

现在，再说到扬州画家的例子。

扬州，是清代雍、乾两朝全国大富商贾集中之地。汪中在《广陵对》中说:“广陵一域之地,鬻海为盐,使万民食其盐。上翰少府,以宽农亩之力,及川渠所转,百货通焉。”《两淮盐法志》则称:“山西、陕西、徽州之盐商皆寓于此。”如此情况吸引了全国不少画家来扬麇集,也就出现了所谓“扬州八怪”。这时已非当年吴门画派可比,画家们是名正言顺地卖画了。

我们首先看一下画竹、兰大家郑板桥(1693—1765)的润格,说得是何等理直气壮,从容而又幽默:

> 六幅六两,中幅四两,小幅二两,书条对联一两,扇面斗方五钱。赠送礼物实物,总不如白银为妙。公之所送,未必弟之所好也。送现银则心中喜乐,书画俱佳。礼物既属纠缠,赊欠尤为赖账;年老神倦,不能陪诸君子作无益语也。

这样“非钱不行”,是不是促使艺术的衰败呢?恰恰相反,正是这样反而促使新的艺术的出现。且看人物画大家黄慎(1687—约1770)的例子。王步清在序黄慎的《蛟龙诗钞》中做了介绍:

> 黄慎“初至扬郡,仿萧晨、乾范辈工笔人物,书法钟繇,以至模山范水,其道不行。于是闭门三年,变书为大草,变人物为浓墨大写,于是道之大行矣。盖揭俗轻佻,嘉新尚奇,造门者不绝矣。瘿瓢(黄)由是买宝,娶大、小妇”。
>
> ——《书画所见录》

正是这样,才出现了所谓“扬州八怪”,使我国花鸟画的面貌为之一新。如果不是这样的绘画机制,能行吗?

社会发展又到了18、19世纪的上海。这里“南瞰黄浦,北枕吴淞,东环大海,九峰西拱”,“虽无深山茂林之阴,素号泽国,而平畴沃野,珍异所聚,商贾并辏”,“峨舸大舰载百物往还,奇技异术尽态极妍”。西方文明首先在这里开始,“大江南北,书画士无量数。其居乡高隐者,不可知。其橐笔而游,闻风而趋者,必于上海”(高邕《海上墨林·序》)。这时卖画方式又非昔日可比,且看吴昌硕(1844—1927)的润格:

衰翁今年七十七，潦草涂鸦惭不律。倚醉狂索买醉钱，酒滴珍珠论贯直。堂匾三十两，斋扇念两，楹联三尺六两，四尺八两，五尺十两，六尺十四两。横直整幅三尺十八两，四尺三十两，五尺四十两。屏条三尺八两，四尺十二两，五尺十六两。山水视花卉例如三倍。点景加半。金笺加半。篆与行书一例。刻印每件四两。题诗跋每件三十两。磨墨费每件四钱。每两作大洋壹元四角。

——原件刊《西泠印社》

所订润格不仅大大超过郑板桥当年的绝对值，而且分类更为细致；“衰翁”还吟出“倚醉狂索买醉钱”来调侃一番。但事情还不止如此，上海当年还纷纷成立画会，有些画会还代向画家收件，代定价格，已大有垄断的味道了。当时的豫园书画善会就有一份缘起和章程，节录于下：

爰集同志，创设书画善会，赁豫园得月楼上为会所，书画之余，藉可纵谈古今，陶淑后生，所有公定润例暨章程附后，应纳之润，半储会中，存庄生息；遇有善举，会议酌拨，聊尽善与人同之意云尔。书例：四尺内整张直幅壹洋。四尺外，加一尺，加半洋，纸过六尺另议。对开条幅照整张例七折。横幅照直幅例加半。手卷每尺，册页每张，各半洋。纨扇同上。镜屏加倍。匾对及碑版、寿屏，书撰不能合作者，归专件例论润。画例照书例加倍。点品、工细、长题及金笺，绫绢均照例加倍。其余书画各件另议。创设此会时已早议定：书则钟鼎、小篆、八分、六分、行楷书、狂草；画则山水、花卉、须眉、仕女、飞禽、走兽，咸应合作。即偶有独作之件，亦必另手题款，不仅别开生面，且可各尽所长。但画家大半都仗砚石，因须先筹公私两全之法，庶可共坚始终乐善之诚。今亦议定：所收之润，半归会中，半归作者。如偶指名专件，仍照各人自有润例，概归本人，与会无涉。……

当然，也有画家几乎也染上画商作风。《墨林揖秀录》这样说起一位画家：

善聚积，腰缠甚富，“八一三”后，币制贬值，人有定画必先会值者时一律视为废弃，若人再三求之，如照值补足，然后下笔，甚至一而二、二而三，钱加而不动笔者如故。

这和任何事物一样，“以画养画”自然也会带来不如人意之处。但也不能改变正是这个机制促进了上海出现一大批杰出的画家：如赵之谦（1829—1884）、任伯年（1840—1896）、任熊（1823—1857）、虚谷（1823—1896）、蒲华（1832—1911）、任薰（1835—1893）、王一亭（1867—1938），后期的吴昌硕（1844—1927）、张书旂（1900—1957）、刘海粟（1896—1994）、潘天寿（1897—1971）等，他们的艺术风格多样，各领风骚，几千年来我国的绘画风格为之一新，宫廷的富贵而繁琐风格和隐逸而带伤感出世的气韵都为之一扫。他们的作品折射出新时代的光芒，开现代艺术之先河，成为我国绘画史上一面光辉的旗帜。

我们上面曾经说过，随着吴门画派而兴起的“以画养画”机制，使得我国的绘画中心移出宫廷，而落户于民间职业画家之中。有清一代即是如此。现在我们不妨再来从容回顾——明清两代宫廷画家，还是很有兴味的事。当年的宫廷画家也还有边景昭、林良等人；产生过戴进、吴伟、张路等名家，算是这一路艺术的回光返照；而到了清代，“四王”，不是完全的宫廷画家（这里暂时不论）。道地的宫廷画家则有山水画家唐岱（1673—1752）、张宗苍（1686—1756）、董邦达（1699—1769），花鸟画家蒋廷锡（1669—1732）、邹一桂（1688—1772）、沈铨（1682—1760）等人，虽都有很高的艺术成就，但后代知道他们的人并不多，比之民间朝气蓬勃的具有文人画逸韵的画家群，可说是黯然失色。当然，这固然和个人才能有关，但其所处的经济地位，对形成他们的艺术风格有着密不可分的联系。

总之，从以上的大量事实表明，在“以画养画”的经济基础上出现的带有雅俗共赏风韵的文人画，吴门画派正是这方面的开创者。“以画养画”既保证了他们的生活需要和艺术活动，也连同他们的艺术一起发挥了相应的影响。当然时代不断前进，这样的艺术机制也要随之发展，这是不言而喻的。

结束语：自豪和教益

吴门画派是苏州历史上的光荣，值得后来的人们为此而自豪。它是中国大地出现画派后的最大画派，对我国绘画产生重大影响。本书已就这一画派的形成条件、政治和经济环境，一一做了考察，对画家也都做了介绍，他们能适应时代和社会的需要，对于传统和别人的艺术，广泛进行吸收。他们崇拜元人和董、巨的艺术，但对当时已遭到社会非难的浙派以及上溯到南宋、北宋的艺术也不加以排斥，且不囿于传统，面对自然观察并有所创造。他们中多数诗、书、画“三绝”，而又山水、花鸟、人物画皆精。而在同一画种中，又尝试多种表现。仅沈周的花鸟画，几乎各式画法皆备，正如屈原名句“路漫漫其修远兮，吾将上下而求索”，这正是这样“求索”的结果。他们的山水画也是如此，才能取代浙派艺术，取得丰硕的艺术成果。

吴门画派开创时期的画家们这样朝气，不久却被固步自封所代替。尤其是文徵明的绘画声誉海内，人们以为天下之高，莫过于文画，艺术风格之高莫过于吴门，于是吴楚天低，自然就不敌也受吴门影响而偏以黄子久和倪云林为宗、又在湿润笔墨上下功夫的松江派。在“四王”艺术为清廷赏识而风行一时的时候，不知怎的，苏州画家还以“正统”自居，孤芳自赏，一直到鸦片战争前后，上海出现了海派艺术，以全新的面貌震动海内，苏州画家也为形成海派艺术做过贡献。不仅任伯年、任熊、吴昌硕等人都首先在苏州进行艺术熏陶，虚谷也经常来苏（他的墓也葬在苏州的太湖之滨），而且一大批苏州画家也融入上海画界，如吴湖帆（1894—1968）、钱慧安（1833—1911）、吴子深（1893—1972）、赵子云（1873—1955）、陆恢（1851—1920）、吴友如（？—1893）等人，他们在海派诸家中也起过重要作用，有些人还一度是海上画坛的风云人物。但不可否认，他们大部分都偏于传统艺术，不是创造性很强的艺术家，比之浙江来沪的任伯年、吴昌硕等人有相形见绌之感。这也反映了绘画古城当时的艺术境界。尤其是到了五四运动前后，已经西风东渐，苏州画家们纷纷成立“画会”，宣言要以“恢复六法”来匡正时弊，外出办画展，出画册，吸会员，时至今日，这些画册和作品，人们只能从故纸堆中去找寻。比之昔日吴门画派画家能独领时代画坛之风骚，难免令人感慨系之了。

因此，我们必须以史为鉴，继承吴门画派留给我们的有益的历史教训。

第一，必须沿着时代的艺术，与时俱进。当时浙派艺术尚余势未尽，吴门文人画家本钦慕董、巨和“元四家”，并以继承这“一线属旒”为己任；但时代已不容只唱“前朝之曲”，怎能不另叩宋人之门，使艺术得臻妙境。他们关心国事，体验民艰，不断提高艺术和文化修养，能以艺术家的勇气，临画则“米不米，黄不黄”（沈周），“不知古人胜我，我胜前人”（唐寅），作画则“坐深谁问夜何其，水砚为图更赋诗”（沈周），“写生时不知古法何如，只觉意气中来”（文徵明）。他们以“干事尽孝吹竽拙，傲世犹嫌荷叶狂”（沈周）来度其韬晦生涯，生活上也是“破屋如舟只暂住”（沈周），或甚至有时“三日无烟不觉饥”（唐寅），但此志不改，终于创造出一种入世的文人画，也代表了明画。这些方面都是留给我们的宝贵财富。

第二，必须善于表现吴中山水，人文秀色。苏州景色优美，是生活在这里的画家的一大财富。在吴门画派时代，画家笔下的苏州主要是太湖巨浸及城西群山的自然景色，近城的只有虎丘等地。拙政园尚在兴建，狮子林还是一座寺庙，留园还是尚不完整的私家花园。当时画家们较多地只是描写私人庭院，形成著称于世的“庭院画”和“写景画”。今天，苏州景色已非昔时可比，古城面貌一新，西郊正在开发，东部已面目全非，真是河山更易，世界更殊。即以经济发达这一点来说，苏州的城市地位也节节攀升，现已跻身于全国各大中城市的前6位，是国内城市为数不多的“千亿俱乐部”（GDP在千亿以上）成员。苏州古典园林已有九座被联合国教科文组织批准列入“世界文化遗产目录”，昆曲也被该组织批准列入我国唯一的“人类口头和非物质遗产代表作目录”。总之，现在的苏州可资吟咏和描绘的更多，更为现代画家提供了取之不尽用之不竭的艺术之源。

第三，“以画养画”的机制，既可使有志气的艺术家更加促进艺术的提高，也可使得胸无大志的画家放弃艺术的追求而追逐蝇头微利。当年吴门画派画家可以忍受贫穷而不使艺术贫困。沈周能对“贩夫牧竖”索画而“酬给无间”，文徵明“生平有不肯应，宗藩、中贵、外国也”（《明画录》），他的画和书法即使到了很值钱的时候，他为王宠画的《关山积雪图》跋，则“或作或辍，五易寒暑而成”。这样的例子不可胜计。时至今日，这样“以画养画”的方式成为评定绘画价值和推动绘画发展的动力。我们很多人参与绘画市场运作，从仅以画展为目的进而实行实际的“以画养画”机制。今天这方面已远非“海派”时可比，特别是我国加入共同市场以来，绘画市场日益国际化，拍卖行、画廊、国际展示会和现代画商的垄断与操作，构成一个更为庞大更为复杂的绘画买卖世界。在这种情况下，我们必须紧紧地遵照艺术发展规律，发扬中国人的传统美德，像吴门前辈一样，做一个德艺双馨的现代艺术家。

“大江东去，浪淘尽，千古风流人物”（苏轼《念奴娇·赤壁怀古》），兀立大江尽头的古城苏州，是深切理解这一大气磅礴的千古绝唱的。这里有过数不尽的风流人物：叱咤江东的楚霸王项羽，敢于和封建王朝抗争的丝织工人葛成，鏖战孤城的忠王李秀成……本书涉及的吴门画派画家群，也尽占江南灵气之秀。在朱洪武的屠刀寒光下仍然从容作画的早期画家陈汝言，于穷乡僻壤中名满天下的沈周，在身后有着延绵二百年之久绘画家族的文徵明，还有独领中国古代画家之风骚的唐寅……长江后浪推前浪，而今，在风华的年代已涌现出更多的风华人物。太湖上风云仍然，枫桥边涛声依旧，苏州更以全新的面貌呈现于世人之前。画家们正为盛世所鼓舞，在研学前人的基础上，与时俱进。“子在川上曰，逝者如斯夫，不舍昼夜”（《论语·子罕》），历史不会重演，时序只在更新，让苏州古城继续发扬其数千年的人文风流吧。

附录

吴门画派

吴门画派，是明代景泰到嘉靖年间（1450—1566）苏州市区（含当时的长洲县、吴县）出现的画家流派，为我国最早的画派之一。它是在明初流行以南宋水墨苍劲的院画风格为主要特色的浙派式微之后出现的。这一画派画家多善诗文和书法，文化修养高，多以鬻画为生，因而一方面继承和发展了元人的文人画传统，一方面也反映了当时在苏州等地出现的市民的艺术要求。

吴门画派的代表人物为沈周、文徵明、唐寅和仇英。人们多称他们为吴门四家或明四家。

沈周（1427—1509），字启南，号石田、白石翁，长洲县相城（今江苏苏州）人。终生隐逸不仕。明代画家、诗人、书法家。他的花鸟画一变宋人工丽为雅逸，浅色深墨为其独创。山水画从元人入手，有粗细二体，前者粗犷雄浑，点线纵横，有很高的艺术成就。《吴郡丹青志》称“先生（石田）绘事当代第一”。

文徵明（1470—1559），沈周弟子，初名壁，字徵明，后改徵仲，并随祖籍，号衡山居士。画家、诗文家、大书法家。长洲（今江苏苏州）人。十试不第，五十岁后被授翰林院待诏，后人因而又称他为文太史或文待诏。擅花鸟、人物，以山水画成就最高。他的画也有粗细之分，细笔画就的青绿山水，工秀清苍，最能显示出他的淡逸文静的艺术特色。

唐寅（1470—1523），字伯虎，一字子畏，吴县（今江苏苏州）人。早年即工文辞诗歌，才华横溢，和文徵明、祝枝山、徐祯卿并列“四大才子”。得乡试第一，因而得名唐解元。后涉及考场舞弊案被系入狱，又与南昌宁王谋反有牵连，从而益发放浪沉沦。晚年皈依佛教，筑堂桃花坞，号六如居士。山水画受南宋绘画影响而能别开生面，高岭重叠，飞泉直下，王世贞就说他“行笔极秀润，缜密而有法度”。他的花鸟、仕女画都为后世所敬仰。

仇英（约1498—约1552），字实父，号十洲，原籍太仓，后定居苏州。他是漆工出身，后专事绘画，得文徵明赏识，并在著名收藏家项元汴家客居有年，“凡唐宋名笔无不临摹……他的人物画艳丽典雅，层次分明，水墨山水也独树一帜”。董其昌评他“即文、沈亦未尽其法”。

吴门画派继起的有陈道复、陆治、王穀祥、文嘉、钱穀、居节、谢时臣、陈师道等人。但不久就为以董其昌为代表的松江派（含云间派、苏松派、华亭派）所取代，此派实为吴门画派所出。后人也有因而把这两派合称吴派的。这又导致了清初常熟的虞山画派、太仓的娄东画派的出现。由沈周、陈道复开创的写意花鸟画，影响了后来的徐渭（他和陈淳合称为“青藤白阳”）和恽南田等人。尤其是苏州画家开大规模卖画为生其端，后来的八大、石涛及“扬州八怪”，甚至而后的海派诸家也是这样来从事他们的艺术事业的，也就不可避免地影响了他们的艺术风格。总之，吴门画派不仅执明季中叶画坛之牛耳，给后世留下了为数众多的风格各异的艺术瑰宝，还对明代晚期和清代绘画都产生不可低估的影响。

（载1989年《苏州年鉴》）

吴门画派幽思录

一

现有一不成文的惯例，凡画得好的苏州画家，人们就称为“吴门画派”画家。这种泛画派论，其实并不科学，只会妨碍人们对真正吴门画派的研究。

翻开能寻找到的各种版本的中国美术史，只要涉及画派，均明确历史上只有一个在明代中叶，由沈周、文徵明或加唐寅、仇英为代表的吴门画派。它出现在明洪武年代以戴进、吴伟为代表的浙派之后，又被明代晚期以董其昌、陈继儒为代表的松江画派所代替（也有主张此派和吴门画派合称“吴派”）。吴门画派中算得上的成员有好多人，时间延续两百多年。称得上是我国画史上规模最大、时间最长、影响最深远的画派，是一个有着出现、生长、灭亡的特定历史现象。今日之苏州画人，可称继承或称吴门画派后人，或苏州艺术风格，或另立画派，可不能称吴门画派中人。文艺复兴时期，威尼斯画派其名可谓大矣，今天那里的画家自然不能称是威尼斯画派；同样，20世纪初的巴黎画派也名噪一时，今天的巴黎画家也不能称属于那个画派。这不是十分清楚的事么？

吴门画派具体的艺术特色和它在艺术史上的定位应怎样呢，也就必须从头道来。

大致在汉、三国时代，出现了今天称之的国画。一开始，画家除在寺观作画外，即与宫廷结下不解之缘。有的侍奉皇上，得官封职，有些帝王也懂画，个别还很杰出，还是大收藏家。宋徽宗是书画大家，这是人们知道的；而隋炀帝，人们只知他是昏君，殊不知他能诗词，擅飞白、丹青，富收藏，游扬州还尽携二台所藏书画。尽管后因战乱出现的小朝廷，皇帝们的画兴丝毫不减，皇家画院，就是由南唐和西蜀首创。我查了《中国美术辞典》（上海辞书出版社，1987年版），在其中收录的三国至元十八朝画家中，先后为官的66人，占总数的78%，释道占3.6%，隐逸和不明身份的为19%，证明了唐张彦远《历代名画记》中所说，作画的应是“衣冠贵胄”之人，绘画受宫廷影响可知。难怪唐、宋绘画，多蒙上一层金黄色彩。这情况到元代才有了改变。

和以往朝代不同，元代是蒙古贵族统治，在当时汉人看来，这是“夷狄”当家，应是涕泣而道的。蒙古统治者也一变以前皇朝对绘画热衷的态度，画人们也就不愿也不能（除极少数）依附朝廷；老庄和道教思想本在画家中盛行，这时他们更以隐逸为精神寄托。加上这时全国经济中心南移至江南一带，以五代南唐的董源、巨然开创的文人画画风也就在既有文化渊薮、景物清幽又有谋生渠道的以苏州为中心的苏、嘉、湖一带发展起来。这固然是政治经济环境使然，却也符合艺术本身发展规律。可这艺术规律又是怎样呢？

中西艺术特点不同，但艺术发展大致还应近似。西方艺术从希腊、罗马时代起，艺术是以反映人对现实的“映像”（即从人对客观世界的直接观察）的特征的。到了文艺复兴时代，素描、解剖、透视等学科更进一步完备，描写现实的绘画到达完全逼真地步。现在人们借用心理学名词，叫作“他律”（heteronomy），即形似客观对象为第一位。直到18世纪法国印象派开始，艺术才开始不受“形似”束缚，发挥人的主观感受，扩张绘画语言，即塞尚所谓表现“第二自然”的时代。这就由“他律”转向“自律”（我国古语，见《左传·鲁哀公十六年》），看来这是艺术发展的必然趋势。我国的艺术反映以人对现实“表象”（留在脑中印象，即近于记忆）为特征。比之西方艺术，少受形似客观对象束缚，又便于个人情感的抒发。展子虔的《游春图》、顾恺之的《女史箴图》、韩滉的《五牛图》、周昉的《簪花仕女图》、顾闳中的《韩熙载夜宴图》、王希孟的《千里江山图》和赵佶的《锦鸡图》册页等等，确是一系列艺术高峰，使世人引之为傲。但我们不妨思考一下，这些艺术画法，大致还在“六法”中所谓“应物象形、随类赋彩”范围，不妨称之为“他律”，尽管此“律”与西方的“律”有别。谓予不信，我们现以元黄公望的《富春山居图》和上述唐、宋名画相比，就可发现二者大异其趣。此画标明是富春山，画家也确受富春山的启发，乃至观察而作，但不会有人认为这是真富春山，按图索骥（有人说这里有他家乡虞山的影子，也难怪，《图绘宝鉴》就说他“探阅虞山朝暮之变化，四时云雾之气韵，得之于心而形于画”）。人们欣赏到的只是画家的挥毫点染，笔墨成趣，用点、线、面的艺术组合，既再现名山雅姿，更抒大师胸中块垒，观众面前展开的是更美的心中的富春山画卷。仅这幅画卷上画家自题就长达127字，这和直到宋徽宗时才在画上题诗，而在之前，甚至作者在画上都不署名形成对照。这不能称为“自律”，又能称为什么呢？董其昌在此画面前，大呼：“吾师乎，吾师乎，一丘五岳，都其是矣！”他对前人画很少如此五体投地的。是什么力量使然？毋庸讳言，这和艺术由“他律”走向“自律”分不开，到达了文人画的最高境界。

黄子久是苏州人，又是文人画代表，但仅有他还不能构成吴门画派出现的基础。还必须提到史称“元四家”的另外三人，倪云林、吴镇、王蒙，特别是倪云林，他虽是无锡人，但早就离家出走，长期在苏州、周庄一带滞留，曾在甪直陆庄建“蜗牛庐”定居。他在画中跋道：“隔江（指吴淞江）遥望天平、灵岩诸山，在荒烟远霭中，浓纤出没，依约如画。渚上疏林枯柳，似我容发萧萧。”正因身处这样远山如黛，坡陀连衍，树木萧疏之境，才形成他的艺术特色。他的作品萧疏高逸，画上自跋“逸笔草草，不求形似，聊抒胸中逸气耳”，这无疑是文人画的宣言。黄、倪正是上连董、巨，下接吴门画派的桥梁，他们不妨说是吴门诸家的艺术教父。苏州这时还聚集了一大批文人画画家，仅画竹（元代方流行的题材）就有柯九思、顾安、张逊、苏大年、方奎等，为吴门画派的出现准备了得天独厚的条件。

二

现在是不是可以说到吴门画派呢？

好事多磨，它的诞生还得经受几十年的磨难。

元明易祚，大汉光复，应该大快人心了，可苏州非常不幸，因张士诚多年据此，和朱元璋反复战斗，大将胡大海也伤于其手，使朱皇帝伤透脑筋。

一登皇位，就对苏州重税赋，迁富户，惩府吏，严科举，使得这一繁华的东南都会“邑里萧然，生计鲜薄”（《寓圃杂记》）。不仅如此，朱元璋一方面重用具有南宋风格的钱塘画家，却苛待乃至杀戮具有隐逸之风而热衷元画的苏州画家。洪武年间，被诛戮或逼死的有赵原、张基、陈汝言、张羽、徐贲、周位等人，连与苏州有缘的倪云林、王蒙也被瘐死狱中，或出狱不久郁郁以终。这是中国绘画史上从未有过。传说因丑画王昭君而被杀的画工毛延寿一事与之相比，不过是小巫见大巫而已。而苏州画家已追随元画成风，尽管皇帝磨刀霍霍，他们却韬光养晦，我行我素。单说苏州东北五十里（属长洲县）有一个沈家，世代读书隐逸，元画家不绝于庭。祖父精鉴赏、二子善画，孙即名画家沈周，其画名逐步名闻遐迩，后收城西曹家巷文徵明（小沈周43岁）为徒，文和近邻皋桥同岁的唐寅结为好友，唐寅又结识从太仓来苏做漆工又小一些的仇英，二人先从擅长宋画的周臣，唐后来受文徵明影响，仇更得到文的器重。他们先后名闻海内外。时人评曰：“自元末以迄国初，画家秀气已略尽，至成、弘、嘉靖年间复钟于吾郡，竟成一大都会矣。”将沈周、文徵明、唐寅、周臣、刘珏、仇英都归于“士大夫名家宗匠”之列（顾凝远《国朝画评》）。“启南先生（沈周）画法高一代，所为阔帧巨轴，位置稳密，水墨淋漓，天工人巧，蔑以加矣。宜吴阊光阶，登伯虎、衡山上也”（见明邢侗《来禽馆集》）。“书至董赵，画至文、沈、唐、仇，天地精英尽矣，何必唐宋哉！”（《壮陶阁书画录》）“成、弘间，吴中翰墨用天下，推名家者，惟文、沈、唐、仇诸公，为掩前绝后”（王鉴《染香庵画跋》）。“携李项子京收藏甲天下，（仇英）馆饩十余年，历代名迹资其浸灌，遂与沈、唐、文称四家”（吴升《大观录》）。“沈、文、唐、仇，为明四家”（《溪山卧游录》）。

人们也逐步将沈、文、唐、仇称为吴门画派四家，但由于唐、仇画风略异，有人不主张他们列入此派，但人们对吴门画派是肯定的，尤其是董其昌在杜琼《南村别墅图》跋中明确提出“吴门画派”四字，也就更成就美术史上的定论了。

现在我们要问：“画派”究竟是什么呢？查遍现有《辞海》、《辞源》，并无此词。只有《说文解字》释“派”，“别流也”，也就是说，它是有别于他流的流，也就是俗说自成一派。吴门画派又怎样有别于其他画派呢？按理说我们应从艺术特点加以比较，但这里不准备这样做。因为艺术特点纷纭不易捉摸，同一派画风也大同小异，一个画家前后也有所差异，话说了一大堆，还使人不易理解。但画是人画的，我们只要就组成画派的画家群体相互比较，差别也就一清二楚了。

吴门画派的主要画家（这里暂和明四家一致）、元画家（也以元四家为代表）相同之处在于，他们基本上都是布衣之身，黄子久短时期为吏，不能称官；王蒙元时做过小官，后弃官为隐，明时任山东知州厅事，不久即入狱；文徵明五十四岁任翰林苑待诏，三年后辞归。他们的出身、文化教养和哲学、宗教思想一致，学画又基本上继承董、巨文人画风，唐、仇虽先学院体画，后仍归这画路。那么，他们不就是毫无区别了吗？如果是这样，吴门画派也就不是“别流”，也就无从谈起，可他们有着以下的不同：

第一，他们所处时代不同。元代是在蒙古贵族统治下，画家感到国破家危，陷于彷徨、孤寂之中，即使在元廷为官（如赵孟頫），也矛盾自责；而吴门画家却是大汉光复时代，已无“亡国”之痛；吴门画派时，朱元璋时代早成过去，画家血迹已被时间洗刷殆尽；经过明初的经济恢复政策和况钟等贤吏治理，苏州经济很快得到发展。当时邑人王锜在《寓圃杂记》中继续描写所见之景：“正统、天顺间稍复其旧，迨成化间则迥若异境。以至于今，观美日增，阎闾辐辏，绰楔林丛，城隅濠股，亭馆布列，略无隙地……游山之舫，载妓之舟，鱼贯于绿波朱阁间……”这哪是产生孤寂悲愤的画家的环境呢！

第二，绘画观念不同。古代画家虽以入仕为人生和作画正途，但不同方式不同程度卖画，也时而有之，以不损艺术和尊严为度。史载唐孙位“喜与方外人往还，豪贵相请，礼有少慢，纵赠千金，难留一笔”。到了元代王冕，已大大进了一步。他携家归隐九里山，卖画自给。也许破天荒地“以缯幅长为得米之差”。黄子久、吴镇以传教和卖卜为生，生活清贫，也不俯就需求者。董其昌《容台别集》记吴镇“与盛子昭比门而居，四方以金帛求子昭画者甚众，而仲圭之门阒然。妻子顾笑之。仲圭曰：‘二十年后不复尔。’”但到了吴门画派时代，情况却大不同了。

我们可以吴门画派同时代出现的著名小说《初刻拍案惊奇》中的一篇为证。成化年间，苏州有一读书人，很有才华，“有人相他有巨万之富”，他信以为真，后来坐吃山空，“看见别人经商图利的，时常获得几倍”，听人说北京扇子好卖，“他便合了一个伙计，置办扇子起来。上等金面精巧的，先将礼物，求了名人诗画，免不得是沈石田、文衡山、祝枝山搨上了几笔，便值上数两银子；中等的自有一样乔人，双手学写了这几家字画，也就哄得人过……”虽是小说家言，也明白无误地透出那时信息。作者凌濛初，浙江乌程人，是苏州近邻。曾任上海县丞、徐州通判，算是有身份的人。此书刻于天启七年（1627），沈周、祝枝山死后虽过百年，但离文徵明身后不过68年，曾孙从简、震孟、震亨都还健在，都是名画家，有的还官至中书舍人，因此此书所述沈、文搨扇面之事应大体不会离谱。如果这样说能站住脚，也就明白无误地表明：这时读书人观念变了，不求金榜题名而追求经商发财；画家观念变了，因一些“礼物”便会“搨上几笔”；还说明当时已有绘画市场，有画商，有做假画的“乔人”。这也正符合历史学家吴晗的断言，明代的苏州已经孕育了我国资本主义萌芽，尽管我国后来资本主义未得到进一步发展，但正如欧洲文艺复兴时期一样，这里人和艺术也会不同程度罩上人文主义思想解放光辉。

了解了以上两点，自然明白吴门画派会取代在它前面的浙派。浙派艺术虽也受元画影响，但主要仍因袭南宋院画，其代表人物戴进为宫廷画师，吴伟被明孝宗封为锦衣卫百户，授“画状元”印。画风多健壮放纵，和吴门画派的人和艺术有很大不同。

吴门画派虽继承文人画，但又有别于元之文人画，是吴门画家改造了文人画，有些方面甚至还与元文人画是对立面。元人艺术有很高的艺术造诣，但先天不足，超凡脱俗，孤芳自赏，远离了广大人民，他们很多作品，不妨名之曰“超凡脱俗的文人画”；而沈、文、唐、仇四家及追随者却基本上以卖画为生，尽管在封建社会中出现，也接受了这初生的市场洗礼。他们创造了“雅俗共赏的文人画”。

这不仅改造了他们自己，也改造了以后的时代。

三

吴门画派是怎样改造自己的呢？

首先，他们一扫荒冷萧疏、盘踞抑郁之气，而代之以明快空灵、雅逸之风。因而，一方面承袭元画，一方面兼收宋画。谢肇淛归纳为“变宋化元”，其实又何止于此？

其次，他们体现了由卖画所带来的一系列特点：比之前人，他们绘得最多，人人既画山水，又擅花鸟、人物，除仇英外，又都善书法、诗文；他们既继承传统文人之风，每画必题诗，诗多明白如话，大大超过前人，他们又注意民间景物和当时人物的描绘。

再次，他们既注意学习前人，又再创写实之风，出现了一种后人称为“写景画”的画法。沈周连续画遍苏州诸景，以供“未游者”观赏，文徵明画东园（即留园），其他诸人乐此不疲。

最后，他们开始改造古来的山水、人物、花鸟画……正因如此，他们的艺术影响巨大。中国古代画家多矣，而唯有吴门唐寅家喻户晓，这固然和俚俗小说、街坊弹唱渲染有关，但从根本上讲与吴门艺术能首创雅俗共赏是分不开的。唐寅的名声即是吴门画派艺术在历史上的体现。

“青山遮不住，毕竟东流去”，他们又怎样改造后来的绘画呢？尽管后来我国资本主义未能得到进一步发展。首先，严格讲，吴门画派后，中国绘画一变以宫廷绘画为中心的绘画格局，民间画派如雨后春笋，声誉迭起。吴门画派后有松江（有人将它合并成“吴派”）、清初四僧及娄东、丹阳、姑熟、宣城、新安、扬州、海派等民间画派迭起。这是前所未有的，吴门画派在这方面起了扭转作用。

其次，画家卖画古已有之，但大批知名画家以画为生却从吴门画派开始。为此，遭受道学家们的责难。“吴人非钱不行”之声不绝于耳，这样的机制诚然有负面作用，但它的正面却是促进绘画的发展，后来逐步成为主流。吴门画派可说是起了推动作用。

再次，后世人们崇拜元画，但吴门画派后，他们的荒疏超凡，或繁复郁结的山水画风并未得到发展，尽管风格各异，而雅俗共赏、贴近自然与重视笔墨的山水画却在起主导作用。唐寅、仇英的仕女画，青藤白阳的“大写意”，周之冕的“勾花点叶法”也一直影响至今。吴门画派在这方面起了开创作用。

至于沈、文、唐、仇画法的影响，波及画家则不可胜计。单说沈周的花卉、蔬果画法就影响了八大、虚谷、吴昌硕，直到当代的齐白石。

最后还要补充一点，拙著《苏州美术史·结束语》（四川美术出版社2010版），为证明苏州美术在全国的重要性，说了“1990年，北京故宫博物院为庆祝建院65周年和紫禁城落成570周年，也只能从全国遴选明代吴门绘画展览和出版吴门画家画册作为纪念”一段话，举例并没错。现想起来，其中却有矛盾：既称明代吴门绘画，就该包括整个明代，可整个画册和展览却没有明代初期画家的影子，而这时这里数得上的画家可有好多位。这是什么原因？因为明代吴门，只有吴门画派才是核心，而这画派成员实难以界定，他们也就只能含混其事，称作“吴门”，中心仍是吴门画派。该画册“概论”，就明确证明了这一点。其用心可以理解，但矛盾总是矛盾。因此我们今天也不必将这特定历史概念扩大化，这样反而更尊重它，继承它。现在这里不正如白石老人上世纪所吟的诗句“犹喜逢人说沈周”么？

“变宋化元”——沈周的艺术之路

要了解苏州的美术发展史，不能不了解明代中叶在这里出现的吴门画派；而要了解这个画派，又不能不重点了解它的创始者和代表画家沈周；而论沈周，重点又必须说他的艺术特色。

沈周，字启南，号石田。世居苏州东北相城，当时属苏州府长洲县（县署在苏州城内）。据自述，他三十岁左右开始学画（陈焯《湘管斋寓赏编》卷六），当时正是浙派艺术称雄中国画坛的时候。随着时间的推移，沈周以一种新的绘画风格逐步压倒了浙派人物戴进等人，继而门生文徵明及其追随者也峥嵘崛起，一时海内翕然从之。后人遂逐步称之为吴门画派［今日始见于明末董其昌在杜琼《南村别墅图》（藏上海博物馆）的跋］。

沈周究竟以什么新的绘画风格来取代浙派呢？这个问题一定要搞清，而要弄清这个问题，又得要从远处说起。大家知道，欧洲绘画的特征是写生，学画更要从写生入手，画家面前被画的自然景物便是作画的标准，别人怎样画并没有多少直接的意义；而传统的中国画则不然，学画一般是从临摹他人的作品入手，被摹作品的美学走向和艺术技巧便是自己的楷模，尽管后来也会有自己的艺术创造，但并不能改变被摹作品留下的终生艺术烙印。因此，认识一个传统的中国画家或画派，首先就得从他或他们的师从关系着手。只有懂得这个道理，我们才能比较容易掌握打开认识沈周艺术之门的钥匙。

但我们这时还得先说浙派。浙派的时间不长，但它的历史渊源却可追溯到我国山水画奠基期的五代。当时北方有几位大画家叫荆浩、关仝、李成、范宽、郭熙等人，他们多画北方山水，用刚劲的线条画出山石的外轮廓，其皴法（渲托山石的短线）多用“斧劈皴”。画得气势雄伟，奇峰突兀，笔力遒劲。这种绘画发展到南宋，仍脱不了“水墨苍劲”四字。（另外青绿山水和花鸟画也更为工整缜丽。）由于它的主要画家都在两宋的皇家画院供职，故后人称之为“院画”。几百年来，这种绘画一直是中国画的主流。所谓“三家鼎峙（指关仝、李成、范宽），百代标程”（宋郭若虚《图画见闻志》），是说得不错的。到了元代，这个“标程”才算让了位。可是好景不长，元亡明兴，开国皇帝朱元璋对院画情有独钟，罗致了一批有着南宋画风的画家，其中多为浙江人（因为南宋建都杭州，这里仍有影响），因而人称“浙派”，虽也有自己的创造，但不妨说就是院画的继承和发展。被吴门画派代替的就是这样的画派。

现在就好说到沈周的艺术本身了。

要说清这一问题，也先得从一度代替院画的“元画”说起。可这又得追溯到五代时期另两位大画家董源和巨然，他们是南方画家，也多画南方山水，用柔润的线条画出山石汀滩轮廓，多用披麻一类皴法，形成一种平淡天真、温润柔秀之风。但后来除北宋几位大家（苏轼、米芾等）外，长期可说是从之者寡。可是到了元代，这画风却在太湖沿岸苏、嘉、湖地区文人中流行起来。到了黄公望、吴镇、王蒙和倪瓒“元四家”那里，这种艺术更发展到高逸和放逸的高峰。他们所代表的绘画即是后人所谓“元人画”或“元画”。明代开国时期，元画受到致命的摧残，但它的灵魂却一直在以苏州为中心地区徘徊，给沈周的艺术的诞生提供了肥沃的土壤。

这样说的意思，绝不是说沈周的艺术乃是元画的继续和翻版。很多朋友正是这样看的，显然这是一个误解。吴门画派自然也不是照搬元人。不错，沈周是在元画的氛围中成长的，祖父是王蒙的好友，父亲和伯父都是当地知名的元画家，启蒙老师和好友也大多是此道中人，家中也有元画珍藏。他也是诗文俱佳，布衣终生，素质上也和元代画人相近，也确是以继承董、巨艺术而自命的。在很多题画诗文中多次加以表述。如成化十一年（1475），沈周在四十九岁时写道：

我从绘事岁既多，破费水墨将成河，滥觞董、巨意亦广，望洋不知当如何?

——《石田先生诗钞》

“滥觞董、巨”,是他艺术创造的首要目标。他的传世名作中就有临摹董、巨的画(本文后面将要介绍)。对当时还能见到的元四家作品,临摹的则更多。他早年学王蒙,晚年尤醉心吴镇,对倪瓒也是潜心以求。但是,在“滥觞董、巨”之后,紧接着还有“意亦广”三字,也是我们不能忽略的。苏州近邻南京,沈周出生前六年,明成祖才迁都北京,南京还有“留守内阁”。此时浙派对苏州也有影响。相城有位前辈画家,叫作沈遇,工院画山水,沈周就临其《雪图》,并题云:“臞樵沈公,以善画人物山水,名于宣德、正统间。尝征至京师,比还,声称益藉,学者颇众。”沈周到五十四岁时,浙派已呈颓势,他还临戴进的《谢安东山图》。后四年,又仿北宋画院画家燕文贵《秋山萧寺图》。年近古稀,还临南宋画院画家马远、夏圭长卷,并叹曰:“今之世无二公笔也……余静坐时想二卷中笔力丘壑,迄今二十年矣。”(《壮陶阁书画录》)这已是他的创作成熟期,还在努力吸收宋人笔墨。二十年不算短矣,可见他潜心宋画时间之长,感情之深。不仅如此,他还和浙派画家有所交往,浙派另一代表名家吴伟经常往来苏州,弘治二年(1489),还为沈周和徐霖画了《沈徐二高士行乐图》。

那么,沈周的艺术渊源究竟是什么呢?其实以上所引的情况,已经十分清楚了。明徐守知有一段精彩的话,正好为我们做了阐述:

我朝画法:变宋化元。正嘉间,吴中诸贤达一时杰出,擅彩争奇,直使静庵(戴进)而下皆瞠乎其后矣。

——《西山胜景书画合册》跋

从这段话的意思看来,所说的“我朝画法”,其实也就是“吴中诸先达”的画法,而“吴中诸先达”,实际上也指吴门画派首先是沈周的画法,说他画法从宋、元两处继承而来,说得是对的。说对“宋”是“变”,对“元”是“化”,也是很有分寸的。按汉许慎《说文解字》:“变”,更也;“化”,教行也。似乎含有以元画为体,以宋画为用之意。如果这是他的意思,大致上也不错。因此，我们这里就借用他这个说法。但仅靠上引沈周的临画情况还不够，最终还得靠他的作品来做证明。

沈周擅山水、花鸟、人物，但山水画得最多，花鸟次之，人物又次之。他的山水画的面貌很多，大致一为细笔画，世称“细沈”，一为粗笔画，人称“粗沈”。这些这里不去细说，只按临摹、“摹拟”和自行创作，将他的作品分为三部分来证明上述论断。

第一部分，沈周自己注明，系临摹古人作品或笔墨而成的作品。这也是中国传统绘画中一种特色画法，但并不是指做假画或复制品，而是借别人笔墨来进行创作。此种画法在北宋画院已经流行过。从传世作品来看，一来这类作品没有沈周多，二来没有沈周这样和复制、仿制截然分开的。沈周留下来类似的作品很多，这里只举他的代表作《仿董巨山水图》轴（纸本，墨笔，纵163.4厘米，横37厘米，现藏故宫博物院）一例，该画左上方处自题诗一首，诗后写道：

> 癸巳仲冬五日，民度至竹居，欲观董、巨笔法。民度少年博古，当所畏者，安能以不能辞。乃憆恅如此，复系一章，以为祖席谈柄。归呈尊甫，必有以教之。沈周。

癸巳，系成化九年（1473），沈周时年四十七岁，尚属创作早期。“民度”要看他的“董、巨笔法”，他是怀着“憆恅”（“憆恅”，心乱也）的心情画成的，据自述，当时已经“近求北苑、巨然真迹，世远兵余，已不可得”（《江村销夏录》卷一）。看来他很少甚至没有见过原作，但由于这方面功夫下得多，整个画幅峰峦重叠，环抱着宁静的茅舍，道路蜿蜒，小桥扁舟，一一历历在目，淡墨的披麻皴画就的矾头，在峰头上重叠，缀以深的苔点，这种融合了董、巨的也是对后来的元人影响很深的技法，在宋人山水中是没有的。正如宋沈括所说，董、巨画“皆宜远观，其笔甚草草，近视之，几不类物象，远视景物粲然，幽情远思，如睹异境”（《梦溪笔谈》）。而沈画山川景色秀丽，几乎已达到宋人所要求的“可行、可望、可游”的程度，这又是元人画中所不常有的。另外，用笔含而不露，柔中寓刚，用笔浑厚圆润，苔点深而醒目，既体现了沈周的笔底功夫，又使人看到“粗沈”的痕迹。弘治三年（1490），沈周六十四岁时，他在《仿倪瓒画》上跋曰：

> 朱君性甫，久欲余仿倪云林墨法，为溪山长卷，余辞不能……明日因入郭，性甫同舟，出茧纸，仍以前命相逼，且暑闷，正无所排拔，遂不复辞，而弄笔几弥卷。性甫谓为云林亦得，谓为沈周亦得，皆不必较。在寄兴云尔。沈周。
>
> ——《石渠宝笈》卷六

这就是沈周所抱的临画态度，了解这一点，也就更能理解他所临的画了。

沈周第二类的作品姑且称为“摹拟”，即沈周明白注明这是自己所创，但又明显是在摹仿别人笔墨的作品。这类作品中我们选择他的早期代表作《庐山高》。

《庐山高》（纸本，淡设色。纵193.8厘米，横98.1厘米，现藏“台北故宫博物院”）为沈周早年的细笔画代表作。这是他四十一岁时为祝贺其师陈宽（醒庵）七十寿辰而作。陈祖籍庐山，因而这样画很贴切。整个画幅高峰峙耸，山峦层叠，树木葳蕤，山涧蜿蜒，飞瀑如练。画幅右下角高松遒劲，一高士临流仰视，使得全画皆活。猛地一看，此画确受王蒙《青卞隐居图》影响。王技法多样，善作茂密苍郁的构图。此画更是这类画的代表作。群山叠翠中隐约可见草庐数间，一高士倚床抱膝，和《庐山高》也十分近似。王蒙所画的山石往往似无明确的轮廓，人们称之为“拖泥带水”，用他特有的解索皴、牛毛皴，加上略乱的披麻皴，描绘一片苍茫浑郁之气。《庐山高》也是皴法很多，先以焦墨晕擦，后以淡墨拖皴；或淡墨施皴，施以苔点。总的说来，两画均以披麻皴法为主，再用多种皴法。但《庐山高》似乎更层次分明，浓淡相间，石壑涌动，苍莽与明淡互为衬托，齐向高峰涌聚。元人那种迷茫之气和似乎不经意构图为之一扫，而更有了一层清晰和空灵之气。更重要的是，《庐山高》的含义、人生态度和《青卞隐居图》大不一样。陈宽为元画家陈汝言之孙，避兵乱来苏州，后被朱元璋迫害而死。陈和父陈继，远离朝廷，均以学问和笃行驰名。白首穷经，淡泊明志。沈周在画的右上端题上七古一首，首先讴歌庐山之高大：“西来天堑濯其足，云霞旦夕吞吐乎其胸。”这不是明白地在歌颂陈门的高风亮节么？接着画家也就直接点题了：“陈夫子，今仲弓，世家庐之下，有元厥祖迁江东，尚知庐灵有默契，不远千里钟于公。公亦西望怀故都，便欲往依五老巢云松。”这里的“祖”便是指和一大批苏州的元画家乃至沈周所敬爱的王蒙、倪瓒等人一齐在洪武时期蒙难的陈汝言，画家点了一下，便转而歌颂陈宽了，“荣名利禄云过眼，上下不作书自荐，下不（与，疑脱字）公相通。公乎浩荡在物表，黄鹄高举凌天风”。至此，诗和画融合为一，充满了浪漫激情和人生意味，使人感到诗味的隽永和画意的深沉。这在古人山水画中是少见的。如果说，《青卞隐居图》是讴歌隐士的高洁，和元人的感伤、出世的态度相一致。而沈周的诗、画是献给一个没落家族中的老人（五年后陈宽即卒），却毫无感伤意味，而且生机盎然，还要“黄鹄高举”（按《楚辞·惜誓》：“黄鹄之一举兮，知山川之纡曲；再举兮，睹天地之圜方。”），表明画家仍以国计民生为念，这是元代士人中一般没有的，元画中也很难有这样人生的情调。试想，要表现这样丰富的内涵，仅仅照搬宋人或元人的笔墨，行吗？

沈周第三类作品是更直接表现个人风格的作品，也是更能表现“变宋化元”的作品。他的这类作品风格很多，这里姑且分为以下几种。

墨色和淡设色的山水画　我们这里且举一幅他晚年作的《京江送别图》（纸本，设色，纵28厘米，横159.2厘米，藏故宫博物院）。此图是沈周为清诗人吴伟业的高祖吴惟谦官叙州太守时作，时为弘治四年（1491），沈周年六十五岁。京江，即镇江附近江面。画对面群山簇拥，画右下角即为河岸，堤树成荫，行舟和岸上的人依依惜别。这样大量水面的画面，水天一色，令人想见南宋的马远、夏圭的画。远山则近似董源的矾头和苔点，令人想到倪云林式的远景反而画得清晰，但又不妨碍远去的画法。树也不像北宋人那样方形式蟹爪式，也不如元人那样致力于清癯和笔力浓淡的变化，而是用粗放朴实的线条画就，使观者不在笔墨技巧上做过多的牵引，而直接将心灵注入画幅中山水悠悠的伤别离恨之中。一切是那样朴素、清晰和空灵，可深藏着无限的人间挚情。这幅画比他的粗笔画要细致一些，他的粗笔画是很著名的，门生文徵明形容为“粗枝大叶，草草而成”（《吴梅村先生集》），而这正是“变宋化元”的笔墨，他正好克服了元画的圆润，也摆脱了宋画的刚劲。这幅画同样表现了沈周时代一种全新的独特的艺术面貌。

“写景画” 这一名称是姑妄称之的，吴中风物清嘉，山明水秀，沈周为大量直接描绘这些景物的第一人。说是“直接描绘”，即和传统方法大不相同。他在《吴中山水全景图》卷（现藏“台北故宫博物院”）中就画有虎丘、天平山、支硎山、狮山、何山、横塘、灵岩山、上方山、石湖、胥口、光福和太湖等地，并在卷首跋道：

> 吴中无崇山峻岭，有皆陂陀连衍，映带乎田隅。若天平、天池、虎丘为最胜地，而一日可游之遍；远而光福、邓尉，亦一宿可尽。余得捻经熟，历无虚岁，应日寓笔，图者屡矣。此卷其一也。将涓流之他方，亦可见吴中山水之概，以识其未游者。画之工拙，不暇自计矣。

这里说得很清楚，这样画是为了让“未游者”得“可见吴中山水之概”。他的这类画传世的确很多，如《吴门十二景图册》、《虎丘十二景图册》等。我国过去山水画只供人欣赏、怡情养性，因而多画无名山川，即便注明某山某川，也并非描绘真山水。沈周现在这样画，自然要和实景离得不会太远。当然，不可能要求沈周像今天这样写生，但“得捻经熟”，还是免不了的。例如他为好友吴宽父吴融所筑别业画的《东庄图》册（现存21幅），其中一幅《东城》中的土阜高堆，城的雉堞隐约可见。今天在苏州大学本部（即东庄故址）东眺，还可想见当日之一二。当年他也可能边看边画，成化二十二年（1486）丙午，他写道，“今年六十，眼花手颤，把笔不能细运”，然“至大山长谷，乔木片石，挥墨淋漓，心爽神逸，亦不觉其劳矣”（《石渠宝笈续编》二十八集）。他醉心于临场作画之乐，宛然纸上。既然如此，作画时必然受到“写生”对象外貌的制约，从这点说来，他必然受宋画的影响（这点并不是臆断，不仅沈周如此，后来的陆治、文伯仁、钱贡等吴门画家也是如此），但又由于本身的气质和笔墨修养，又只能在画中洋溢元画意韵。

花鸟画 沈周的花鸟画成就很高。这里先引明文学家王世贞对他的花鸟画的评价：

> 按五代徐、黄而下至宣和，主写花鸟，妙在设色粉绘，隐起如粟。精工之极，徼若生肖。石田氏乃能以浅色淡墨作之，而神采更自翩翩，所谓

妙而真者也。

——《文待诏题跋》卷上

王世贞是一位评画里手，这里所说的黄（荃）、徐（熙）和宣和（赵佶），确是五代和北宋花鸟画的杰出代表，王世贞也的确道出了沈画和他们作品的异同：一个“倣若生肖”，一个“神采自翩翩”，不亦同乎？一个“设色粉绘”，一个“浅色淡墨”，不亦异乎？其实，沈周和元人花鸟画也有既继承又发展的地方。花鸟画发展到元代，最突出的一点，乃是墨花（包括墨竹、墨兰）和墨禽画的兴起，这是和当时士人追求佛、道的“出定”、“厌求”、“无为”精神境界相一致的。沈周的画“浅色淡墨”，可说是受了元人影响，但同样的淡雅，二者却有很大的不同，如沈周的《辛夷墨菜图》（纸本，墨笔，纵35厘米，横58.7厘米，藏故宫博物院），系墨笔画就的，幅中一枝散开菜叶的菜花，花由单线勾就，生机盎然，菜叶浓淡相间，飞白宛若叶脉，似若起舞。与元人绘画大不相同。再看沈周的题诗：“翠玉晓笼苁，畦间足春雨；咬根莫弃叶，还可作羹煮。”这不是故作强颜的欢笑，甚至还有贫民的酸辛，但这是人世间实实在在的悲欢。再举一幅设色的《枇杷图》轴（纸本，设色，纵133厘米，横36.5厘米），通幅是两枝结实的枇杷，树叶用石青描就，叶背施以很淡的石绿，果实淡黄，用两个墨点。树叶和枇杷的画法显然有着宋人的痕迹，可又掩盖不了元人的雅逸。画面雅淡中带亲切感，逼真又不激人感官。至于画上题诗“爱此晚翠物，结实可一玩；山禽不敢啄，畏此黄金弹。沈周”，使人更加重这样的感觉了。

沈周其他绘画还很多（如青绿山水、着色的水墨山水等等），这里也就不一一赘述了。

综上所列举的沈周的部分作品，已足够证明他走的是“变宋化元”的艺术之路，作品具有“变宋化元”的艺术特色。

我们不妨进一步再问一下，沈周凭什么能做到这一点呢？我想，除了他个人的才具、广博的知识和不懈的努力外，可能是由于以下原因：

第一，卖画。这似乎是不登大雅之堂的事情，其实，世上没有不吃饭的神仙，画家也不是不吃不喝的怪物。要吃饭，就得要赚钱。在元代之前，一个专业画家，如果想获得稳定收入并且迅速为人所知，最好能进得皇家画院或类似环境，这样，必须仰承权势者甚至皇帝鼻息，否则就无法作画。“（北宋时设）图画院，四方招试者源源而来，多有不合而去者。盖一时所尚，专以形似，苟有所得，不免放逸，则谓不合法度。或无师承，故所作止众工之事，不能高也。”（《弇州山人题跋·石田写生册》）晚明董其昌就说画院画家人格不高，其实当时画家也是奈何不得。这种情况延续到明初的浙派。画家一直被捆住了手脚，一定要在画幅上曲射出黄金御苑的折光。而到沈周时代，全国经济中心南移，苏州已成为东南一个大都会，我国的资本主义萌芽已开始在这里孕育，人们对于商业的观点已经有所改变。（邓椿《画继》）沈周家原来田产较多，后来在父辈和兄弟析产之后，以致到了“买画常卖田”的地步。二十九岁时，恰逢饥荒，宾中食荐不继，又要累偿粮长缺额，不得已妻陈慧庄脱簪珥以应。五十二岁时，得到太平县知府袁道的资助才得以葬父。在这种情况下，他开始违背父辈从不卖画的习惯，学老师杜琼那样卖画。其实元代画家已有卖画为生者，但没有像沈周那样声名远播，规模较大。他的好友杨君谦写道：“予每见人于千里致币遣索先生（沈周）画者。”（吴晗《明史简述》，中华书局，1980年版）王鏊也说：“近之京师，远自闽、浙、川、广，无不购求其（沈周）迹，以为珍玩。”（《石田先生文钞》）学生文徵明也说（沈周）“长缣断素，流布充斥，内自京师，远而闽、浙、川、广，莫不知有沈先生也”（《震泽集》）。是卖画提供了沈周的生活和创作条件，也提供了他的创作自由。他不必考虑“一时所尚”，他“不免放逸”，不仅无关宏旨，而且反而会有新的艺术创造。他风格众多，作品多样，发前人所未发，道前人不敢道，这正是和卖画这一魔棒分不开的。这种新兴的绘画实现价值的方式已开始露出它生命的胚芽。当然，当时这种方式还远不充分。看来，馈赠多于卖画，礼品多于货币，低价低于高价。明天启七年（1627），由浙江乌程人凌濛初编写的《初刻拍案惊奇》中就写了请沈周“搨了几笔（扇面），便直上数两银子”（《甫田集·沈先生行状》）的话。他七十岁时，还自叹：“破屋如舟只暂住，茫茫鱼鳖是比邻。”（《古代白话小说选》下集）七十五岁时，仍自咏“饥谋煮字不聊生”（《石田先生诗钞》）；但沈周依然由此尝到甜头。他在本文上引的杨君谦的话后跋曰：“画则知于人，人者多予，益自信……”（吴晗《明史简述》，中华书局，1980年版）既有赞许也有给予之意。沈周踌躇满志，显然二者都有。因而这样不仅肯定了他的笔耕生涯，而且由于自己的艺术得到社会的肯定，更激起自己艺术创作的信心和支持力量。于是他在“风流文翰，照映一时，其亦盛矣”（《石田先生文钞》）的艺术光圈里，进行创造→卖画→再创造→再卖画的良性循环，直到他艺术的完成。

第二，农村中生活。沈周的家乡相城渔子沙，其实是距今相城镇数里的一个偏僻的水乡。当时和苏州只有水路相通，时人王越曾形容他的住宅也只是“数椽茅屋半临川”，看来四周还有普通的农户。姜绍书在《无声画史》中有这样的叙述：

> 里中有急难，不问谁何，（沈周）辄捐囊中钱佐之。天寒雨雪，望里中突不烟者，则呼苍头课其廪而致焉，曰：“余固不能独饱也。”

如果这个记载大体不错的话，沈周对乡邻们是有深厚的情感的。看来，他家也是和乡里一样，也是世代和家田一线牵的。四十二岁时沈周在画像上题曰：“活一年，耕一年田，以为亲养。”（《珊瑚网》）四十七岁题《枯木群鸟图》中示儿：“我家孝悌仍为田，自此相传已百年。”六十岁时题《王理之写六十小像》：“一味耽农百不便，门前湖水涨低田。”当然，不可能想象沈周一直都干农活。我国古代文人喜欢说自己“躬耕”，而且容易说过头，还颇以为荣，沈周这时大约也是如此。但经常参与农事，在水乡中日夕盘桓，却是免不了的。这样，他自然对水乡的人和景物耳濡目染，深情于中。据说他“居尝戒入城市，郭外置一行窝……有盛车驺从过之，则逊谢不纳”。而对“行窝”附近的农民又怎样呢？

> 每欲至窝，远近相传曰：“沈先生来矣。”候之者舟哄河干，屦满户外，乞诗乞画，随所欲应之，无不人人满意去。

王鏊也说“贩夫、牧竖，持纸求索，（沈周）不见难色”。

《吴郡丹青志》也说他“下逮缁徒、贱隶，酬给无间”。这些画自然要有适合他们所欣赏的内容和画法。因而水牛、河蚌、菜花、韭菜、麦丘、挑稻等等，无不入画。这就不能不影响沈周的其他艺术。它给了他生活的欢乐，也给了他艺术的源泉。我们这举一个有趣的例子，即他的《卧游图》（纵28厘米，横38厘米，藏故宫博物院）。“卧游”，本是五代画家宗炳（少文）因病还乡，恨不能遍观名山，遂将所见景物，画于壁上。就是为了“眷恋庐、衡，契阔荆、巫，不知老之将至”。后人遂将其列为一个画种，但一般都画山水。而沈周在这套共十七幅画中，除了四幅山水和农村小景外，其余都是栀子花、杏花、芙蓉、蜀葵、枇杷、菜花、石榴、雏鸡、秋柳鸣蝉，一切都画得简洁朴素，自然天真。并题曰：“此册方可尺许，可以仰眠匡床，一手执之，一手徐徐翻阅，殊得少文之趣。”他不醉心于北宋宫廷禁苑的名花异草，也不眷恋文人庭院中的翠竹幽兰。生活在偏僻水乡之中，仍然对这些常见花草依依不舍，可见他对农村的景物是何等的眷恋，才成为建立他的艺术的因素之一。

第三，市民的感染。沈周生活于明代中叶，这个皇朝的衰败现象还未呈现，光复华夏的余温尚未散去。沈周幼读孔孟之书，深谙修身治国平天下之道，十一岁时即向南京户部主事献诗，闻土木之变时，作《己巳秋兴》，寓忧国之思。二十九岁充粮长之职，六十二岁时作诗“歌颂圣化”。这和元代士人远离朝廷的态度是不同的。元曲有云“体乾坤姓王的由他姓王，他夺了呵夺汉朝，篡了呵篡汉邦，到与俺闲人每留下醉乡”，就是这个态度的典型表述。但沈周却在报国和保家两者之间徘徊。在任粮长五年后得免役，比之“鸿鹄逃网罗”，苏州府知府汪浒欲举他为“贤良方正”，沈周却乞于筮《易》，得卦并不吉利，卒辞不就。五十四岁时，明宪宗下征聘诏也不就。他喜欢佛、道之学，十四岁时即和寺僧明公相识，进城时常住僧舍，也画了不少画送给和尚和道士。六十岁祝寿时，还“戴山谷巾，白练羽服，古玉钩腰间绦，足蹑丝履”。但也不忘名士风流，年轻时即纳妾，六十岁后还有诗赠妓，并赋《盒子会辞》，述南京青楼中手帕姐妹之事。他晚年“盛车过从”，“逊谢不纳”，但过境之官吏，往往诗酒酬应，而且还咏“私篇或辱尚书和”，以和终生挚友、累官至礼部尚书吴宽、户部尚书王鏊的往来而窃窃自喜。总之，当时苏州市民阶层崛起，沈周和他们联系密切（他自称“市隐”），早年进城卖谷，后来又卖画，自然免不了受其影响。他的政治、经济地位都依靠自己的惨淡经营。“干事尽孝吹竽拙，傲世犹嫌荷叶狂”（《自遣》）。这是他的人生观和处世原则。对于艺术，他既不可能有宋人在画院中那样谄媚态度，也不能像元人那样浪荡江湖、毁家漫游，因而不可能在美学上有宋、元人的那种极端。前人有说沈周的艺术是“集厥大成”，我们这里说是“变宋化元”，两者说法不同，大体的意思相距并不很远，但“变化说”却比较具体，而具体，却是认识一个问题所必要的。

沈周所走的这条路正是艺术发展的必由之路，500年后的鲁迅，曾有这样的看法：“宋的画院，萎靡柔媚之处当舍，周密不苟之处是可取的。”元人的水墨山林，或者可以说是国粹，但这是不必复兴的，而且即使复兴起来，也不会发展的。鲁迅当时是处在民族存亡的时代，他并不是画家或美术评论家，难免有些偏激。但同样在沈周时代，有一位袁中郎，他在苏州做过官，将元画比作山阴山水：“人或无目，树或无枝，山或无毛，水或无波，隐隐约约，远意若生。”（《袁中郎随笔》）他以为元于宋，而宋画也有盛衰的。袁是文学改良家，也说这样的话，可见古今不乏这样看法的人，而且这样的人也是有欣赏水平的。沈周正是扬其长弃其偏，融合出新的艺术风貌，体现了《周易》所阐发的“刚健笃实，辉光日新”的富有民族特色的艺术原则，客观上推动了当时时代所要求的艺术发展。

沈周的艺术吸引了一大批追随者。他的门生文徵明传其衣钵，也是长寿之人，子孙习画者和门生很多，几乎一直绵延至明末。沈周的画风影响很大，陈道复和徐渭合创之“大写意”画法，周之冕的“勾花点叶法”皆由此滥觞。至于直接受他画法影响者，也就多得不可胜计。这里也就不多说了。

在沈周之后，我国的绘画发展，进一步由平民画家唱艺术的主角，宫廷画家则由主角转为配角。这虽从元代开始，但严格说来，元代并没有宫廷画家，到沈周时代，才完成这一历史的转变。

在沈周之后，中国画坛可说是“百花齐放”，画派如雨后春笋般地出现。仅就明末清初而言，就有松江画派（这是苏松、云间、华亭三派合称，因受吴门画派影响，故后人将这两派合称“吴派”），入清后，便有新安画派、黄山画派、虞山画派、娄江画派、常州画派等等。虞山和娄江，公认受吴门画派影响，新安、黄山二派，是否受沈周“写景画”的影响，这就值得研究了。但总的风格是趋向“雅俗共赏”，也是不能否认的。

在沈周之后，画家依靠卖画为生之风愈来愈烈，或者说，正是由于此，才有以上的风云变幻。时间愈到后来，艺术愈向商业化发展了。

以上总总，我们总不能说均为沈周或吴门画派所创，他只是一个画家，吴门画派也不过是画家的群体，他和他们不过是这潮流的推动者。但仅举出这些，已足使沈周彪炳美术史，也足使我们后来的苏州人引以为荣了。

沈周和他的《庐山高》

沈周（1427—1509），字启南，号石田[①]。明宣德二年丁未年（1427）生于苏州相城里西宅里村（今沈周村），时属苏州府长洲县（今苏州相城），和苏州市区相连[②]。由于沈周一生都在家乡度过，后人又称他为相城翁。相城水网纵横，风景秀美，水路三十里可抵苏州，二十四里即达常熟，阳澄湖水粼粼相依，虞山也隐约可见（沈周有“北窗最爱虞山色，也似香炉生紫烟”之句）。

一

沈周生于书画世家，他家本苏州望族，到了曾祖父良琛时，家道衰落，才移居相城。这时他家有田约数百亩[③]，虽无豪第巨宅[④]，也有中屋庆余堂，右为秋轩，左为东广（均见沈周《秋轩记》、《东广记》）。世以读书隐逸为乐，收藏极丰，据说连僮仆皆谙文墨。沈周祖父沈澄（1378—1463），字孟渊，工绘画，永乐间以人才被征，故人称征士。伯父沈贞（1400—约1483），

①沈周自咏诗：“山中有石田，广衍得数亩。坚瘠不可耕，无用实类某。朋友从相加，遂为石田叟。”（《石田先生集》）

②据《吴县志》：从唐代武后通天元年开始，苏州城内设吴县、长洲二县。护龙街（今人民路）东为长洲。县署在城内，县境扩及城外。

③《石田稿·四十二像赞》：“我尚假农有禾一廛，有豆一区。”按《周礼》：“夫一廛，田百晦（亩），莱五十晦。”但从他家数代任粮长和沈周墓前沈氏族人当时的碑文来看，应为数百亩，不过多为易被水淹之田。

④现沈周故址未发现有任何较大建筑遗迹。相城偏僻，明以来未有重大兵燹。从沈周有关诗文中也证明这一点。

字贞吉，以字行，号南斋、陶龛、陶然道人，工律诗，善绘画。父沈恒（1409—1477），字恒吉，号同斋，亦善丹青。《明画录》说“两沈并列神品”。他们均隐逸不仕，只是作画赋诗，画得也不多，且“不可以钱帛取”（同上）。沈周自幼“眉目娟秀，外标朗润，内蕴精神，书过目即能默读”（王鏊《石田先生墓志铭》）。先后从陈宽、赵同鲁学习。赵字与哲，家学颇深，曾参与《永乐大典》编修。赵指导过沈周临画，但重要的是后来师从吴中著名画家杜琼（1396—1474）。杜琼，字用嘉，号东原耕者、鹿冠道人，人尊为东原先生，善诗文，能人物，尤擅山水，以卖画为生。他是沈周父辈之师，沈也从其学画并为忘年交。沈周还和一些善诗精文的官宦名士往还，特别和吴宽（匏庵）、刘珏（完庵）、史鉴（明古）、王鏊（济之）等人结为终生挚友。钱谦益在指出沈周所以有重大成就时说：“其产则中吴，文物土风清嘉之地；其居相城，有水有竹，菰芦虾菜之乡；其所事则宗臣元老，周文襄、王端毅之伦；其师友则伟望硕儒，东原、完庵、钦谟、原博、明古之属；其风流弘长则文人名士，伯虎、昌国、徵明之徒。有三吴、西浙、新安佳山水，以供其游览；有图书子史，充栋溢杼，以资其诵读；有金石彝鼎，法书名画，以博其所闻；有春华秋月，名香佳茗，以陶其性情；烟风月露，莺花鱼鸟，揽结吞吐于毫素行墨之间，声而为诗歌，绘而为图画。”（《石田先生事略》）

沈周所处的年代，既是苏州经济空前繁荣，又适逢明王朝中衰的开始。明代开国之初，朱元璋因张士诚在苏州称王而耿耿于怀；在收复江南之后，不仅对这一带特别是苏州课以重税粮赋，苏州著名画家赵原、徐贲、杨基、张羽、周砥、王行以及陈宽的祖父陈汝言等人，先后惨遭杀戮或被迫致死，地方官也迭遭诛黜。在一段时间里，士人也不得录取。以致在元代即誉为“天堂”的苏州“道里萧然，生计鲜薄”（《寓圃杂记》），名家汇集的艺坛，也陷于寂寥的境地。到了宣德年间（1426—1435），也就是沈周诞生以后，由于郡守况钟和巡抚周忱上书减免粮赋，推荐贤士和其他措施，经济才逐步得到振兴和发展。市民阶层得以崛起，我国资本主义萌芽也首先在这里孕育。文化上兴起革新之风，“三言”、“两拍”等白话小说不久也在这里出现。到了沈周中年，苏州已是“列巷通衢，华区锦肆，坊市棋列，桥梁栉比”（莫旦《苏州赋》）。但从这时开始的正统、景泰、天顺、弘治到正德年间，又是明王朝最为昏庸和腐朽的年代。从“土木之役”、“夺门之变”开始，王振、曹吉祥、李广、刘瑾等阉官先后当道。沈周的一生，可以说都是在草薙禽狝的王朝下度过的。这对沈周的思想和艺术有什么影响，也就可以想见了。

沈周自幼饱读群书，经史诸子，释老岐黄，乃至稗官小说，无所不览。家学渊源和老师陈宽的经学熏陶，加上当时苏州士人研究《易经》蔚然成风[1]，使他既有儒家的经世济国、孝悌忠信的一面，又有道家“纸间尘世两浮尘，是是非非都休辩”（《五十八岁画像自赞》）的清静无为的一面。他孝顺父母，对弟沈召、庶弟沈豳爱护备至。正统十四年（1449），闻英宗在怀来城外的土木堡被俘，作诗《己巳秋兴》，寓忧国之思。弘治改元（1488），这年元旦沈周赋诗，对新朝寄予厚望。后闻朝廷纵放百禽，作《纵禽》诗，歌颂圣化；但在三十岁左右，苏州郡守汪浒要举他为“贤良方正”——这是在汉武帝时设的科举名目，大致和举人相等。沈周这时却乞求于筮卜，筮“易”得“遁”之九五，曰“嘉遁贞吉”，看来宜隐不宜应举，遂决意不就。第二年，被命名为“粮长”[2]，勉强干了六年，才免于此役，大喜赋诗，比之“鸿鹄逃网罗”。成化十六年（1480），沈周尚在中年，明宪宗遣使征沈周和其亲家史鉴为官，两人均不肯应诏。甚至到了七十六岁高龄，巡抚彭礼读了沈的《咏磨》诗，再三延请，沈以母老为辞。早年他在离家里许筑别业“有竹居”，在此吟诗作画，或泛舟到苏州、西山、常熟等地，与友人酬和。不时有精通翰墨的文士、州官、县令相访酬酢，文采风流，掩映一时。因好友吴宽时为尚书，沈周自己也以“私书每辱尚书和”（《五十八岁画像自赞》）为荣。但同时也和方外之士交往，十四岁时随父至苏州就宿西禅寺，结识和尚明公，成化六年（1470），为其作《溪峦秋色图》，并题：“予虽江乡人，岁入熟无虚月，然未尝一假居廛市，假必明公所，往来愈三十年。”（《珊瑚网》）他不仅在苏州、常熟如此，到宜兴宿道院，游杭州则寓宝俶寺。沈和道士方志清友善，成化十一年（1475）秋，方还特地来相城，劝沈事玄老之道，虽婉言谢绝，但在五十五岁时，在题画诗中自比“天地一痴仙”。六十岁时，朋友为其祝寿，沈“戴山谷巾，白练羽服”（黄应龙《白石翁画梅花主人图记》）。六十九岁时，

---

①吴宽《三辰堂记》：“维皇明以经术取士。士之明于经者得或专于一邑。若莆田之《书》、常熟之《诗》、安福之《春秋》、余姚之《礼记》，皆称著天下者。《易》则吾苏而已。”见《匏翁家藏集》。

②明初规定江南收粮万石为一区，择其中富户为粮长，掌管粮税及运粮之事。后改由官军兑运，此制渐废。见《明史·食货志》。

作画赠僧舍，并题："风雨葵花小院前，老夫留此安学禅。"他留下的诗集中，赠僧的诗很多。总之，沈周一生远离朝廷，安心隐逸，但也不像元代画家那样脱俗超逸，而是忧国忧民，悲天悯人；也不像门生文徵明那样乐于在市廛之中。他隐逸而不出世，入世而又自甘寂寞，不以物喜，不以己悲，恬静自守，以诗画自娱，与好友为伴，以孝悌为守，这就是他一生的写照了。

在处世方面，沈周也是"和易近物"，以"干事尽孝吹竽拙，傲世犹嫌荷叶狂"（《自遣》）律己。当时苏州郡守要征画工绘屋壁，村中有人忌沈，也将他列入名册。这时他已有画名，有人劝他去疏通，沈周不以为然，坦然去做画工不误。后来这位郡守入朝觐见，李相国、吴侍郎这些大员都向他打听"沈先生"，郡守这才慌了，回苏州后登门谢罪（《明史·本传》）。后来，沈周还在自己肖像上题"隐服还劳郡守遣"（《王理之写六十肖像》）之句。他待人十分宽厚，有次沈以重金买了部古书，一客人却说这是他家的，沈周毫不争辩，就把书给了他，却始终不肯透露卖书人的姓名。沈周的生活其实并不富裕，尽管田产不少，但他家是大家庭，除伯父一系外，兄弟三人，这样一析产，也就所余无几。加上朋友往还，有时还要"种竹欲借地，买画常卖田"（《石田先生诗钞》），家道也就日趋衰落。沈周当粮长时，一年适逢饥荒，必须补足缺额，不得已，夫人陈慧庄脱簪珥变卖。后来沈周一变父辈不卖画的做法，到了四十七岁那年，也即是文徵明、唐寅出生前后，已经声誉日盛，好画者日造其庐，好友杨循吉在沈的画上写道，"每见人于千里之外致币遣索先生（画者）"（《石田先生诗钞》），沈自己也承认，"画得知于人，人者多予，因自信"（同上）。但当时还多以实物付酬[①]，更多的还是无偿讨画，沈周不论"公卿大夫，下逮缁徒、贱隶，酬给无间"（《吴郡丹青志》）。"乞画者……或一乞累数纸，殊为可恶，而先生处之泰然"（祝允明《记石田先生画》），甚至"或作赝作求题以售，亦乐然应之"（《佩文斋书画谱》），因而沈周家的经济状况并未有多大改善。父卒，甚至无力安葬，太平府袁道赴京过苏资助了他，才得以葬父。他的"竹有居"也只是"数椽茅屋"（王越《和沈贞吉诗》），每逢大水，不时有"破屋如舟只浮住，茫茫鱼鳖是比邻；频乡

①《初刻拍案惊奇》中有"先将礼物，求了名人字画，免不了是沈石田、文衡山、祝枝山搨上几笔……"等语。编著者明初凌濛初，吴兴人。当时以套色书刊严谨著称，可资参考。

大块无干土，何处巢居着老身”（《珊瑚网·湖乡闷雨图》）自题）之叹，即使是平时，也深感“饥谋煮字不聊生”（《小轩雨意题寄匏老友》）、“饥来读书不当饭，静里安心惟信天；风茆雨壁溪堂破，贫贱生成今老大”（《五十八岁画像自赞》）。

黄公望是沈极为心折的艺术大师，黄的力作《富春山居图》本为沈周家藏，后落入他人之手。他在六十一岁那年，回忆起此画来，还怆然不能自持，凭记忆画成《摹黄公望富春山居图》卷，并题曰：“大痴翁此段山水，殆天造地设，平生不见多作，作缀凡三年始成。笔迹墨华，当与巨然乱真，其自识亦甚惜。此卷尝为余所藏，因请题于人，遂为其子干没，其子后不能有，出以售人，余贫又不能为直以复之，徒系于思尔！即为其思之不忘，乃以意貌之，物远失真，临纸惘然！”（《大观录》）后来苏州节推樊舜举得了此画，邀沈周往观，沈乃在上面题了诗，其心情可以想见。

有些记载说沈周性喜游，其实在他漫长一生中，北不过扬州，西不过南京，南不过天台，用吴宽的话来说：“石翁足迹不出吴中。”连近在咫尺的常熟，每年去游，也需家道殷富的门生孙艾（世节）的资助才能成行。金华离苏州不算远，他心向已久，然终不能游。他在临刘珏《峦容川色图》跋道：“国初宋学士（濂）每见峦容川色，谓是上古精华，不忍舍去。予居荒僻，无可目击其胜……他日秋之游金华，见学士之所不舍者，然后再加以润色之，未知果能否耶？”（《江村销夏录》）

沈周这个愿望最终未能实现，即使如此，他还不时挂念贫者，“里中有急难，不问谁何，辄捐囊中钱佐之。天寒雨雪，望里中突不烟者，则呼苍头课其廪而致焉，曰‘余固不能独饱也’”（《无声画史》）。

沈周的物质生活虽然不宽松，但他的艺术世界却是异常丰富的。

沈周最早崭露头角的是诗不是画。十一岁时，作百韵诗，上南京户部主事崔恭，恭不敢相信，面试作《凤凰台赋》。沈周援笔立就，崔赞赏不已，誉为王勃再世，并蠲免其父粮长之役。到了三十岁时，诗名已经远播。其诗初学白居易，后宗苏轼、陆游。《四库全书提要》称他的诗“挥洒淋漓，但自写其天趣，如云容水态，不可限其方圆”。钱益谦说他晚年诗愈“绰厉顿挫，沉郁苍老”。朱彝尊在《静志居诗话》中引他的诗“蘼芜细雨山连郭，翡翠斜阳水满川”，“明河有影微云外，清露无声万工中”，“野色迎人过桥去，春风吹面傍花行”，“岁宴鸡豚邻社鼓，秋深虾蟹水乡船”，“明月未来风满树，夕阳犹在鸟无声”等句，江南水乡之景，跃然纸上。沈周写景之作，也诗中有画，如送程敏政致仕诗中的“人从今日去，雨是几时晴”之句，一时传诵海内。据说阳澄湖原名阳城湖，只因沈周《晚归阳城湖漫兴》中有“澄湖不可唾”之句而改称的。此湖原系明季因地震陷落而成，地方志中都叫阳城湖。沈周之前的诗人杨维桢、顾阿瑛、高启等人，也都未提及阳澄湖，看来此说并非无据。但即使传之者妄，也可见沈周诗名之大了。

沈周的文章也很出色，只是诗画名声将其所掩。万历年间，即有《石田先生文集》问世，并有三种刻本。长洲人钱允治为之序曰：“石田先生集祖、父大成，加之以宏文遂学，渊识博鉴，发为文章。”好友杨君谦说：“石田先生盖文章大家，其山水树石，特其余事耳。而世专以此称之，岂非冤哉！”沈周的书法也很有成就，书学黄庭坚，遒劲奇倔，为明代著名书法家。他还善于治印。但沈周的名字，最终还是作为我国历史上最伟大的画家之一而载入史册。

沈周在近三十岁时开始学画[①]。到三十五岁时，已给我们留下现存的他的第一幅画，即为现藏瑞士苏黎世莱特堡博物馆，曾为瑞士藏家但诺华滋所藏的《为碧天上人作山水图》[②]。沈周四十九岁时《题画》诗云：“我从绘事岁既多，破费水墨将成河；滥觞董、巨意亦广，望洋不至当如何？”（《石田先生诗钞》）前两句说明他学画的勤勉，后两句说明他执着的艺术追求。对此他还进一步加以说明：“然绘事必以山水为难。南唐时，称董北苑独能之，诚士夫家之最。迨元明，则有吴仲圭之笔，非直轶其代之人，而追巨然，几近之……近求北苑、巨然真迹，世远兵余，已不可得。如仲圭者亦渐沦散，间睹一二，未尝不感士夫之脉仅若一线属旒也。”（《峦容川色图》跋）

由上可见，他是以继承“仅若一线”的士夫画（不妨理解为文人画），远宗董、巨，近学元人为己任的。当沈周涉足画坛时，院画[③]和浙派艺术甚为流

①沈周《支硎图》题跋：“此图……作于天顺间也……予始学弄水墨。”（陈焯《湘管斋尝图》）按天顺元年（1457），沈周三十一岁。

②见1990年10月“明代吴门绘画国际学术讨论会”上的美国堪萨斯大学李铸晋教授论文《沈周早年的发展》。《新美术》1991年1月号刊其摘要。藏家及作品名据《石田大穰——吴门画派之沈周》（古吴轩出版社版）改。

③宋绍兴十六年（1146）后，高宗在临安（今杭州）设“御前画院”。“萃天下精艺良工，画师亦与焉”（郁逢庆《续书画题跋记》），马远、夏圭等人均为这一画院画家，人称他们的画为“院画”。

行，这是从五代荆浩、李成，北宋范宽、郭熙，南宋李唐、马远、夏圭等人的艺术衍化而成的。是以“应物象形”的手法表现北国山水，水墨刚劲，并且以和宫廷艺术有密切联系为特色。它们不妨说是士夫画的对立面，一直占据我国古代的画坛。而“士夫家之最”五代的董源、巨然的艺术，却一直从之者稀。只是到了元代，从赵孟頫的托古改制开始，这才转向董、巨艺术，并经黄公望、吴镇、倪瓒、王蒙等人加以绪变，才形成一种以比较写意的手法描写南方景色，笔墨抒情，并且以隐逸为特色的文人画艺术。可到了元亡明兴，朱元璋很不喜欢萧野荒疏的元人画风，以宫廷画家为主，又恢复了被中断的“院画”风格。由于这些画家多系浙江人，人们又称之为浙派艺术。可是苏州一直是元画基础雄厚之地，黄子久是常熟人，王蒙、倪瓒均在苏州逗留过。上面提及被朱元璋杀戮的苏州画家也都是元画家，沈周的祖父和王蒙还有过直接交往，父辈和老师杜琼、赵同鲁都是近师王蒙，远宗董、巨，沈周就是在元画和隐逸的气氛中成长的。加上他的个人的禀赋，因而“滥觞董、巨”，也就理所当然了。

沈周很重视学习古人，临摹古人绘画。他早年多学王蒙，后学黄公望，近五十岁时醉心于吴镇。他多次临摹董、巨、米芾、黄公望等人的作品，并多这方面的绘画问世。他多次学吴镇，说：“梅花庵中客，端的认吾师。”（《卧游图》册自题）他也学倪瓒，并自叹曰：“苦忆云林子，风流不可追。”（同上）正如后来董其昌所指出的：“石田先生于胜国（元代）诸贤名迹，无不摹写，亦绝相似，或出其上。”但沈周绝不止此，“其画自唐宋名流及胜国诸贤，上下千载，纵横百辈，先生兼总条贯，莫不揽其精微”（王穉登《吴郡丹青志》）。对于浙派和院画艺术，也不像有些后人抱门户之见。同里有位前辈画家沈遇是院体派画家，沈周就临过他的《雪图》，并题曰：“臞樵沈公，以善画人物山水，名于宣德、正统间。尝征至京师，比还，声称益籍，学者颇众。”五十四岁时，沈的画名已立，而浙派已衰，但他还临戴进的《谢安东山图》[①]。年近古稀，还临夏圭、马远长卷，并叹曰：“今之世无二公笔也。”（《壮陶阁书画录》）弘治三年（1490），还让吴伟[②]为他和徐霖作《沈徐两高

①此画现为美国翁万戈藏。上题“钱塘戴文进谢安东山图庚子长洲沈周临”。

②吴伟（1459—1508），浙派重要画家。因他是江夏（今湖北武昌）人，后人称他及其追随者为江夏派，作为浙派的支派。

士行乐图》。可见在艺术上，沈周同样也是“和易近物的”。

沈周还很重视“师造化”，而且还不是一般的“搜尽奇峰打草稿”。例如他画的《吴中山水全景图》卷（现藏“台北故宫博物院”），就画有虎丘、天平、支硎山、狮山、何山、横塘、灵岩、上方、石湖、胥口、光福和太湖等地景物。并在画上跋道：“吴地无崇山峻岭，有皆陂陀连衍，映带乎田隅。若天平、天池、虎丘为最胜地，而一日可游之遍；远而光福、邓尉，亦一宿可尽。余岁稔经熟，历无虚岁，应日寓笔，画者屡矣。此卷其一也。将涓流之他方，亦可见吴中山水之概，以识其未游者。画之工拙，不暇自计矣。”

对于故乡的山水，沈周的确“画者屡矣”，不仅上述的古迹名胜，即使朋友的别业（如吴宽的东庄），乃至平凡的麦丘稻田，皆一一入画。过西山僧楼，时雨初霁，云山吞吐，觉得有元画家高克恭笔意，就泼墨作《春山雨霁图》。六十岁时，在太湖和往吴江的舟中，还画舟外之景。在《山水卷》上题道：“余早以绘事为戏，中以为累。今年六十，眼花手颤，把笔不能细运，运辄苦思生。至大山长谷，乔木片石，挥墨淋漓，心爽神逸，自亦不觉其劳矣。此卷于西山回途中粘纸且写且行，风淡波平，荡舟如坐屋底，抵家卷遂成。”（《式古堂书画汇考》）七十八岁高龄，还面对西山缥缈峰作《缥缈峰图》卷，自跋：“解衣盘礴，日对湖山诸峰，描写形似，以尽其烟云变幻之状”（《过云楼书画记》）。难怪文徵明在沈周身后写道：“石丈高情点笔间，悠然心次白云闲；凭君莫作元晖看，自写吴中雨后山。”其实他每到一处，都对景作画。虞山有所谓七星松，他就画古桧横波。到致道院，即画道院古松。游宜兴泛舟罨画溪，画罨画溪卷。他的花卉，也常作于花卉盛开时，在花旁仔细观赏，有感于中，先赋于诗，诗不能尽，乃发而为画。但有特别意义的乃是他努力使画“以识其未游者”，这就赋予山水画以认识功能了。我国山水画虽然很早就提倡使人觉得画中可行、可望、可游、可居，“画凡至此，皆入妙品”（郭熙《林泉高致》），但一般皆是无名山川，画时并无真的景物限制。而沈周所画的却要求能“可见吴中山水之概”，如美国克利夫兰博物馆收藏的《虎丘十二景》等作品，虽未脱出文人画家依靠表象的写生方式，但已具有真正的实景图性质，“师造化”的程度就大大前进一步了。

沈周就是这样既师古人、又师造化，使他做到有古必参，无古不化，能够“吐气浩浩歌吾歌”。既不像宫廷画师那样仰人鼻息，也不像隐逸画家那样身世相忘，因而创造出独特蹊径，“变宋化元”的艺术。

沈周在山水画方面手法很多，可大致分为两类：一为谨细，一为粗简，后人称前者为“细沈”，后者为“粗沈”。早年多为谨细之作，小幅居多，以师王蒙为主；后来则多粗简之作，且多大幅，主要师吴镇而有自己的面目：这又可分为写景和临摹前人两类，但同样都是他的艺术创作。

沈周的谨细画代表作，公认为《庐山高》，这将放到最后一并介绍。他的粗简画中的山石，多用粗阔的线条勾出轮廓，皴法多用披麻皴，这种皴往往很短，有时还吸收南宋的斧劈皴，但已剔去其强悍之气，具有了文人画的意韵，也不像元人那样柔曲温顺和模糊不清，而增添了清新凝重的气氛。他的焦墨点苔也很独特，不仅点在山石上，也常点于山石之外；似乎是山的扩展，也如树的丛生。树多数也是簇点而成，加上构图简洁有序，更显得苍劲挺拔，雄厚清新，天趣盎然。这就是他的门生文徵明（是他六十一岁时所收的）所说的“粗枝大叶，草草而成”的典型画法。其实他的点苔十分讲究，有时其余部分都画好了，尚未点苔，就索性搁至一旁，过几天甚至几个月再来点苔。他用这种手法，画了《吴门十二景》等著名作品。

沈周还将古人笔法融合于自己的笔法，特别表现在《沧州趣图》卷（现藏故宫博物院）上。此卷描写文人逸士怡游山水的情景。画中笔路有近似吴镇的，也有近似黄公望和倪瓒的。画上他的题跋说是学董、巨的，其实都似又都不似，倒像沈周自己的既有历史遗承而又富有文人情趣的新画风。即使那些标为《仿董巨山水》轴、仿吴镇和倪云林的《山水图》、《读书图》等，也无不类此。正如沈周在一幅学米（芾）、黄的《山水图》题诗：“米不米，黄不黄，淋漓水墨余清苍。”

沈周还画青绿山水，有以硬瘦的线条勾勒，再染石青、石绿或赭色，再加浓重的苔点，浓重而不失典雅；也有用淡色接近水墨画的青绿山水，比前面的更加雅致，很具有艺术特色。

沈周的花鸟画也有很大成就。董其昌说：“写生与山水不能兼长，惟黄要叔能之……我朝则沈启南一人而已。”王世贞说得更为周详：“五代徐、黄而下，至宣和，主写花鸟，妙在设色粉绘，隐起如粟，精工之极，儼若生肖。石田氏乃能以浅色淡墨作之，而神采更自翩翩，所谓妙而真也。”（《弇州山人题跋》）这段话的确说得不错，沈周的花鸟画既状物精微，用笔沉静，又甚得天趣，变宋人工丽而为雅逸。故宫博物院所藏的《辛夷墨菜图》卷，即是这方面的代表作。这由两幅画组成，也代表沈周的两种不同风格。前者用没骨法画成菜梗菜叶，用线画出菜花，墨晕天然，高雅之极；后者则用笔工整缜密，设色而成，错落有致，却又丝毫没有火气。这在沈周的画法中虽不多见，却说明沈周具有多种才能。

沈周的人物画，清代钱杜说："师吴道子，作衣褶，有古厚之致。"我们且以沈的《京江送别图》（藏故宫博物院）、《东庄图》（藏南京博物院）和其他山水画中的点景人物来看，信非虚言。

总之，沈周的艺术特点，可说有元人之雅逸而去其柔曲荒疏，有董、巨之风韵而去其温润柔浑，由近宋人之工丽而变为雅逸。一句话，既有寓雅于俗的特点（尤以"细沈"画）而又有文人画的意韵，元画和宋画在他笔下得到融合和发展。加上他诗、书、文、印皆精，在画面上使直观的艺术形象和供人联想的文学形象熔于一炉。他在一幅仿黄公望的画上这样题道："画在大痴境中，诗出大痴境外，恰好百二十年，翻身出世作怪。"可见他把题跋不仅看作是画面构成，还有意识地把文学形象纳入艺术形象中去，从而扩大和延伸了艺术的辐射能量。这一点，当时就有人看出了。好友吴宽就指出："近时画家可以及此者惟钱塘戴文进一人，然文进之能止于画耳。若夫吮墨之余，缀以短句，随物赋形，各极其趣，则石翁当独步于今日也。"

沈周生时已是"片楮朝出，午已见副本，有不日到处有之，凡十余本"（《佩文斋书画谱》引《震泽集》），"近至京师，远自闽、浙、川、广，无不购求其迹为珍玩"。但沈周的晚年，却是在寂寞中度过的。其母以九十高龄去世，沈十分悲伤，长子云鸿和妻子也已逝去，当时官拜左侍郎的王鏊，回苏闻沈周病，遣人问之，沈周答诗云："勇退归来说宰公，此机超出万人中；门前车马多如许，那有心情问病翁。"这是沈周的绝笔，他于正德四年（1509）逝世，享年八十三岁。门生文徵明哭以诗，王鏊为之撰墓志铭，文徵明为之书写，由他次子沈复和、孙沈履和婿徐克成等将他安葬在离家只有一箭之遥的堞子圩。从阳澄湖流来的水，日夜在这位伟大的艺术家的墓前洄流。

沈周作为一个偏僻乡村的画师，过的只是平静的一生，但他的艺术和人品，却赢得了无数人的爱戴和千古声誉。故乡的人民将离他家不远的小湖命名为“画师湖”，还流传不少关于他的美好传说。《明史·隐逸》有传，说他“尤工于画，评者为明世第一”。王穉登著《吴郡丹青志》，列入“神品志”仅一人，就是沈周，并论之曰：“先生绘事为当代第一。”清初开始，已公认他为“明四家”和“吴门画派”之首（见王鉴《染香庵画跋》、吴升《大观录》、盛大士《溪山卧游录》）。他的画像被铭刻在苏州沧浪亭《吴郡名贤像》（清顾沅刻，共五百六十五人）石刻像之中。拙政园也有“拜文揖沈之斋”（清张履谦建）。

沈周在中国美术史上有着重要的位置。不仅在于其弟沈召、沈豳，其他如陈焕、宗周、陈峰、杜冀龙、沈灏、沈硕等人受其直接影响，尤其是文徵明，继之而开创了我国古代重要画派——吴门画派，使苏州艺术形成了一代风流；也不仅在于因为有了沈周艺术，明画才有了自己的面目；甚至也不仅在于经过沈周半个世纪的艺术耕耘，开创了“三十年来忽重元人”（王世贞语）、“云林画，江南以有无为清浊”（沈周语）的局面。这决不仅是人们欣赏趣味和风气的改变，而是标志着我国绘画历来以宫廷艺术风格占据主流地位（只有元代是个例外）时代的结束，同时也标志着我国绘画向更高的美学层次发展时代的开始。紧接着董其昌提出著名的“南北宗”说，也绝非偶然的现象。当然，沈周的具体的艺术影响也不能忽视。他的谨细画造就了文徵明、陆治、文伯仁等一代画人，粗简画和临摹董、巨和元人之作又直接导致了董其昌和松江画派的出现，进而又影响了清初的大小“四王”。沈周描写实景的画风还滋养了宣城画派诸大家的艺术。他的花鸟画不仅对和徐渭一起开创“大写意”画法的陈淳、首创“勾花点叶派”的周之冕有直接继承关系，而且对清初“起花鸟画之衰”的恽南田也有很大的影响。而以上这些山水、花鸟画大师又对现代的山水、花鸟画的发展有着不可低估的作用。

二

《庐山高》于明成化三年（1467）五月五日画成，这是沈周为他的老师陈宽祝寿而作。《石渠宝笈续编》养心殿藏三·列代名人书画二著录沈周

《庐山高》一轴："宋笺本，纵六尺，横三尺五分。浅设色。画庐峰瀑布景，一人星冠立眺。"

说明至少在清高宗时代已由内府收藏（画上乾隆题跋也证明这点）。此图亦可见日本兴文社编《南画大成》卷九·山水轴一。原画现藏"台北故宫博物院"[①]。

此画沈周自题篆书《庐山高》三字，原诗及跋文："庐山高，高乎哉！郁然二百五十里之盘踞，岌乎二千三百丈之巃嵸，谓即敷浅原。培嵝何敢争其雄？西来天堑濯其足，云霞日夕吞吐乎其胸。回崖沓嶂鬼手擘，磵道千丈开鸿蒙。瀑流淙淙泻不极，雷霆殷地闻者耳欲聋。时有落叶于其间，直下彭蠡流霜红。金膏水碧不可觅，石林幽黑号绿熊。其阳诸峰五老人，或疑纬星之精堕自空。陈夫子，今仲弓，世家庐之下，有元厥祖迁江东，尚知庐灵有默契，不远千里钟于公。公亦西望怀故都，便欲往依五老巢云松。昔闻紫阳妃六老，不妨添公相与成七翁。我尝游公门，仰公弥高庐不崇。丘园肥遁七十祀，著作搰搰白发如秋蓬。文能合坟诗合雅。自得乐地于其中。荣名利禄云过眼，上不作书自荐，下不（与，疑脱字）公相通。公乎浩荡在物表，黄鹄高举凌天风。成化丁亥端阳日，门生长洲沈周诗画，敬为醒庵有道尊先生寿。"

此诗也收入《石田先生诗钞》卷一，题《庐山高为醒庵先生寿》。

"醒庵有道尊先生"，指的是陈宽，陈字孟览，号醒庵，是苏州当时有名望的学者、诗人（亦善画）。与杜琼、刘珏、沈贞洁、沈恒吉、马愈齐名。沈周七岁时［宣德八年（1433）］时，从其启蒙学习。同窗尚有都良玉、王汝和，感情都很好。陈宽一门皆以文学高自标致，不轻易许可人。但据说沈周不久诗、画、文皆超过老师，甚至还有说陈因而辞去了，沈周这才拜赵同鲁为师[②]。此说漏洞很多，仅以其诗中称陈为"仲弓"、"著作搰搰"、"文能合坟诗合雅"，至少对他的人品和诗文还是由衷尊敬的。看来陈住苏州城南朱家园，沈周住相城，相隔甚远，"我尝游公门"，沈周登门就读，来往不便，可能倒

①我友钱镛先生曾在新中国成立后于清顾文彬家藏中见到同样一幅。但《过云楼书画记》及《续记》中只记载沈周其他作品二十件，并无《庐山高》，不知其为沈周复制或他人伪作，记以备考。

②见谭天《中国美术史百题》，湖南人民美术出版社1986年版。

是真正的原因。作此画时，沈周再为之赋诗祝寿，隔年陈宽卒[①]。

陈宽本人和他的一家，确是高风亮节。陈宽祖父陈汝言（惟允）是临江（今江西清江）人。元末随兄长陈汝秩（惟寅）避兵乱来苏定居舡场巷。兄弟均善诗画，为人高亢不苟，安贫乐道，他们均和王蒙友善，当倪云林有家难回之时，就常寄居于他们家中。陈汝言在洪武间荐任济南经历，坐事死。子陈继字嗣初（即陈宽之父），甫十龄，遗书数万卷，母吴氏，躬耕以资诵读。及长，很谙经学，人称为陈五经。事母孝，永乐年间举孝行，以老母辞。旌其母曰“贞孝”。继以文章擅名，也擅画竹，自能成家。夏昶、张益皆从其学艺，也是沈周父辈的老师。陈继《明史》有传。陈宽与弟陈完自相师友，被服甚古，皆工诗，颇得唐法。从沈周诗看来，他也是隐居不仕，淡泊自守，能文善诗，是一位品格高尚的人。

沈周选择画庐山来为陈宽祝寿，实是恰当不过了。一来陈的原籍离庐山不远（历史上曾属庐陵郡）；二来庐山风景幽美，九十余峰，蜿蜒相接。其中大汉阳峰高耸，三叠泉直泻而下，更能衬出一个“高”字。董源早奉南唐烈祖之命，画《庐山图》；三来相传庐山还是神仙之山。宋释慧远《庐山记略》：“有裕先生者，出自殷商之际……受道于仙人，共游此山，遂托室崖岫，即岩成馆，故时人谓之所止为神仙之庐，因以名山焉。”我国早期的美术理论家宗炳就是“入庐山，就释慧远考寻之义”。这样一来，庐山既是仙山，又是道山，用来比喻陈宽那样隐逸的人，也就有更深的意境和朦胧的况味，更有发人深思的余地了。

《庐山高》作于沈周一生艺术历程的大转折时期，在他传世的艺术作品中占据极重要的位置。文徵明在《题沈石田临王叔明小景》上题道：“石田先生风神元朗，识趣甚高。自其少时，作画已脱家习。上师古人，辄乱真

①陈正宏《沈周年谱》（《朵云》1991年第一期）说陈宽在沈周生年约为三十四岁，则这时应在七十四岁左右。此说当有所本。但这样费工费时的巨制，理应用于大寿。上海人民美术出版社编印的《台湾故宫博物院藏画》（1998年挂历）则说：“陈贤……于明成化丁亥年寿七十。”陈贤，为陈宽之误。说“寿七十”，既和诗中“丘园肥遁七十祀”相符，又是一个大寿。但“肥遁”即隐遁，则说陈这时已隐居了七十年。一般说来，至少二十岁以上才可始言隐遁，则陈这时应至少九十岁甚至更大才为合理。可是这样一来，则和《年谱》之说相距甚远，而且按陈宽的父辈年龄推算，他也不应这样大。看来这里用的是诗的语言，沈周不为实所拘。陈宽实际上可能正是七十岁。何况“肥遁”前用了“丘园”一词，丘园，即荒废之园和隐居之地，从陈宽祖父起，即居宋朱勔故园（即同乐园，俗称朱家园），有林亭轩沼之胜；也就更有理由从陈宽生时算起了。

迹，然所谓率盈尺小景。自四十外，始拓为大幅……虽天真烂发，而规度点染，不复向时精工矣”(《文待诏题跋》)。

按文中所说，《庐山高》正好作于由“精工”转为“粗枝大叶”、由小幅转为大幅时期。而此画既有四十岁前的工整，又有四十岁后的大幅，实属难得之作。一般认为沈周成就最高的是“粗沈”画，正好和文徵明以“细文”见长相反。沈周这方面的作品，明润苍浑，确有很高的审美价值。这幅《庐山高》，不仅是“细沈”的代表作，而且还是沈周所有作品中最为人知的佼佼者。其所以如此，正因为这幅画有着很高的艺术水平和思想深度。

沈周早年确受王蒙很大影响，这幅画也不妨说是这方面的代表作。初看之下，它确具有近似王蒙的《青卞隐居图》和《夏日山居图》一路的画风。王蒙的画风很多，但以画重峦复岭、千岩万壑和表现繁复苍郁最具特色。在“元四家”中，他的技法也最为多样、全面和娴熟，也最具有复杂构图能力。从他那里，可以学到很多东西。王蒙距离沈周时代不远，和沈的父辈也时有往来，沈周属意他是很自然的。但我们只要稍稍注意，就会发现这幅画并非全同于王蒙，它比王蒙的作品更为繁密，却又弥漫着一股和谐、清晰和空灵之气。我们如果再作进一步研究，更会发现两者如同寒木春华，虽具有同样的审美价值，却有不同的表现：

第一，上述王蒙的两幅画，都是写实景的，尽管这是文人式的。《青卞隐居图》，是根据浙江吴兴县西北十八里的卞山画成的。这也就是赵孟頫在诗中所吟的“何当便理南归棹，呼酒登楼看卞山”的卞山，后来董其昌泊舟于此，叹服之余，认为只有王蒙才“能为此山传神写照”。《夏日山居图》的右上方有王蒙自己的题识，“夏日山居，戊申二月黄鹤山人王叔明为同玄高士画于青村陶氏之嘉树轩”，画的也是实景。沈周虽画的是庐山，但从未去过那里，当时没有形象传播工具，自然也谈不上对庐山的写真。本来，对于中国绘画来说，这是常见的事。沈周身前近五百年的董源，就从未去过“洞庭张乐地”，却能在笔下作“潇湘帝子游”，画出著名的《潇湘图》。这样一来，画家虽无真实场景的启迪，而却获得凭想象和借用他处景物在画面纵横驰骋的自由，这是我国山水画创作的长处所在。

第二，王蒙的两幅画，以写景为主，也借以表现高人隐士的高风亮节。《青卞隐居图》左下角茅庐中的老者，是画龙点睛之所在，《夏日山居图》亦然。在这一点上，和《庐山高》是一致的。所不同的是，庐山是“天上人间诸景备”，古人咏庐山，如李白《望庐山五老丹》“庐山东南五老峰，青天削出金芙蓉；九江秀色可揽结，吾将此地筑巢松”，《望庐山瀑布》“日照香炉生紫烟，遥看瀑布挂前川；飞流直下三千尺，疑是银河落九天”，以及“欲如飞电来，隐若白虹起”，“初惊河汉落，半洒云天里”（同上题）等句，乃至苏轼《题西林壁》“横看成岭侧成峰，远近高低各不同；不识庐山真面目，只缘身在此山中”等句所描写的景色，似乎都在画中得到体现。据姚宽《西溪丛话》云：“庐山是七岭共会于东，合聚而成峰。”因此，它具有一种多视角多层次的山岭结峰的雄伟奇观，这在苏轼诗中已有生动的表述，画中同样也有形象化的描绘。不仅如此，沈周都把它用来歌颂陈宽崇高的人格和广阔的胸襟。庐山高“二千三百丈之龍嵸”，可谓高矣，但还不仅此，“西来天堑濯其足，云霞日夕吞吐乎其胸”，这样一来，正面的汉阳峰成为其首，也就成为顶天立地其高无比的巨人了。诗人还张开联想之翼，“其阳诸峰五老人，或疑纬星之精堕自空”，我们再来看一下右上角的五峰，便会彻悟其画因。但更为重要的“星冠立眺”的比例不大的高士，便成为整个画幅的契机，高山流水的灵魂，提挈全局。“文能合坟诗合雅，自得乐地于其中。荣名利禄云过眼，上不作书自荐，下不（与，疑脱字）公相通”，是歌颂陈宽乎，抑或沈周自叙乎？至此，诗与画、景与情、主观与客观已水乳交融，“公乎浩荡在物表，黄鹄高举凌天风”，我们如见诗人已横空出世，有如夸父追日，列子御风，诗也就戛然而止。回首再看整个画幅，恍惚全山飞舞，瀑水飞溅，山之襞褶，树的干叶，有如组成一个高低扬抑、千回百转的乐章。在《庐山高》前面，五百年后的我们，也仍然在这时恍惚如见沈周其人，听其声。在我国古典山水画中，常见安置一个衬景老者，若是传世名作，其笔墨技巧已足使我们心折，但具有如此气势和意韵之作是少见的。

第三，王蒙生于富贵之家，生逢元末乱世，尽管他功名之心不死，但也逃不了元代士人闲逸、苦闷、悲凉、委屈的共同心态。他的画在很大程度上仍然追求“脱俗”，冀求在绘画中寻求远离尘世的理想世界。而沈周当时是明代中期，尽管内忧外患，但尚未到达明代末期那种完全绝望之境。特别是苏州一带，经济繁荣，因而他虽然画的是同样题材，却是带着明显的乐观气氛和世俗精神的。特别是《庐山高》，更带着沈周寓雅于俗的特点。这和李梦阳、何景明与李攀龙、王世贞前后七子的“复古运动”及后来袁中郎提倡“独抒性灵”的文学主张是遥相呼应的。看到高山飞瀑，我们仍然依稀看到有别于元人的时代折光。

《庐山高》实系写实主义的工整和浪漫主义诗兴相结合的杰作，我们伟大祖国艺术宝库中的瑰宝。它凝固着丰富的传统山水画的笔墨技巧，也蕴藏着先辈宝贵的创作经验。当代国画大师张大千也从未去过庐山，就在他辞世之前，以耄耋之年，病弱之身，奋笔力作巨幅《庐山图》（未完成）。是否受《庐山高》影响，人们无从断言，但可以肯定的是，现将此画重新加以出版，不仅是又一次给我们以艺术享受，而且对于弘扬民族优秀文化，对我们当前的艺术创作，都具有重要的意义。

（载于《名画鉴赏·沈周庐山高图》上海人民美术出版社版）

唐伯虎何以成为古代最知名的画家

——唐寅540周年诞辰

唐寅字伯虎，生于明成化六年（1470）的苏州，正逢洪武时期颇受朝廷赏识的浙派绘画呈现颓势的年代，他和同邑画家沈周、文徵明、仇英并称明四家、吴门四家，为世所公认。人们赞道：“画至文、沈、唐、仇，天地精英尽矣。”（《壮陶阁书画录》）直到清代，人们还说：“推名家者，惟文、沈、唐、仇诸公，为掩前绝后。”（王鉴《染香庵画跋》）。唐在四家中排列第三，可王穉登在《吴郡丹青志》、何良俊在《四友斋画论》中都将唐列于文前。《石渠宝笈续编》甚至还将沈、唐并列，还夸唐能独“树赤帜”。在明四家、吴门四家基础上出现的吴门画派中有唐寅，似乎是顺理成章的事，可到了现代，一个有趣的现象出现了：一方面，大部分美术史家，几乎都因袭董其昌的说法，不同意将唐寅和仇英列入吴门画派。不能就此说贬低他们的艺术，但至少将他们看作为当时吴门画风的另类或负面，也是不争的事实；可另一方面，唐寅却又在吴门画家中名气极响，甚至成为我国古代画家夜空中一颗最为光芒耀眼的明星。苏州已故作家周瘦鹃吟得好：“古代画家谁有名，数来数去唐伯虎。”走遍大江南北，凡是稍知绘画的人，都不会反对这种说法。是他画技超越所有前人吗？绘画圈子里的人不会同意。是“点秋香”，什么“九美”、“八美”街头唱词造成的吗？严肃的人也不会信（下文将有述及）。这巨大的反差是怎样形成的呢？

在我看来，这是研究美术史诸公，一开始就陷入重大误区所致。

他们认为，吴门画派必须是纯而又纯的元人画风的画派。如果是这样，实际也就没有号称“吴门”这个画派。因为“派”的含义是“别流也”（见《说文解字》），大家一个面孔，何以言派？无可讳言，吴门代表画家确是以远追董巨、近学元四家为己任，可就以沈周来说，《吴郡丹青志》就说“其画自唐宋名流及胜国诸贤，上下千载，纵横百辈，先生兼总条贯，莫不揽其精微”。原来他不仅学“胜国”（即元）诸大家，也要学“唐宋名流”。他七十八岁时，犹“摩（夏圭画）副本”，同年又在《怀鹤图》题道：“怀远兄从广陵购得马远画一帧，珍重什袭，以为奇遇。”夏圭、马远为南宋院画两大代表画家，沈暮年如此推崇，可见他对学习宋人画的重视。文徵明也是如此。七十四岁时，多次仿宋画之后，再仿郭熙画，题曰：

> 余观郭河阳真迹，峰峦溪壑，苍润淋漓，深得唐二李将军笔法。昔年余在京师，友人持河阳《问山积雪图》卷出示，时观之不觉令人洒然而醒，燕京风尘，不觉洗尽。距今思之，已隔二十余年矣。追忆此卷，神情欲飞，辄洗笔摹一遍，凡三阅寒暑始就。自谅技拙，不敢媲美古人，更不免效颦之意。嗟嗟，仅可得之皮毛，未能得其神骨耳。后日若欲仿佛此图，前有余之赝本也。
>
> ——《式古堂书画汇考》

唐寅师从周臣，学宋自不必说，可他是不是也学元人画呢？这里举他于正德五年（1510）作摹古画册，题云：

> 余性嗜古人名画，而不能多藏。闻吴江史氏储蓄甚富，因与德弘走阅数日，因尽发其帐中之秘，归而不忘。暇日辄忆所记，图为一册，共为一十余帧。不知古人胜我，我胜前人。因以贻德弘，使其评一胜负。德弘反谓青于蓝者大半，殆爱我而誉我也。二十五日题识。

史氏即史鉴，沈周挚友，常在沈画上题咏，是酷爱元画之人，所藏必多元画。德弘为其子，即沈周婿，也深受元画熏陶。唐寅膺服元画之情，于此可见一斑。难怪《图绘宝鉴续纂》说他“虽得刘松年、李晞古之皴法，其笔资秀雅，青出于蓝也”。刘、李均南、北宋之大家，说唐的“秀雅”超过他们，是很有重量的话。清盛大士还将唐寅和元画代表人物倪瓒并列，并有段精辟论述：“云林、伯虎，笔精墨趣，皆师荆、关而能变化之，故云林有北苑之气韵，伯虎参松雪之精华。”（《溪山卧游录》）这里还需提一下，人们往往忽略了一个重要点，即文徵明的细笔画后来还给唐寅很大影响。

由上可见，吴门画派艺术本不限于继承元人，也学宋人。其实，更应该值得我们注意、也更为重要的是，吴门画派画家因领受时代和卖画的潜移默化，也就不得不变元之“高雅脱俗的文人画”为自己独特的“雅俗共赏的文人画”，这才是吴门画派的本来面目（请参看拙著《吴门画派幽思录》）。

走出这一误区，也就明白唐寅本应占吴门画派一席地，他所以能独标青史，不仅因为唐最能体现吴门画派的艺术特点，而且还最能关心民间疾苦，敢于将笔端直指朝廷。沈周虽然也关心国难民情，文徵明的画“生平三不肯应：宗藩、中贵（即太监）、外国也”（见徐沁《明画录》），但在书画上都奉行中和温厚之道，不独沈、文如此，晚一辈如陈道复、陆治、文伯仁等无不皆然。唐寅又何以达到这一高度，也许和他具有以下有别于其他吴门大师的不同点大有关联：

第一，唐寅的出身和沈周、文徵明大不相同（仇英出身工匠，在画家中极其例外，这里且不论），他生于比较卑微的小商之家，居皋桥西吴趋里，“其父广德，商业而士行”（祝允明《唐子畏墓志铭》），“士行”，可能只是客套话，唐寅自言“计仆少年，居身屠酤，鼓刀涤皿”（《与文徵明书》），“昔仆穿土擎革，缠鸡握雉，身杂与隶屠贩之中”（同上），看来他家开的是小酒食店，少时也参加杀鸡洗碗之类劳动。文徵明《饮子畏小楼》咏道：“君家在皋桥，喧阗井市区。何以掩市声，充楼古今书。”看来他家还是上楼下铺面常见的临街房。至于他所构建的桃花庵别业，是唐寅三十四岁时生活比较安定，买了舍北四百年前南宋章楶别墅废园的一角。这桃花别业究竟怎样，当时确留下不少咏此亭、堂之诗，但奇怪的是，王鏊也曾到此，并吟诗一首，中有句云：“清溪诘曲频回棹，矮屋虚明浅送杯。生计城东三亩菜，吟怀墙角一枝梅。”也就是小河、矮屋、菜田、一枝梅，也许这时正值桃花庵别业衰败之时。何良俊《四友斋丛说》说唐晚年“家住吴趋坊，常住临街一小楼，惟求画者携酒造之，则酣畅竟日”，可见他很可能还是住那临街铺面房。我们再看沈周，生于相城读书望族，祖父沈澄，洪武中将授以官，未成，号征士。父和伯父虽读书不仕，但广有田亩，本文作者在沈周墓前发现当时残碑，记载他家虽非当地头号地主，但也有良田数百亩之多。明初规定东南诸省，每纳粮万石为一区，其中纳粮最多者为“粮长”。沈周父子均曾为“粮长”。此时虽此制执行稍弛，但仍可见其家富甲一方，其家和别业规模之大，也就自不待言了。

文徵明家世代为官，祖父为涞水教谕、太仆寺丞，父文洪累官至温府知府，卒于任上。他为官清廉，看来没有多少积蓄。可是文徵明五十四岁时，因江苏巡抚李光嗣荐进京为翰林待诏，这年四月，暂寓庆寿寺西廊园巨和尚处时，随身有仆狄谦、文通、永付三人，六月欲迁家来京，给妻（吴三小姐）信中道：“来时措置些盘费来方好。盖此间俸禄，皂隶之类，仅可给日遂使费耳。”可见其经济水平也非吴趋里店铺可比了。

第二，三人所受教育、交友也不相同。沈周祖父是王蒙挚友，沈周除父辈指点外，启蒙老师为陆德蕴，拜陈宽为师，陈以学问渊博著称。后又从同里赵同鲁，赵承家学，精鉴赏，又与父辈从杜琼学画。交友甚多，有刘珏、吴宽、史鉴、朱存理、杨循吉等人，均是远追董巨的著名书画家。文徵明少时并不聪慧，十一岁读私塾，十六岁与唐寅订交，向都穆学诗。后从沈周学画，从吴宽学古文，从李应祯学书。我们再看唐寅，皆说他十三岁时闭户读书，不交一友。看来他读的不外是常见私塾之类，无名塾师，也就不足记了。但早年从周臣学画，却对他有着深刻影响。周是当时苏州著名的民间“院体”画家，时人谓之可追戴进，却又深谙民间疾苦，现仅介绍他画的一套《乞食图》册页（现分别藏于美国克利夫兰博物馆和檀香山美术馆）。图中共画20个乞丐形象，老幼妇壮都有。或伏地行乞，或临街扫地，或啃馒填饥，或自唱莲花，或玩猴戏，凄惨之影，不一而足。周臣的原跋云：“正德丙子七月，闲窗无事。偶记素见市道丐者往往态度，乘笔墨之便，率尔图写，虽无足观，亦可以助警励世俗云。东村周臣记。”册末有文嘉跋：“昔唐六如（按这时已辞世）每见周笔，辄称曰周先生，盖神伏其神妙不可及。若此册者，信非他人可能而有符于六如之心伏矣。”周对唐的影响，由此可见一斑。唐友辈大致和文、沈相同，也就不专门列出。文徵明虽是唐的终生挚友，但行为举止上并不完全契合。而与唐行为举止完全契合的张灵、祝允明两人，不能不记：

张灵，字梦晋，也住吴趋里，和唐年岁相当，志气雅合，茂才相敌，又俱善画，故契深椒兰，两人曾赤立泮水中，以手激水相斗作水戏（见王穉登《吴郡丹青志》）。二人曾在虎丘与商人相谑。钱谦益《列朝诗集小传》“唐子畏、祝希哲浪游维扬，赀用乏绝，谓盐使者课税甚饶，乃伪作道士玄妙观募缘。盐使者檄下长、吴二邑，资金五百为葺观费。唐、祝更修刺谒二尹，诈为道士关说。得金如数，用悉召诸妓女及所与游者，畅饮数日而尽。”《外纪》还说，“伯虎与张梦晋、祝允明皆任达放诞，尝雨雪中作乞儿鼓节，唱莲花落，得钱沽酒野寺中痛饮，曰：此乐惜不令太白知之。”这些可能只是瓜棚下谈天之传闻，但也可见唐寅三人均有游戏人间的幽默豁达性格，也可见他们喜与商贾往来无间。其实他们本身也是市民，不是么？

第三，唐寅和沈周、文徵明命运不同，可说一生最为坎坷。沈周虽一生不为官、不从道、不远游，安于乡村画师，但名高望重。苏州太守曹凤上任不久不识沈周，使沈为差役。曹到京后，侍郎吴宽告诉他，沈“名重朝瑞，五侯七贵，不足齿也”。曹大惊，回苏立即登沈门谢罪。沈平静生活到八十二岁卒。

文徵明被荐为官，不久即告退回苏，《无声诗史》记“先生暇则出一游近地佳山水，所至奉迎恐后。居间客过从，焚幽煮茗，谈古书画彝鼎，品水石，道吴中耆旧，使人往返，如是者余三十年。年九十而卒。卒时犹为人书志石，停笔栩然若蝶化者。”

唐寅本出身寒素，时人说他“家赀徵羡，餍习优汰”（徐祯卿《新倩籍》），也就是家道殷实之意。十六岁和文徵明同时考试，文未中，唐中秀才，“四海惊讶之”，二十五岁左右，父、母、妻、妹接踵而殁。家中只剩小弟，他说“丧车屡驾，黄口嗷嗷”，以致“鞠秽日积，门户衰废，柴车索带，遂及褴褛”，已达十分贫困之境。幸善文，可为人写墓志铭之类为生。正由于此，因州官不喜欢他的古文词，经人举荐才得以参加乡试，得中解元，即举人第一名。这是他人生第一得意时期，可是三十岁时赴京会考，因一同赴京的江阴徐经贿考连累下狱。狱中倍受煎熬，出狱后发放为吏，唐已“惨毒万状，眉目改观，愧色满面。衣敝不可伸，履缺不可纳。僮仆据案，夫妻反目，旧有狞狗，当户而噬。反视室中，甂瓯破缺，衣履之外，靡有长物。西风鸣枯，萧然羁客。嗟嗟咄咄，计无所出。日愿一餐，盖不谋其夕也”（《与文徵明书》），这是他人生第二次重大打击。于是，自暴自弃，纵情声色，好酒去妻，不久和弟亦异炊。但此时“乃托之丹青自娱”，也出入青楼，这在当时的文人中并不少见，连被同辈奉为楷模的老夫子沈周也纳妾，还有词赠青楼女子。唐也有他的真情。如《哭妓徐素》云：“月明花向灯前落，春尽人从梦里逢；再托来生侬未老，好叫相见梦姿容。”《寄妓》云：“云笼楚馆虚金屋，凤入巫山奏玉箫；明月河桥重回首，月明千里故人遥。”可他四十六岁时，应南昌宁王宸濠之聘，不久发现宁王要谋反，即时脱身回苏。不久，宸濠事发，虽未直接牵连，更觉无脸见人。这是他人生的第三次打击。赴南昌前，已归心佛乘，这时更自号六如，取《金刚经》中世事一切“如梦、幻、泡、影，如露亦如电”之意。晚年更贫困异常，后世传他什么“九美图”、“十美图”，这和史实相差甚远，请看他的真实生活，现录其当时自述诗，自叙在“阴雨浃旬，厨烟不继”时作：“十朝风雨若昏迷，八口妻孥并告饥；信是老天真戏我，无人来买扇头诗。”“领解皇都第一名，猖披归卧旧茆蘅；立锥莫笑无余地，万里江山笔下生。”风流才子饥饿之状，数百年后读之，令人同声一叹。不久即在贫病中卒，享年五十四岁，这是吴门四家中最短寿者（仇英享年不详，看来也比唐寅长寿）。

第四，说到这里，有必要说明传说中的“三笑”之类，实与他本人毫不相干。天启四年（1624），即唐寅逝世（1523）后一百年，冯梦龙的《警世通言》刊印，其中就有《唐解元一笑姻缘》一篇，奠定了后来“三笑”的格局。其实，所谓才子周文彬实无此人，无锡倒确有华学士，名华察（字子潜，号鸿山），但他小唐寅二十六岁，中进士时，唐寅已经逝世两年。到华察任侍读学士，掌南院事，也就是“太师”时，已是唐寅身后三十年的事了。华有子，名伯阳，登第为官，绝非大呆、二呆，至于三笑、点秋香等等，也只能是乌有国中之事了。据近人蒋瑞藻考证，看来冯梦龙是取自《泾林杂记》中与唐寅不相干的这段“艳事”，这又是出于王行甫著《耳谈》所记载的苏州一贵公子陈元超私装僮仆、娶一婢女的实事；还有姚旅《露书》所记江阴也有一贵公子，叫作吉道人，也追一婢女，正好名叫秋香，后被主人发现，“具数百金装，送秋香归之”。这两件艳事，竟双双硬加到唐寅头上（《清廉考证》）。以后虽然各种笔记，如《坚瓠集》、《花航缘》、《剧说》、《文星现》、《朝野闻录》、《两般秋雨庵随笔》、《茶香室丛钞》等持相异说法，但终不敌小说力量之大，此风终于愈刮愈烈，随之还有小说《四杰传》、《八美图》、《换空箱》、《九美图》等问世，也就是唐寅后来拥有九位娇妻美妾，但流传最广的还是“三笑”。到了清嘉庆五年（1800），清乾隆五十年（1785）的《新编重辑曲调三笑姻缘》重刻，嘉庆十八年（1813），金山张堰人吴敏昌的弹词唱本《三笑姻缘》刊印，一直到今天，正如清代王弢所谓“黄金两袖泪痕鲜，来听山塘《一笑缘》”（《淞滨琐话》），这虚构出的清弹低唱，曾逗过多少人的笑靥，赢得多少人的眼泪和遐思啊！但令人费解的是，冯梦龙是苏州人，生于万历二年（1574），离开唐寅逝世不过50年，从他写的《唐解元一笑姻缘》来看，记载唐寅应考等等史实还是比较翔实的，为什么后来却采用荒诞之说呢？看来还是《明史》的两段话，似乎更能深刻地指出这一秘密，一段是：“吴中自枝山辈放诞不羁为世所指目，而文才轻艳，仰动流辈，传说者增益而附丽之，往往出名教外。”又说：“寅诗文，初尚才情，晚年颓然自放，谓后人和我不在此。论者伤之。”话中除贬意等词外，倒近于本文作者的看法了。但事情还未完，因“秋香”此名为妇女多用，沈周又偏偏为南京一妓女秋香为了“姐妹会”写词《鹊桥仙》，引发了人们和唐寅有关的玄想，其实与唐寅毫不相干。祝枝山也有《秋香便面》一诗提及秋香，徐电发注曰：“秋香，成化间南京旧院妓也。”另《无声诗史》还说此秋香姓林名奴儿，还学过画，绝非“华太师”家婢也。

第五，让我们来看唐寅不平静的生活产生的不平静的艺术，也就是他和后人心灵相连的纽带。唐寅读书多，看来并不次于沈、文，还好藏书，曾校《杜氏通典》，疏《庄子》等宋版书，更能关心民生、涉猎时事和追求诗画通俗之风。1972年举行的苏州“出土文物展”，展出他的《水乡图》，上题：“群飞白鹭峠黄鹂，四月江南岸水时；青袄儿郎红袄女，一群歌唱韵呦咿。”使人如见江南三月之景，闻水乡吴侬之音。再举他的代表作《幽人燕坐图》轴（故宫博物院藏），此图山水叠嶂，草亭人物，细笔勾就，清幽深远。画家自题曰：“幽人燕坐处，高阁挂斜曛；何物供吟眺，青山与白云。”一派文人雅逸之气，跃于纸上，置之文徵明细笔画中，几莫能辨。他还痛斥时弊，早年过伍子胥庙题诗：“白马曾骑踏海潮，由来吴地说前朝；眼前多少不平事，愿与将军借宝刀。”这是其他吴门画家少有的。如《陶谷赠词图》轴，画一官吏端坐，一腿高搁，红烛高烧，一官妓抚琵琶唱曲。唐寅题诗云：“一曲姻缘逆旅中，短词聊以识泥鸿；当时我作陶承旨，何必尊前面发红。”原来这是指北宋大臣陶穀出使南唐，对李后主出言不逊，南唐众臣颇为愤怒，暗遣一官妓夜去陶处吟唱，陶坠入色网。次日，陶在宴会上摆足架子时，宫妓出奏琵琶，顿使陶面红耳赤。唐寅对这个“正人君子”进行了辛辣鞭挞。这时正值严嵩当道，此画所指也就十分清楚了。

可人们尚未想到，唐寅还敢用画影指皇帝。这里介绍他的代表作：《王蜀宫妓图》轴（藏故宫博物院）。图中画盛装宫妓四人，分别着绿衣、白衣、蓝衣和红衣，相对闲话。一人回首盼望，一人手执酒食托盘，似欲翩翩起舞之状。人物衣饰都用精秀细劲的线勾出，设色妍丽明洁。画上自书：

> 莲花冠子道人衣，日侍君王宴紫微。花柳不知人已去，年年斗绿与争绯。蜀后主每于宫中裹小巾，命宫妓衣道衣，冠莲花冠，自寻花柳以侍酣宴。蜀之谣已溢耳矣，而主之不挹注之，竟至滥觞。俾后想摇头之令，不胜扼腕。唐寅。

此画无题，曾名《孟蜀宫妓图》，实误。应为《王蜀宫妓图》。据史籍记载，前蜀后主王衍使宫人着道服，戴莲花冠，“咸康元年（925）九月，衍奉其母徐妃同游于青城山，驻于上清宫，对宫人皆衣道服，顶金莲花冠，衣画云霞，望之若神仙，及侍宴，皆免冠而退，则其髻鬈然”（宋薛居正等撰《旧五代史》）。宋欧阳修《新五代史》谓：衍“又作怡神亭，与诸狎客、妇人日夜酣饮其中。……又好裹尖巾，其状如锥。而后宫皆戴金莲花冠，衣道士服，酒酣免冠，其髻鬈然，更施朱粉，号‘醉妆’”。唐寅在画上所题“蜀之谣已溢耳矣”几句，乃指王衍在位时，把政事悉委于宦官，一心沉醉声色。有人劝他“宜以社稷为念，少节宴饮”，他竟以“有酒不醉真痴人”相答。还作《醉妆词》，“者边走，那边走，只是寻花柳。那边走，者边走，莫厌金盃酒”，就是唐寅所说的“滥觞”。“摇头之令”即是这个“醉妆词”。“不胜扼腕”，是指王衍后来的悲惨结局：在位一年即亡，并在迎降途中不仅自己被杀，后唐庄宗还“尽杀衍宗族”。唐寅此画，表面上画的是一群佳丽，锦装艳裹，即使是一般鉴赏者，也乐于欣赏，而不知其中深厚的讽喻之意在焉。很多明代皇帝多年不上朝，重用宦官，在后宫如王衍昏庸荒淫者众多。唐寅此作在当时需要多大的勇气！

唐寅也有极为雅俗共赏之作。如人物画《东方朔》，《汉书》称东方朔为

“滑稽之雄”，“童儿牧竖，莫不炫耀，而后世好事者，因取奇言怪语，附著之朔”。唐寅画的就是这位为“童儿牧竖”所加工过的神话人物。只见一位面含微笑、生着“寿眉”的老者，衣冠整齐，手执一桃，提衣弯腰行走，似刚刚做了什么见不得人的事。且看作者题曰：

王母东邻劣小儿，偷桃三度到瑶池。
群仙无处追踪迹，却自持来荐寿卮。
唐寅为守斋索奉马守庵寿。

人们至此方恍然大悟。原来画这位荒诞神话故事人物，在偷着蟠桃献给“守庵”先生，不禁使人莞然。这一笑，“童儿牧竖”也可，文人雅士也可。前者之笑，因它的滑稽有趣；后者之笑，也觉得诗味隽永。

唐寅还有十分撩人情欲的风月之作。如两幅画有半身美人，他题道：“天姿袅娜十分娇，可惜风流半截腰；却恨画工无见识，动人情处不曾描。”“谁将妙笔写风流，写到风流处便休；记得昔年曾识面，桃花深处短墙头。”画得这样艳丽，诗又明白如画。明陈继儒还说唐有书作青楼游戏语，但他也未之见。近代荷兰汉学家、外交官高罗佩发现明代情色故事集《僧尼孽海》一书，署名为“南陵风魔解元唐伯虎选辑”，春宫画《风流绝畅图》据说按唐寅所作重刻，即断言皆为唐作品。明代此类作品有一条雷打不动的规律，即不署真名。《金瓶梅》仅有部分色情描写，作者署名兰陵笑笑生，至今不知作者为谁。今堂而皇之、大书“风魔解元”唐寅画的作品，却断言为唐所作，实令人不能信服。退一步说，即使断言是真的，也不禁使人想起欧洲文艺复兴时期薄伽丘的《十日谈》，这不是十分显现市民崛起、人文主义精神大兴么？难怪乾隆下江南时御制《桃花坞》诗曰：“春日桃花满坞披，六如图尚有遗诗；长歌拟仿乐天白，白俗谓他信过之。”皇帝看来既对唐的画也对唐的诗，断语为“俗”，也就很自然的了。唐还擅写散曲，更为绮丽动人，这里也就不写了。

上举唐寅的几点，可见他不愧是风流才子，无比豪放又无比悲惨集于一生。他既有自咏的悲歌，又敢于对朝廷的讽嘲；善于对生活的颂歌，又向人民贡献了众多令人喜爱的诗和画。这些诗画，有可能是我国资本主义萌芽城市中（吴晗《明史·简述》）出现的富有人文色彩的作品。在这一点上，为其他吴门画家所不及，也是以前画家们所没有的。因而人们尊敬他、纪念他、还附丽于他，也许这就是他千古独步的原因所在。

（原发表于《书画艺术》2011年1月）

对于仇英研究之我见解

仇英是我国古代最著名的人物画家之一，却是古代画家中被人们了解最少的一位。他的生平主要根据清《虞初新志》中说："其初为漆工，兼为人彩绘栋宇，后徙而业画。"明《无声诗史》说他"所出微"，又从其他史料中得知他是太仓人，后迁居苏州业画，清《大观录》等又载他得文徵明识尝。到嘉兴临过画，有一女，后人所了解仇英的，大体仅此而已；加上他在自己作品上通常仅具姓名及作画年月，因此他的身世始终是一个未知领域。连他的生卒年，国内外有关专家研究多年，仍莫衷一是。林家治先生研究仇英是好的，但不能违背史实凭想象来进行。他曾写过一篇《仇英穷苦的一生》（刊于《朵云》第三期），大张自由想象之翼，说什么仇英生于"一个劳动人民家庭"、"毅然离开了双亲，终于在阊门的一家漆作坊安了身"、"在月光下偷偷作画"、"临死前仍为苏州桃花坞一名漆工"等等。文史理论专家胡艺为文（刊于同刊），劝他不要以"创作"、"想当然"来写这样的文章。事情过去十九年，林先生除了材料较前有所丰富外（也不过多几篇对仇英作品的研究），基本一仍其旧。他只根据一位居民口述，就认定五百年前的仇英，住于"阊门内下塘17号"，并以此写出洋洋大文，类似的在文中还很多。尽管作者尽多年之功，写成此书已大不易，也不否认他对劳动人民出身的画家有感情，书中有些地方也写得不错，但不能掩盖其考证不严甚至还有随意化之处，有些措辞也值得商榷。这只是个人意见，仅供参考。

《明史》：沈周、文徵明、唐寅列传

沈周列传

沈周，字启南，长洲人。祖澄，永乐间举人材，不就。所居曰西庄，日置酒款宾，人拟之顾仲瑛。伯父贞吉，父恒吉，并抗隐。构有竹居，兄弟读书其中，工诗善画，臧获亦解文墨。邑人陈孟贤者，陈五经继之子也。周少从之游，得其指授。年十一，游南部，作百韵诗，上巡抚侍郎崔恭。面试凤凰台赋，援笔立就，恭大嗟异。及长，书无所不览。文摹左氏，诗拟白居易、苏轼、陆游，字仿黄庭坚，并为世所爱重。尤工于画，评者称为明世第一。

郡守欲荐周贤良，周筮易，得遁之九五，遂决意隐遁。所居有水竹亭馆之胜，图书鼎彝充牣错列，四方名士过从无虚日，风流文采照映一时。奉亲至孝。父殁，或劝之仕，对曰："若不知母氏以我为命耶？奈何离膝下。"居恒厌入城市，于郭外置行窝，有事一造之。晚年，匿迹惟恐不深，先后巡抚王恕、彭礼咸礼敬之，欲留幕下，并以母老辞。

有郡守徵画工绘屋壁。里人疾周者，入其姓名，遂被摄。或劝周谒贵游以免，周曰："往役，义也，谒贵游，不更辱乎！"卒供役而还。已而守入觐，铨曹问曰："沈先生无恙乎？"守不知所对，漫应曰："无恙。"见内阁，李东阳曰："沈先生有牍乎？"守益愕，复漫应曰："有而未至。"守出，仓皇谒侍郎吴宽，问："沈先生何人？"宽备言其状。询左右，乃画壁生也。比还，谒周舍，再拜引咎，索饭，饭至而去。周以母故，终身不远游。母年九十九终，周亦八十矣。又三年，以正德四年卒。

（《明史》卷二百九十八《列传》第一百八十六《隐逸》）

文徵明列传

文徵明，长洲人，初名璧，以字行，更字徵仲，别号衡山。父林，温州知府，叔父森，古佥都御史。林卒，吏民醵千金为赙。徵明年十六[1]，悉之。吏民修故却金亭，以配前守何文渊，而记其事。徵明幼不慧，稍长，颖异挺拔。学文于吴宽，学书于李应祯，学画于沈周，皆父友也。又与祝允明、唐寅、徐祯卿辈相切劘，名日益著。其为人和而介。巡抚俞谏欲遗之金，指所衣蓝衫，谓曰："敝至此邪？"徵明佯不喻，曰："遭雨敝耳。"谏竟不敢言遗金事。宁王宸濠慕其名，贻书币聘之，辞病不赴。

正德末，巡抚李充嗣荐之，会徵明亦以岁贡生诣吏部试，奏授翰林院待诏。世宗立，预修《武宗实录》，侍经筵，岁时颁赐，与诸词臣齿。而是时专尚科目，徵明意不自得，连岁乞归。

先是，林知温州，识张璁诸生中，璁既得势，讽徵明附之，辞不就。杨一清召入辅政，徵明见独后。一清亟谓曰："子不知乃翁与我友邪？"徵明正色曰："先君弃不肖三十余年，苟以一字及者，弗敢忘，实不知相公与先君友也。"一清有惭色，寻与璁谋，欲徒徵明官。徵明乞归益力。乃获致仕。四方乞诗文书画者，接踵于道，而富贵人不易得片楮，尤不肯与王府与中人，曰："此法所禁也。"周、徽诸王以宝玩为赠，不启封而还之。外国使者道吴门，望里肖拜，以不获见为恨。文笔遍天下，门下士赝作者颇多，徵明亦不禁。嘉靖三十八年卒，年九十矣。

长子彭，字寿承，国子博士。次子嘉，字休承，和州学正。并能诗，工书画篆刻，世其家。彭孙震孟，自有傅。吴中自吴宽、王鏊以文章领袖馆阁，一时名士沈周、祝允明辈与并驰骋，文风极盛。徵明及蔡羽、黄省曾、袁袠、皇甫冲兄弟稍后出。而徵明主风雅数十年，与之游者王宠、陆师道、陈道复、王

①徵明"年十六"，系"年三十"之误。

榖祥、彭年、周天球、钱榖之属，亦皆以词翰名于世。

（《明史》卷二百八十七《列传》第一百七十五《文苑》）

唐寅列传

唐寅字伯虎，一字子畏。性颖利，与里狂生张灵纵酒，不事诸生业，祝允明规之，乃闭户浃岁，举弘治十一年乡试第一，座主梁储奇其文，还朝，示学士程敏政，敏政亦奇之。未几敏政总裁会试，江阴富人徐经贿其家僮，得试题，事露，言者劾敏政，语连寅，下诏狱，谪为吏。寅耻不就，归家益放浪。宁王宸濠厚金聘之，寅察其有异志，佯狂使酒，露其丑秽，宸濠不能堪，放还。筑室桃花坞，与客日般饮其中，年五十四而卒。寅诗文初尚才情，晚年颓然自放，谓后人知我不在此，论者伤之。

（《明史》卷二百八十六《列传》第一百七十四《文苑》）

沈周、文徵明、唐寅、仇英画目

沈周画目

《佩文斋书画谱》卷八十七：《画卷》、《古木慈乌图》、《湖山》卷、《有竹居画》卷、《临王叔明小景》、《金焦二山图》、《大石山联句图》、《虞山七星绘图》、《虎丘图》、《涤斋图》、《赠吴文定行卷山水》、《临梅花道人秋江待渡图》、《林居图》、《春山欲雨图》、《吴会溪山卷》、《载酒图》、《画隆池阡》、《钱塘山行图》、《临黄鹤山樵太白图》、《临倪迂画》、《湾东草堂图》、《柳洲烟艇图》、《渔庄村店图》、《安老亭图》、《南屏山卷》、《雪景卷》、《仿宋人画》（十六）、《南湖草堂图》、《阳冈图》、《雪馆情话图》、《画》卷、《画乾坤四大景》、《鸡雏图》、《杂花果》册、《彩卉》卷、《梅花图》、《雪梅图》、《雪梅》卷、《写生》册、《墨荷》。

《佩文斋书画谱》卷九十八：《烟雨图》、《临董北苑山水》、《临赵雪松高逸图》、《葛洪炼丹图》、《龙王授道图》、《溪山高逸图》、《飞山楼阁》、《双钓图》、《雪景松鹤》、《花下翰音》、《柳枝幽鸟》、《菊鸡并石》轴（三）、《松芝花草》轴（六）、《辛夷图》、《寿意》轴（二）、《山水人物》轴（三十四）、《剑阁图》卷（二）、《山水云烟雨雪诸景》卷（九）、《虞山桧竹卷并题》、《万松松谱》（二）卷、《墨花墨妙》卷（三）、《画谱》、《墨妙》、《墨花八种》、《金焦二山图》、《江十景图》、《春山欲雨图》、《虎丘图》、《钱塘山行图》、《寒山图》、《载酒图》、《涤斋图》、《定斋图》、《画龙池阡》、《赠吴文定行卷山水》、《车虞山致道观照明三桧》、《彩卉》卷、《山水》轴（二十六）、《画册》（八）、《画圣》（十三）、《庐山图》、《水墨山水》（八）、《临杨补之墨梅》卷、《杏花燕子》、《仿倪云林》单条。

《佩文斋书画谱》卷九十九：《仿吴仲圭山水》、《仿王叔明山水》、《湖山草堂》横幅、《墨竹》、《带砺图》大轴。

《佩文斋书画谱》卷一：《仿黄子久富春》卷、《春山欲雨图》卷、《水墨三桧》卷、《仿梅道人松石》轴、《桐石》轴、《竹鸡芙蓉》轴、《乾坤四大景》、《谷峦秋色图》、《天池亭月图》、《石图》、《鹤听琴图》、《寄竹鹤翁图》、《仿倪迂山水》、《仿吴仲圭笔意》、《仿梅沙弥山水》、《水墨梅图》、《自赞画像》、《送吴文定公行卷并题》、《雪馆情疾》卷、《娄江雪棹图》、《南湖草堂图》、《话别期菊图》、《匡山新霁图》、《金山寺图》、《山居图》、《江阁看山图》、《碧梧山馆图》、《幽居秋意》、《支硎冒云图》、《天台石梁图》、《虎丘图》、《芝田图》卷、《除夜聚饮图》、《新春荔柿图》、《平楚柳桃图》、《湖乡闷雨图》、《幽栖图》、《水次亭馆图》、《访友图》、《樽酒夜话图》、《柳阴睡燕图》、《蕉石锦鸡图》、《四景山水》、《春树宴息图》、《清溪亭子图》、《秋林待渡图》、《桐阴宴息图》、《寻诗图》、《雪隐图》、《雪旅图》、《仿云林笔》、《芙蓉图》、《仿大痴笔意》、《吴山越水》（二）、《富春大岭图》、《墨泉图》、《竹岩新霁图》、《五柳图》、《有竹图》、《杏花鹦鹉图》、《枯木新鹅》、《双玉图》、《阳冈图》、《关山积雪图》、《云山》轴（二）、《山水》（四）、《天平山图》、《桃花书屋图》、《有竹居画》卷。

《过云楼书画记》卷八：《缥缈峰图》卷、《临黄子久深山曲图》卷、《东原图》卷、《虎丘图》卷、《墨花》卷、《三苏生传图》卷、《江云溪月图》卷、《仿梅道人山水》卷、《送行图》卷、《思萱图》卷、《大册》、《加餐图》、《山楼饯暑图》轴、《杏花》轴。

《石渠宝笈初编》：《江山送别图》卷、《仿倪瓒画》卷、《松风白石图》轴、《慈竹图》轴、《仿倪瓒乔柯亭子》轴、《牡丹》轴、《溪南访隐图》轴、《江亭待月图》轴、《溪山草阁图》册、《临钱选忠孝图》卷、《春效散读图》卷、《秋窗客话图》册、《溪桥雨景》卷、《大夫松图》卷、《杏林书馆图》轴、《放鸽图》轴、《画虎》轴、《古松图》轴、《写生》卷、《写生花鸟》卷、《雪景》卷、《仿李晞古山水》卷、《蔬笋写生》轴、《花下睡鹅图》轴、《画郭索图》轴、《双鸟在树图》轴、《枇杷》轴、《仙桃图》轴、《溪山茆舍图》卷、《法宋人笔意》卷、《仿巨然山水》卷、《林壑幽深图》卷、《邃庵图》卷、《梅花》卷、《落花图并诗》卷、《秋塘野鹜图》轴、《夜坐图》轴、《白头长春图》轴、《鸡》轴（二）、《双松》轴、《春水新鹅图》轴、《溪居读书图》轴、《金栗晚香图》轴、《仿倪瓒笔意》轴、《抱琴图》轴、《重阳景》轴、《雨意》轴、《寒林独蹇图》轴、《蔬菜》轴、《秋林读书图》轴、《参天特秀图》轴、《山水》轴、《苍崖高话图》轴、《听松图》轴、《策杖图》轴、《仿倪瓒笔意》册、《写景》册、《摹古》册、《仿吴镇画》册。

《石渠宝笈续编》：《山水》册、《游西山图》卷、《窘庵图》卷、《菖蒲》卷、《名贤雅集图》轴、《山水》册、《千人石夜游图》卷、《山水》卷、《青园图》卷、《天平听雨图》轴、《雪景》轴、《写生》册、《高贤饯别图》卷、《盆菊图》卷、《松崖听泉图》轴、《写生》册、《桐�仙馆图》轴、《菜》轴、《天台册图》卷、《南轩图》卷、《画韩愈画记》卷、《芝鹤图》轴、《庐山高》轴、《西山雨观》卷、《仿王蒙山水》卷、《山水》卷、《写生》卷、《山水》轴。

《石渠宝笈三编》：《莲塘小隐》卷、《云山》卷、《三吴集景》册、《支硎遇友图》卷、《春岫乔林图》卷、《苏州山水全图》卷、《石泉图》卷、《西山秋色图》卷、《溪云欲雨图》卷、《穹窿古梅图》卷、《舟行图》卷、《小像》卷、《画松并自书诗》卷、《山水》卷（二）、《溪桥访友图》轴、《扁舟诗思图》轴、《汲泉煮茗图》轴、《寻梅图》轴、《灵泉喜鹊图》轴、《三多图》、《蕉石图》轴、《芝兰玉树》轴、《林亭山色》轴、《瓶中腊梅》轴、《墨菊》轴、《山水》卷、《春草秋花》卷、《仿马远怀鹤图》轴、《古木花冠》轴、《桐阴玩鹤图》轴、《崇山修竹》轴。

文徵明画目

《佩文斋书画谱》卷八十七：《居竹》卷、《劝家图》、《玄墓四游图》、《云山》卷、《画》册、《十景画》册、《兰》卷、《画》卷、《仿赵文敏沧浪濯足图》、《仿燕穆之山水》卷、《横塘诗意》、《寒林》、《白描老子像》、《郭西闲泛图》、《山园图》、《松窗试笔图》。

《佩文斋书画谱》卷九十八：《诗画》轴（八）、《人物山水》轴（六十一）、《三瑞图》轴（二）、《玉洞仙桃》、《羽扇消闲》、《沧浪濯足》、《满目沧江》、《五鹿双全》、《松石寿意》、《横崖悬望》、《蹇骑行雪》、《停杰图》、《云山并雪图》轴（二）、《云山并山兔图》轴（二）、《祓禊画》卷（二十五）、《潇湘八景》册（二）、《千岩万壑》、《玄墓四景》、《云山卷》、《劝农图》、《甲子人日画》卷、《癸丑写兰石诗》卷、《杂画》（十）、《画册》（三十六）、《云山》卷、《小景画》册。

《佩文斋书画谱》卷九十九：《小山水》（五）、《袁安卧雪图》。

《佩文斋书画谱》卷一：《仿赵子昂送王履吉》轴、《摹赵子昂水村图》卷、《云山》卷、《柏舟呼》轴、《水仙》轴、《仿米氏云山》卷、《仿米青绿云山》轴、《关山积雪图》卷、《龙门揽胜》、《治平山寺图》、《石湖图》（二）、《丹泉草堂图》、《白描老子像》、《袁安卧雪图》、《桐阴高士图》、《听玉图》、《竹居图》、《秋林泉石》、《玉兰图》、《泽兰图》、《飞白石》、《千岩万壑图》、《烹茶图》、《画并题》（三）、《落木寒泉》、《写竹》、《横塘诗意》、《仿李唐沧浪濯足》、《仿董北苑山水》、《仿赵文敏沧浪濯足》、《仿倪迂山水》、《燕山春图》、《古木幽居图》、《古木高逸图》、《碧梧高士图》、《河梁告别图》、《明皇夜游图》、《昭君图》、《洛神图》、《花鸟》（四）、《杏花双鸠图》、《小院秋黄图》、《故里读书图》（一作《还家志喜》）、《春田白社图》、《西斋话旧图》、《秋林独钓图》、《寿山福海图》、《重青绿山水》（六）。

《石渠宝笈初编》：《江天别意图》卷、《湖山新霁图》卷、《五君子图》卷、《青林翠霭图》卷、《飞瀑松图》轴、《松坡高士图》轴、《临流树阴图》轴、《玉兰》轴、《落木寒泉图》轴、《茆亭清话图》轴、《买鱼沽酒图》轴、《绝壑鸣琴图》轴、《枫林诗意图》轴、《古树石图》轴、《洛神图并诗赋》轴、《画扇》册、《画松》卷、《真赏斋图》卷、《林泉雅识图并书七言长句》卷、《辋川图王穀祥书诗》卷、《赤壁图祝允明书赋》卷、《游西山诗并绘图》卷、《春山烟树图》轴、《松声一榻图》轴、《寒山风雪图》轴、《溪山深雪图》轴、《绿阴清话图》轴、《古洗蕉石图》轴、《疏林浅水图并书诗》卷、《盘谷图并书叙》卷、《仿去林松石》轴、《空林落叶图》轴、《古石乔柯图》轴、《疏林茆屋图》轴、《岁寒三友图》轴、《茂松清泉图》轴、《溪亭客话图》轴、《三友图》卷、《秒林飞瀑图》卷、《浒溪草堂图》卷、《新燕篇诗意》卷、《赤壁赋图》卷、《存菊图》卷、《雪山图并书》卷、《溪山高逸图》卷、《古苑图并诗》卷、《后赤壁赋图》卷、《兰亭修禊图》轴、《松亭客话图》轴、《绿阴罩堂图》轴、《竹溪茆舍图》、《松下听泉图》轴、《空林觅句图》轴、《碧梧修竹图》轴、《溪亭访友图》轴、《金山图》轴、《风雨归舟图》轴、《槐雨园亭图》轴、《燕山春色图》轴、《朱竹》轴、《春云出山图》轴、《雪游群峰图》轴、《溪山秋霁图》轴、《苍岩渔隐图》轴、《仿董源林泉静钓图》轴、《朱竹》轴、《温兰图》卷。

《石渠宝笈续编》:《仿古》册、《长江万里图》卷、《兰竹书西园诗合迹》卷、《桃源行书画合璧》卷、《江南春图》轴、《仿王蒙山水》轴、《山水》册、《独乐园图并书记》、《关山积雪图》卷、《桃源问津图》卷、《落花诗图合璧》卷、《茶事图》轴、《小景》册、《四时读书图》卷、《上林春色图》卷、《雨余春树》轴、《山水》轴、《文徵明禊饮小图罗文瑞兰亭诗序合璧》卷、《竹》册、《花卉》册、《雪景》轴、《兰竹》轴、《祝允明书兰亭序文徵明补图》卷、《姑苏四景》卷、《石城草堂图》卷、《洛源草堂图》卷、《林榭煎茶图》卷、《千岩竞秀图》轴、《松阴曳杖图》轴、《临赵孟𫖯空岩琴思图》轴、《仿李成溪山深雪图》轴、《雪景》轴、《紫竹》卷、《千竿耸翠图》轴。

《石渠宝笈三编》:《人日诗画》卷、《松坞草堂图》卷、《九畹图》卷、《绝壑高闲图》轴、《溪南叠翠》轴、《古木寒泉》轴、《寒林钟馗》轴、《山水》卷、《十万图》册、《寿徐阶画并诗》卷、《满城风雨重阳图并诗》卷、《湖山新霁图》卷、《山阴修禊图》卷、《春游图》卷、《仿赵伯骕后赤壁图》卷、《游元墓图并自书诗》卷、《东林避暑图》卷、《市隐园图》卷、《参竹斋图》卷、《山水》卷(二)、《仿吴镇山水》卷、《携琴访友图》轴、《竹菊图》轴、《溪桥曳杖图》轴、《松阴趺坐图》轴、《听泉图》轴、《蕉阴仕女图》轴、《雪景》轴(二)、《溪山积雪》卷、《玉兰》轴、《松壑飞泉》轴、《江山初霁图》卷、《松壑高闲图》轴、《好雨听泉图》轴、《消夏小景》轴、《潇湘八景》册、《潇湘图》册、《吴山秋霁图》卷、《古木寒泉》轴。

《过云楼书画记》卷八:《兰竹》卷、《溪堂燕别话》卷、《芝庭图》卷、

《天台图》卷、《老游图》卷、《惠山茶会图》卷、《风雨重阳诗画》卷、《补图云林江南春》卷、《补图元贤深翠轩诗文》卷、《写生》册（十）、《山水》册、《松阴高士图》轴、《仿赵魏公湘君湘夫人图》轴。

唐寅画目

《佩文斋书画谱》卷八十七：《王文恪公出山图》、《风雪归窑图》、《野望悯言图》、《画梅谷图》卷、《画宾鹤图》、《晓行图》、《仙山图》、《水亭午翠图》、《越城泛舟图》、《画》卷、《黄茅小景》、《倦绣图》、《绝代名姝图》、《写生图》。

《石渠宝笈》：《钓鱼图》、《欸鹤图》、《山庄寒霁图》、《梨花写生》、《虬松雪瀑图》、《春游图》、《乘汰图》、《折梅仕女图》、《汉宫春晓图》、《列女图》、《汉宫春晓图》一卷、《列女图》一卷、《临李伯时饮仙图》并书歌、《画兰亭·文徵明书序》、《灯宵闺话图》、《松溪独钓图》、《画终南十景》、《吴奕图》、《写春冈第一枝》、《葑田行犊图》、《春风酒盏图》、《画对竹图》、《坐临溪阁图》、《折枝花卉》、《秋林高士图》、《煮茶图》、《夜饮图》并书歌、《江南农事图》、《空山观瀑图》、《西洲话旧图》、《双松飞瀑图》、《芦汀系艇图》、《花溪渔隐图》、《画鸡》、《临水芙蓉》、《瑞石》、《海棠图》、《杏花》、《吴蕖》、《芙蓉》、《山茶仕女图》、《摹石》、《山居图》。

《过云楼书画记》卷八：《王济之出山图》卷、《贞寿堂图》卷、《黄茆小景图》卷、《风木图》卷、《溪桥杖履图》轴、《正觉禅院牡丹图》轴、《观杏图》轴、《匡庐观瀑图》轴、《萱花图》轴。

仇英画目

《佩文斋书画谱》卷八十七：《摹松雪沙苑图》、《雪栈图》、《九歌图》、《海天落照图》、《临西园雅集图》、《洛神图》、《摹辋川图》、《桃源图》、《仙奕图》、《临赵伯驹光武渡河图》、《捣钵图》、《白描番马卷》、《子虚上林图》、《职贡图》、《湖上仙山图》、《莲溪渔隐图》、《画阿罗汉图》。

《石渠宝笈》:《五云楼阁图》、《仿唐人驾车图》、《驾车图》、《山水》、《贡课图》、《听泉图》、《水仙蜡》、《临崖白竹鸠图》、《画毅菴小照》、《溪山渔隐图》、《事茗图》、《溪山渔隐图卷》、《事茗图》卷、《晴江春色图》、《碧梧翠竹图》、《林亭自趣图》、《西园雅集图》、《雀鸟》、《清明上河图》、《山水》、《山水》、《腊梅》、《赤壁图》、《乞巧图》、《花鸟写生》、《汉宫春晓图》、《兰亭修禊图》、《修禊图》、《松阴琴阮图》、《前后游赤壁二图》、《文徵明书赋》。

《过云楼书画记》卷八:《刺目双图》卷(与唐寅合作)、《江南春》卷、《临贯休白描十六罗汉》卷、《摹冷起敬蓬莱仙弈图》卷、《瑶台清舞图》卷。